21

世纪旅游管理专业系列教材

旅游心理学

Psychology of Tourism

主 编　陈筱

副主编　张梅　王林

武汉大学出版社

WUHAN UNIVERSITY PRESS

图书在版编目(CIP)数据

旅游心理学/陈筱主编;张梅,王林副主编.—武汉:武汉大学出版社,
2003.7
21 世纪旅游管理专业系列教材
ISBN 978-7-307-03847-9

Ⅰ.旅…　Ⅱ.①陈…　②张…　③王…　Ⅲ.旅游心理学—高等学校
—教材　Ⅳ.F590

中国版本图书馆 CIP 数据核字(2003)第 042600 号

责任编辑:柴　艺　　　责任校对:刘　欣　　　版式设计:支　笛

出版发行:**武汉大学出版社**　　(430072　武昌　珞珈山)
　　　　　(电子邮件:wdp4@whu.edu.cn　网址:www.wdp.com.cn)
印刷:荆州市鸿盛印务有限公司
开本:787×980　　1/16　　印张:14.5　　字数:254 千字
版次:2003 年 7 月第 1 版　　2007 年 7 月第 4 次印刷
ISBN 978-7-307-03847-9/F·800　　定价:19.80 元

21世纪旅游管理专业系列教材

编写委员会
（按姓氏笔画排列）

主　任　张　薇

副主任　张立明

委　员　邓　辉　　陈　筱　　张金霞

　　　　胡　静　　崔　进　　曹诗图

　　　　鄢志武　　熊元斌　　熊剑平

总　　序

　　随着世界的和平、稳定及经济的发展与人民生活水平的提高，旅游逐渐成为现代人类生活中不可或缺的重要内容，是人类社会最重要的生活方式和社会经济活动之一。自改革开放以来，中国旅游经历了起步、发展和日趋成熟几个阶段。20 世纪 90 年代以来，中国旅游业的快速增长，使旅游经济产业化进程加快，旅游对整个社会的促进作用和关联作用日益突出，旅游业已成为全国经济新的增长点之一。21 世纪之初，中国旅游业的综合实力已位居世界第五，据世界旅游组织预测，到 2020 年，中国将成为世界第一大旅游接待国和第四大旅游出境国。

　　旅游实践的发展客观上为旅游学科的发展提供了千载难逢的机遇，对旅游学科理论建设提出了更加迫切的要求，同时也给旅游研究工作与教育工作创造了良好的外部环境。与我国旅游学科发展相适应的是我国旅游教育事业的进步，二十多年来我国旅游高等教育和中等职业教育均获得了飞速发展，全国开办有旅游系（专业）的高等院校达 200 余所。伴随着高等旅游教育的迅速发展，旅游专业的教材建设也从无到有，从粗到精。为了进一步完善旅游管理专业教材体系，吸取国内外最新研究成果，充实教材内容，满足日益增长的旅游管理专业高等教育的发展需要，武汉大学出版社精心组织了国内部分高等院校旅游管理专业的专家学者，编写了一套 21 世纪旅游管理专业系列教材。全套教材选题广泛，并紧扣教育部颁发的高等院校旅游管理专业教学指导计划。教材编写注重理论阐述与实际案例分析相结合，既考虑到国内外旅游业发展的现实需要，又注重理论研究的超前性和未来旅游业发展的宏观态势；既系统总结了旅游学科发展的研究现状和取得的研究成果，又指出了不同研究内容的未来发展方向；既注重使读者易于掌握研究的理论和方法，又兼顾技能的培养，体现系统、创新、前瞻、实用的特色。全套教材包括《旅游学概论》、《旅游资源学》、《旅游营销策划理论与实务》、《饭店管理实务》、《旅游法规》、《旅游文化与审美》、《旅游心理学》、《实用礼仪教程》、《旅游区管理》、《旅行社管理》、《导游业务》、《客源地概况》、《旅游信息系统概论》和《新编旅游英语》、《新编导游英语》、《新编饭店英语》共十六本教材。

　　本套教材既可作为高等院校旅游管理专业教学用书，又可作为高等职业教育、自学考试、职业培训或相关专业的参考用书。欢迎本专业师生和旅游行业人士选用。

21世纪旅游管理专业系列教材
编写委员会

前　言

　　当前，由国内学者撰写的旅游心理学的专著有十多本，它们为旅游学科这一新兴的应用学科的建设与发展作出了开创性的贡献。本书在编写过程中，不论是结构体系还是内容均广泛吸取了国内外现有的研究成果。在此，对于书中所引用的资料的原作者表示衷心的感谢。

　　本书作为高等院校旅游专业的教材，力求体现书中内容的系统性、实用性、先进性和可操作性。

　　本书正文分为十四章：第一章介绍旅游心理学的理论和科学研究方法，第二章到第四章分析旅游者心理特征，第五章到第八章分析旅游行业心理特征，第九章到第十三章分析旅游企业管理心理学方面的知识，第十四章为（虚拟环境）电子商务旅游心理特点的专题研究。

　　全书的知识结构分为价值性知识和工具性知识两大体系，价值性知识吸取了国内外旅游研究的最新成果，工具性知识则包括案例等阅读材料，学生可以阅读案例和新闻报纸中的旅游心理方面的资料，加深对价值性知识的理解。对于这些文章的作者，编者深表谢意！

　　本书的第一章、第三章由陈筱编写，第二章、第十章、第十一章、第十二章由刘宇清编写，第四章、第五章、第七章由冯耕耘编写，第六章由王林编写，第八章由熊继红编写，第九章由黄翔编写，第十三章由张梅编写，第十四章由黄红莉编写。

　　欢迎广大读者批评指正！

编　　者

目　录

第一章

绪 论

　　旅游心理学是一门针对旅游者和旅游业的特点，运用心理学等学科的基础理论，结合现代旅游的实践，研究旅游者心理活动和旅游行为规律的科学。它主要研究旅游过程和组织中的个体行为、群体行为和领导行为，目的在于提高旅游企业员工的职业素质，增进旅游企业的经济效益。

第一节　旅游心理学研究对象

一、什么是心理学

　　心理学是研究人的行为和心理活动规律的科学。

　　早在 2000 多年以前，人类就开始了对自身心理活动的探索，如古希腊哲学家亚里士多德（前 384~前 322 年）在《灵魂论》中对人的心理现象进行了系统论述。在近代，人们开始科学地研究人的各种心理现象及其发展规律。1879 年，德国心理学家威廉·冯特（1832~1920 年）在莱比锡大学建立了世界上第一个心理学实验室，标志着心理学成为了一门独立的学科。经过 100 多年的发展，心理学形成了理论心理学和应用心理学两大研究领域。将心理学的有关研究成果应用于探讨旅游业中的特殊问题，便形成了旅游心理学。

二、旅游心理学

　　旅游心理学属于心理学的应用范畴。关于旅游行为和旅游心理的科学研究只有短暂历史，它经历了思辨——经验描述——实证研究三个发展阶段。旅游心理学产生于 20 世纪 70 年代末，最早散见于一些学者在报刊上发表的关于旅游中的心理学问题研究的文章。1981 年，美国 CBI 公司出版了由佛罗里达中心大学老迪克·波普旅游研究所所长小爱德华 .J. 梅奥和商业管理学院副院长兰斯 .P. 贾维斯德著的《旅游心理学》，此书主要以旅游消费者为对象，以行为科学原理作指导，站在旅游企业的立场上分析不同旅游者的个性心理因素和社会心理的消费行为。美国学者 Donald E. Lundberg 所著《Human Relation in Hospitality Industry》一书从旅游工作者和旅游者的互动关系，揭示了旅游接待业的人际关系的一些规律。日本学者也在旅游心理学领域开展了一系列研究工作。目前，我国旅游心理学研究先后出现了一批研究者和一系列研究成果，这是非常令人欣慰的。

三、旅游心理学研究对象

界定旅游心理学的研究对象具有重要意义，这涉及学科的独立性、学科性质以及研究领域所涉及的范围。如果研究对象界定不清，势必会影响学科的发展速度和前景。

旅游心理学所关注的对象是旅游活动中活生生的、有思想、有行动的人，而人是社会性动物，在现代社会，旅游是一种社会行为。具体来说，旅游心理学主要关注两类人群：一类是旅游者，旅游者的基本特点体现为空间上的流动性、时间上的长短交替性和成分上的复杂性，既有现实的旅游者，又有潜在的旅游者；另一类是旅游从业人员，他们的基本特点在于他们担负着旅游行业的服务职能和经营职能。旅游者的心理趋向和行为左右着旅游业的经营方式，旅游从业人员的心理趋向和行为决定着服务质量和经济效益、影响到旅游企业的生存和发展。因此，旅游心理学的研究对象是旅游活动过程中人们的心理过程和行为规律，主要包括旅游消费行为、旅游服务行为和旅游企业管理行为三大内容。

一门学科建立之后，随着理论和实践的深入发展，它的研究对象有可能发生相应的变化。旅游心理学也不例外，它的进一步成熟和发展也要遵循其内在的规律。起初，一些学者根据旅游业实践的需求展开了对一些具体问题的研究，积累了一段时期后，对研究成果加以总结，初步建构了较为系统的旅游心理学知识体系，并且界定了旅游心理学的研究对象，明确了研究范围。随后，旅游业的发展吸引了更多的学者开展研究，研究的范围或大或小，不同的观点可能形成争议，也可能达成共识，它们改变着同时也丰富着、完善着旅游心理学的知识和体系，这种持续不断的科学研究活动是推动旅游心理学发展的动力。

第二节　旅游心理学的理论基础

理论来源于经验的概括或研究工作的总结，并在为实践服务或通过反复实验中得到发展。旅游心理学的理论基础来源于与它相关的学科的研究成果，因此，了解旅游心理学就要了解它与相关学科的关系。

一、旅游心理学与心理学的关系

旅游心理学是心理学的应用领域的分支，因此它和心理学的关系是部分与整体、应用研究与基础研究的关系。

旅游心理学与普通心理学在研究对象和研究方法上有以下区别：其一，普通心理学主要研究动物和人心理活动的基本形式、过程及规律，而旅游心理学研究特殊人群（旅游者和旅游从业人员）的心理现象和行为；其二，普通心理学在研究中更多地运用观察法和实验室实验法，而旅游心理学较多采用现场咨询、问卷调查、档案研究等方法。

二、旅游心理学与社会学的关系

社会学是研究社会结构及其内在关系与社会发展规律的科学。

（一）旅游心理学与社会学的共同点

（1）它们所研究的都是社会现象。

（2）旅游心理学从现代社会人群外出旅游这一社会现象中寻找课题，既分析旅游中的微观心理活动，又分析旅游活动产生的宏观社会环境和条件。旅游作为现代人们的一种生活方式和态度，越来越多地被社会学家所关注。

（二）旅游心理学与社会学的差异

（1）社会学研究的是社会生活中全部的客观事实，旅游心理学研究的是社会生活中部分的客观事实——离开惯常生活的环境与其他人群交往或亲近自然、认知文化的行为。

（2）研究视角和方法各有侧重：社会学侧重对大群体活动趋势的了解和解剖，重视社会调查；而旅游心理学侧重研究旅游群体的心理特征和发展、个体心理和行为在旅游环境下发生变化的心理过程。

（三）旅游心理学与其他学科的关系

旅游心理学和许多学科都有关联，社会心理学、管理心理学、文化人类学、经济学对旅游心理学学科的建设和发展也有贡献，旅游心理学的理论基础包含了这些学科对于各种旅游心理现象的实质的解释。学习这些理论意义在于：

第一，可以帮助人们对许多具体旅游心理活动的研究成果有更深入的理解，理论还可以使各项具体旅游心理研究摆脱零散与孤立状态，使之构成一个体系加以理解。

第二，可以对后继研究或行动起定向或参照作用。任何旅游心理学研究在开题前，必须有理论上的设想，然后通过一定操作步骤加以实证。这种理论上的设想，可以直接从各个学派的理论找到立脚点，也可以从中找到部分合理之处加以综合构成新观点。理论能帮助研究者从全局高度发现某些欠缺的知识与亟待验证的环节。

第三，是旅游心理学自身理论发展的需要。正确的理论不能固步自封，必须有批评者或质疑者，这样才能推动理论发展。

第三节　旅游心理学的研究方法

一、旅游心理学研究的原则

了解已有的心理学、社会学的方法，结合旅游心理学课题的性质选定某些方法进行创造性运用或大胆进行方法革新，就能使旅游心理学科研究通过有效方法到达预定的"彼岸"。

进行旅游心理学科学研究有其特殊的困难：科学研究的对象是旅游者和旅游从业人员，人的思想和行为既受外部环境和社会的影响，同时又受内在主观能动性的作用；影响人的行为和社会特征变化的决定性因素往往是相当复杂的，研究者很难把所有因素以及它们之间的关系都全部考虑进去；由于研究中所涉及的人的心理与行为的变量往往是非确定的，要用非确定性研究方法去解释，结论通常不以绝对的数量形式而是以相对的概率形式给出。

虽然如此，从事旅游心理学科学研究仍然必须有较严谨、规范的研究程序：首先，在确定研究题目之后，要回顾和描述以往的有关理论和研究，明确所研究问题的性质和规律，知道前人做过的工作和未做的工作，确定自己的研究不是搞重复工作；其次，在理论的指导下，在以往的研究的基础上提出自己打算证明的假设和理论框架，确定要做什么、怎么做；然后，对研究得到的数据进行整理、分析，在此过程中，对数据收集方式和质量进行评价，进行总体分析和显著性检验，数据所显示的结论才是有意义的；接下来，要建立数学模型，进一步描述和解释变量之间的相互关系；最后，在模型分析的基础上得出结论，证明自己的假设是否成立，做出理论解释和定性分析。

旅游心理学属于心理学范畴，心理学研究的原则如客观性原则、系统性原则、发展性原则等都要遵循。虽然旅游心理学由于对象的特殊性，需要应用某些特殊的研究方法，但是如果不遵循科学的原则，即使用了科学的具体方法，结论仍有可能错误。

在旅游心理学研究中值得特别重视的原则有：

（一）客观原则

即研究者不要在毫无依据或缺乏足够的依据之前轻率地做出结论，要力求主观认识与客观事实一致。从事旅游心理研究的人是科学工作者，不同于一般的生活观察者，他们必须保证研究工作具有理论的自觉性、目的的明确性和方法的严密性，只有这样，才有可能揭示客观规律，缩短认识过程的周期，减少失败的次数，加之有关的心理现象，如态度、动机、情绪等，具有内隐性，更加大了研究的难度。如果不遵循实事求是这一客观原则，就会影响研究结果的真实性，损害旅游心理学科的发展。

（二）交往原则

旅游过程在很大程度上是人与人交往的过程，其中包含复杂的信息和情感沟通以及行为调节等过程。旅游者总是与其他人联系在一起，或组成一个相互交往的群体，通过活动跟自然环境、社会环境发生关系。因此，在研究旅游心理现象时，必须重视交往原则，在人际交往过程中进行动态的研究。

二、旅游心理学研究的主要方法

（一）实验法

在人为控制的情况下，实验者操纵自变量，使之有系统地变化，然后观察因变量随自变量的改变而受到的影响，探究自变量与因变量之间的因果关系，这种研究方法即实验法。实验法分为两种形式：在特设的实验室中，借助各种仪器设备，严格控制各种条件进行研究的方法，称为实验室实验法；在日常生活条件下，实验者有目的地对某些条件加以控制或改变，从而进行研究的方法，称为自然实验法。

例如，以"厨房噪音对员工工作效率的影响"为研究课题，设计一项实验。假设：噪音的强度达到某种程度时，将显著影响工作效率。

课题内各个概念的操作定义是：噪音，即无韵律且不悦耳的声音，其强度按分贝（db）表示；员工，来自不同饭店的厨师；工作效率，以60分钟内配菜、做菜的速度和质量为标准。其中，噪音是自变量，工作效率是因变量。研究的目的在于：探究噪音对工作效率的影响。

需要控制的情境因素包括：①将自变量以外有可能影响实验结果（因变量）的所有因素，均加以控制，使之确定不变，影响力降到最小。如室内温度、照明、通风、工作台适合度、员工在实验前的活动等，对这些有可能影响工作效率的因素，要加以控制。②只用一组成员试验，难以断定噪音对工作效率有何影响，需要再设一个控制组，原来的一组称为实验组。控制组与实验组的成员应来自同一饭店、有相同性别比、从事相同工种、具有同等能力的人，称为"等组"。在实验中，控制组工作时不呈现噪音，而实验组在工作时呈现噪音，试验结束后将两组的工作效率加以比较，方可确定噪音对工作效率的影响。

研究者要系统操纵的因素包括：噪音何时出现，其强度如何变化，持续多长时间，间断呈现或连续呈现，等等。以上都必须在实验者有计划的操纵之中。

只有采用精确、严密的实验法，才能找出变量之间的因果联系，概括出原理、原则，以便在今后处理同类问题时，由因知果、由果推因，或据因造果、据果造因，才能达成描述、解释、预测及控制人的心理与行为的科学目的。

(二) 非实验法

现场研究，即研究者亲临现场依据计划通过多种方法对有关的社会事件、群体活动及其中的心理过程进行观察与了解的方法。这种观察一般是非参与性的，即研究者作为旁观者，采取一定手段，也可结合问宽，定期对有关现象进行观察与了解，并可通过交差蹲点进行比较。

现场研究的优点：第一，它通过观察所获得的材料颇为真实并有深度，尤其能在事件自然的发展中观察到各种变化与新情况、新问题，这有助于新事实的发现；第二，它比较注意人们的行为、群体情境及相互作用的活动，而不是自我表白；第三，由于采用非参与观察法，能消除被访者人为的紧张或唐突感，有利于保证材料的多样性和真实性；第四，它所得到的结果来自不断发展变化的日常活动，其结论能直接运用到被考察的环境，甚至还可以推广。

现场研究的局限：第一，被考察的有关现象要等待其自然出现时才能进行观察；第二，社会现象发生的原因具有多样性，研究者必须具有较高的素养，才有可能把握全局，对它们做出正确的分析。

思考题

1. 旅游心理学的研究对象的特点。

2. 心理学、社会学等学科对旅游心理学的发展有哪些贡献？

3. 旅游心理学主要的研究方法有哪些？

4. 请在课后阅读，陆林等《山岳旅游者感知行为研究》，见《北京大学学报》哲社版，1996 年第 3 期、李建斌《角色压力对宾馆员工行为的影响》，见杜江主编《旅游管理硕士论文文库——2000》，旅游教育出版社，2001年第1版。对比这两篇文章的研究方法，说说你本人的看法。

课后学习材料

结合旅游心理学的研究方法，学习如何开展旅游企业员工的管理工作。

香港科技大学徐淑英教授认为员工管理是一个科学研究过程，它描述和解释个体、群体以及组织，在某些特定条件下作出的行为和决策，目的是为了预测产出或结果。这个研究过程是指对企业管理活动进行系统的、控制性的、实证的、批判性的研究。这些活动之间的关系以理论和假设为指导。例如：

（1）群体激励是否优于个体激励？

（2）家长式领导方式是否对提高员工士气有利？

（3）员工所有制是否导致更高的公司绩效？

1．一个对管理活动简化的科学研究过程（如图1-1所示）

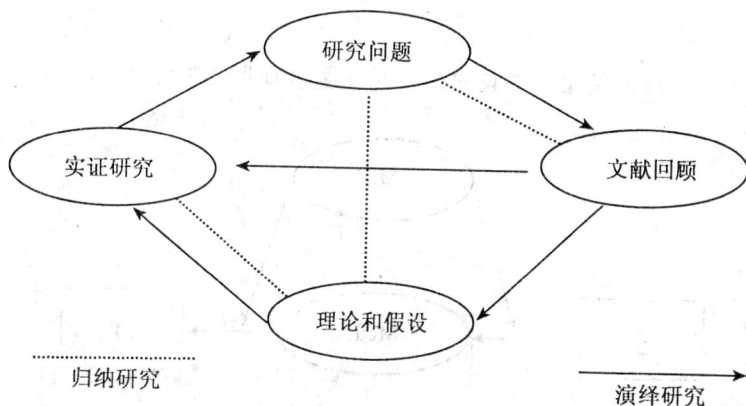

图1-1　简化的管理活动科学研究过程

2．在管理活动中科学研究过程的要素如（如图1-2所示）

讨论下列关系：

（1）创造力是人格的函数。

（2）承诺与低缺勤率正相关。

（3）与集体主义者相比，个体主义者的群体激励与合作及互相监督关系

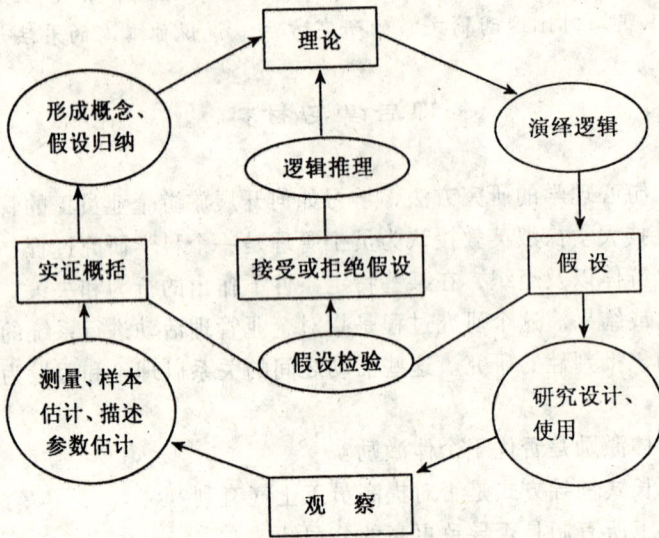

图 1-2　管理活动中科学研究的要素

更显著。

3. 管理活动的模型或假设中的几种变量（如图 1-3 所示）

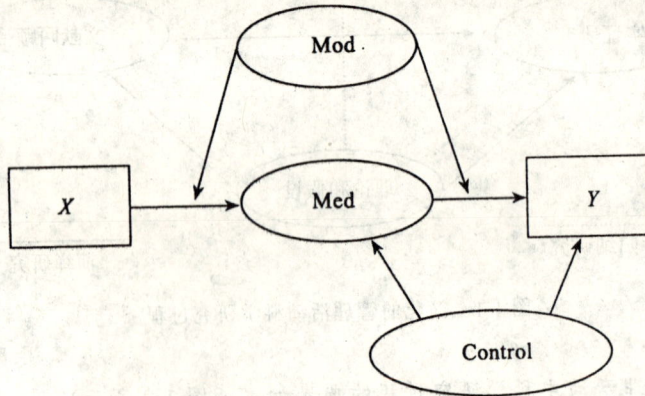

图 1-3　管理活动的模型

（1）自变量（X）—原因；
（2）应变量（Y）—结果；

（3）中间变量（Med）—过程；

（4）缓和变量（Mod）—情境；

（5）控制变量（Control）—其他原因。

4．建立在理论基础上的管理活动的实证研究（如图1-4所示）

理论检验型研究——以理论为开端。

理论构建型研究——以理论为终结。

两种研究首先都必须定义好研究问题，运用包括系统地收集和分析数据在内的逻辑和研究方法。

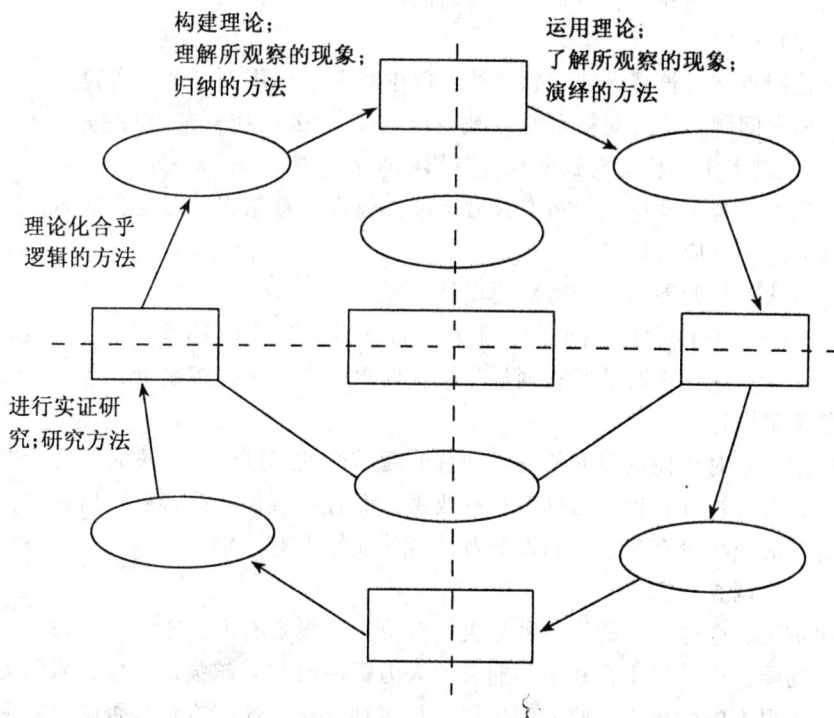

图1-4　建立在理论基础上的管理活动的实证研究

5．管理活动常用的研究设计

它的目的有三点：提供研究问题的答案；控制变异；了解做怎样的观察，如何做观察，如何组织，分析观察。

常用研究设计有5种：实验室实验；准实验；调查研究；定型的方法；案例研究。

（1）实验室实验。

Staw.B.M.业绩的"原因"的归因：在组织层做的截面研究的另一个解释。

自变量＝业绩水平（高/低）；应变量＝对群体特征（凝聚力、影响、沟通、开放性、激励、能力、角色明确性）的描述；被试＝60个大学生，随机分成3人一组。

程序：①随机分组；②通过阅读公司报告，小组预测公司第二年业绩；③对小组预测结果进行比较（不是真的比较）；④告诉一些小组"做得很好"，告诉另一些小组"做得不好"；⑤安排各个小组到不同的房间完成一个简短问卷；⑥问卷内容包括控制性的问题和应变量；⑦检验应变量的差异。

（2）准实验。

控制点在对被晋升或被忽略的反应中所起的作用：一个准实验。

研究问题：员工对被晋升或被忽略会有什么反应（从态度和行为角度看）？控制点不一样会对这些反应有影响吗？

理论：公平理论认为被晋升后态度会较好，被忽视后态度会变坏，控制点会对这些反应有影响。

方法：晋升前与晋升后对比设计。

360个银行出纳：晋升前3个月；晋升后3个月和18个月。

注意：翻译现有的所有测量，检验构念是否等价，控制点、晋升、时间重复测量设计。

结果：对于控制点低的员工，晋升后转好的态度经过一段时间后会慢慢变差；所有被晋升者的出勤率都有改善，而且一直保持改善后的出勤率；被晋升者的业绩没有改善，和没被晋升者的业绩没有区别。

（3）调查研究。

员工、企业关系的另一种分类：对员工的投资有回报吗？

问题：由于雇主利用其拥有的人力资源时越来越强调弹性，雇佣关系发生了根本的变化，为此人们采用了很多种方法。这些方法是否确实实现了预期的弹性？

研究问题：不同的员工、企业关系对员工绩效的实质和质量有什么区别？员工对企业的态度有什么区别？

概念分析：与文献相联系，定义概念：利用交换理论对所讨论的问题提供符合逻辑的答案或解释；提出有意义的但非直觉的假设作为初步的答案；提出这些假设和严格设想的限定条件。

6. 论文研究的步骤（学习科学研究过程）

①选择一个有趣的、重要的课题；②进行深入透彻的文献研究；③明确和构建一个理论或假设；④选择合适的研究设计；⑤实施设计——使用仪器、取样、测量、收集和分析数据；⑥总结和讨论结果；⑦确定对未来研究和实验的贡献及启示。

7. 论文报告的框架

第一章　绪论
　　　　一、现象、问题与意义
　　　　二、研究问题
第二章　文献问题
第三章　理论模型
　　　　一、理论框架、模型和逻辑
　　　　二、构念和假设、研究模型
第四章　研究方法
　　　　一、研究设计、样本和程序
　　　　二、测量和分析
第五章　结果
第六章　讨论和启示
第七章　贡献和结论

8. 实证研究文章的框架

导言——问题是什么？研究的问题是什么？为什么读者应关注这个问题？

文献回顾——已有文献在这一问题上发展了什么知识？为什么我们需要新的理论？

理论背景和假设——对这一研究问题有哪些初步回答？概念分析合理吗？是否有说服力？是不是对研究问题有新的见解？

方法——检验假设的计划是什么？描述样本、测量、效度分析等概念。

结果——结果是否支持假设？经验上的一般性是什么？

讨论——为什么有新发现或没有发现？对未来的研究和实践有什么启示？有什么局限性？

结论——是否回答了研究问题？贡献？

第二章
旅游者的个性心理

　　现实的心理活动总是在一定的个体身上发生的，个性是个体带有倾向性的、本质的、比较稳定的心理特征的总和，本章通过对旅游者个性心理倾向和个性心理特征的研究，分析影响旅游消费行为的因素，以期更好地理解旅游者的消费行为，对旅游者的旅游消费进行预测和引导。

第一节　旅游者的个性心理倾向

　　旅游者的需要是旅游消费行为最主要的内在依据。旅游动机是在需要与目标相遇时产生的，是旅游消费行为的动力源泉。兴趣可以推动旅游者对旅游活动的参与以及对旅游产品进行选择。旅游者的态度是影响旅游消费行为的选择及其效果的重要因素。

一、旅游者的需要

　　需要是产生行为的原动力，研究旅游者行为，必须从研究旅游者的需要出发。

（一）需要的含义

　　所谓需要，是指人对某种目标的渴求或欲望。人的需要是随着人类社会历史的发展而发展的。在早期社会，人们的需要比较简单，大都是为了追求生理需要和安全需要的满足而从事各项活动。随着生产力的发展，人们物质文化生活水平的提高，人的需要变得复杂了，除了物质需要之外，又产生了多种多样的精神需要。

　　旅游需要是人们在特定的社会生活和特定的经济条件下对获得旅游产品和服务的愿望和要求，也就是说，旅游需要是个体的一种主观上的愿望和要求，而这种主观状态是人们对客观条件（包括个体内在的生理条件和外部的社会条件）需求的反映，要受到社会经济条件的限制，旅游需要的目标是旅游产品和服务。例如，某个人想去庐山旅游，这个需要是他个人的一种主观愿望，但这个愿望并不是从天上掉下来的，而是夏季的持续高温使他想找一个凉爽的地方消暑避热，这是内在生理条件对人的刺激所产生的需要的反映，当然，这个需要还要受到社会经济条件的制约。

（二）需要的产生

需要的产生过程一般有七个阶段：首先是人们产生了某种欲望或需要；有了欲望，心理上就会产生不安与紧张情绪；这就成为一种内在的驱动力，即动机；有了动机就要寻找和选择目标，即目标导向行动；目标找到后，就进行满足需要的活动，即目标行动；这样，动机在需要不断得到满足的过程中削弱，行为结束，需要得到满足，人的心理紧张消除；然后又有新的需要产生。例如一个人觉得天热，引起了避暑的需要。在避暑之前，他会感觉热得难受，驱使其产生避暑的动机，就要选择避暑的方式和避暑地点，这时就开始了目标导向行动。如果他选定去庐山旅游，踏上去庐山的行程，就进入了目标行动。旅行结束，需要满足，因酷热而产生的紧张状态遂告解除。当然，一个具体行为的产生、发展和终止，并不如此简单，但作为一个基本的过程就是如此。

需要是在各种刺激的作用下产生的，刺激是多种多样的，一般可分为两类：一是来自有机体内部的刺激，它是通过内部感受器官感受到的如饥渴、性欲、情感等，是人的本能和活动的反映；二是外部的刺激，它是通过外部感受器官，如眼、耳、鼻、舌等感受到的，它是客观环境，包括自然和社会的各种事物在人的大脑中的反映。

内部刺激是根据，是需要产生的最初的萌芽，它表现为有机体对某些影响有敏锐的感应性（即意向）；外部刺激是条件，它使需要具体化（即定向）。例如，一个人对食物的需要，首先是由于身体内部胃的刺激，使有机体对各种食物有敏锐的感应性，产生了获取食物的意向，当他看到、闻到或回想起某一种食物时，便产生较强烈的获取这种食物的需要。

（三）需要的特点

需要是个体的一种主观上的状态，这种主观状态是人们对客观条件（包括个体内在的生理条件和外部的社会条件）需求的反映，一般而言，需要具有以下5个方面的特点：

1. 针对性

需要总是针对具体目标而存在的，当一个人肚子饿了的时候，产生了果腹的需要，就会去觅食，而当一个人渴了的时候，他会去找水。可见，需要总是和满足需要的目标联系在一起的，离开了具体事物、具体目标，就无所谓需要了。旅游者的旅游需要总是针对旅游产品和服务的，即旅游产品和服务是旅游者所追求的目标，没有旅游产品和服务这个目标，就不存在旅游需要，所以，旅游需要是针对旅游产品和服务而存在的。

2. 多样性

需要是多种多样的，这是因为各种刺激要受到其他因素的影响，如内部刺激受一定的年龄、生理等特点的制约，外部刺激则受环境的制约。不同的年龄、不同的环境便会产生各种不同的刺激，由于刺激的不同，产生的需要也就不同。为满足旅游者需要的多样性，旅游企业应提供多样化的旅游产品和服务，从而给旅游者提供更多自由选择的空间。

3. 驱动性

需要是人的能动性的源泉和动力。需要一旦出现就会让人感到有某种欠缺，人们便会寻求满足，但得到满足之前会使人体验到一种紧张、不适甚至烦躁，为消除这种生理或心理上的紧张与不适，人们会产生寻求满足的力量，这种力量驱使人们去从事各种活动，以求得生理或心理上的平衡，使需要得到满足，因此，正是需要的驱动性才使旅游者有了进行旅游消费的动力。

4. 连续性

需要的运动过程是连续不断地进行的。当一种需要出现时，会产生支配人们去寻求满足的力量，推动人们从事满足需要的活动，需要满足了，人的心理紧张消除了，然后又有新的需要产生，再引起第二个动机与行为，这样周而复始、循环往复，直到人的生命终结。例如，旅游者游览了西欧各国，便会想着去东欧看一看，游遍了欧洲之后，又会想着去埃及等非洲国家游览。旅游需要的连续性会推动旅游者的后续行为，正因如此，旅游企业应牢固树立经营顾客关系理念，建立和维护良好的信誉和品牌，提高顾客对本企业的忠诚度。

5. 动态性

需要是环境的产物，当外部环境发生了变化时，需要也会随之而发生变化，随着人类社会的不断进步和人们物质文化生活水平的提高，需要由低级到高级、由简单到复杂不断发展变化，需要的标准不断提高和需要的种类日益复杂多样，因此，旅游企业应充分认识到需要的动态性，把握旅游者需要的新的变化趋势，及时为顾客提供其所需的旅游产品和服务。

（四）需要对旅游者行为的影响

需要是人的行为的源泉和动力，不同的需要导致不同的行为。旅游需要对旅游者行为的影响主要表现在以下三个方面：

1. 旅游需要决定旅游行为

旅游者的旅游行为是旅游者为满足自身需要而享用旅游产品和服务的行为，虽然旅游者旅游消费行为的形成过程十分复杂，但是可以肯定旅游消费的产生和实现是建立在需要的基础上的。

旅游需要作为旅游者对获得旅游产品和服务的愿望和要求，与旅游者所受到的内部刺激与外部刺激分不开，由此会形成一种紧张状态，成为其内在驱动力，便形成旅游动机，旅游动机又导致人们的旅游行为。当旅游行为顺利圆满完成，需要得到满足时，新的需要又会随之产生，再形成新的旅游动机，导致新的旅游行为。可见，旅游者的旅游行为是在旅游需要的驱使下进行的。因此，旅游需要决定旅游行为。

2. 旅游需要的强度决定旅游行为实现的程度

旅游者需要的强度不同，对旅游行为的影响程度也不同。一般情况下，需要越迫切、越强烈，实现旅游行为的可能性就越大。反之，需要不迫切、不强烈，则实现旅游行为的可能性就越小，甚至不发生。因为，对于一个需要非常迫切的旅游者来说，由此而引起的紧张与不适更强烈，为了使这种紧张与不适尽早得到消除，会"饥不择食"地实施旅游行为，而不注重旅游服务质量和价格。

3. 旅游需要层次不同对旅游者旅游消费水平的影响不同

随着人类社会生产力的发展，人们经济收入不断提高，根据恩格尔法则：随着家庭收入的增加，人们在食物方面的支出在总支出中所占的比例越来越小，用于文化、娱乐、卫生、劳务等方面的费用支出所占比例就越大，也就是说，旅游会成为人们越来越重视的消费需求。当然，旅游者需要层次不同，在旅游活动中所表现的消费水平也就不同，需要层次高的旅游者，在旅游消费过程中更注重旅游产品和服务的质量，消费水平比较高；需要层次低的旅游者则讲究实惠，消费水平也比较低。

二、旅游者动机

动机是推动人们行动的内在力量，它是引起和维持个体行为、并将此行为导向某一目标（个人需要满足）的愿望或意念。例如，当一个人饥饿的时候，他便开始去寻找食物，直到肚子填饱，行为才告停止。在这里饥饿就是动机，它引起觅食的行为。旅游动机是推动人们进行旅游活动，并使人处于积极状态以达到一定目标的过程。

动机是连续不断的、无休止的，也是复杂的。美国著名心理学家马斯洛说："人是一种不断需求的动物，除短暂的时间外，极少达到满足的状态。"

即一个动机获得满足了，另一个动机迅速出现并取代它的位置；当这个被满足了，又会有另一个站到突出位置上来。人几乎总是在希望着什么，而且这种状态自始至终贯穿着人的一生。由动机导致行动，从而因目标的获得而引起的满足并不是孤立、单一的。动机的出现实际上总是取决于个体所具有的其他动机的满足或非满足状态，即取决于优势欲望所达到的相对满足状态。需求某种东西本身就意味着已存在着其他需要的满足，所以动机是复杂的。

动机主要来源于内在条件（需要）和外在条件（刺激）。内在条件是个体缺乏某种东西的状态，这里的"某种东西"可以是物质因素（如食物），也可以是心理因素（如来自社会的赞誉），当个体缺乏这些东西的时候，生理上或心理上便失去平衡，由此而产生紧张和不适。外在条件是外部的刺激，如食物的香味、电视广告等。

动机是人的活动的推动者，体现着所需要的客观事物对人的活动的激励作用。旅游动机推动人们进行旅游活动，它是支配旅游者购买旅游产品和服务的内在动力，也就是个体产生和维持其旅游需要的一种能动心理现象，对人们的旅游行为具有明显的预示作用。因此，对旅游动机的研究有助于对旅游消费行为进行预测。

三、旅游者兴趣

兴趣对旅游者的行为有着重要影响，它可以推动旅游者参与旅游活动，影响旅游者选择旅游产品。

（一）兴趣的含义

兴趣是个体以特定的事物、活动及人为对象，所产生的积极的和带有倾向性、选择性的态度和情绪。

每个人都会对他感兴趣的事物给予优先注意和积极的探索。例如，对美术感兴趣的人，对各种油画、美展、摄影都会认真观赏、评点，对好的作品进行收藏、模仿。兴趣不只是对事物的表面的关心，任何一种兴趣都是由于获得这方面的知识或参与这种活动而使人体验到情绪上的满足而产生的。例如，一个人对跳舞感兴趣，他就会主动地、积极地寻找机会去参加，而且在跳舞时感到愉悦、放松和乐趣，表现出积极和自觉自愿。

兴趣和爱好是受社会性制约的，不同的环境、不同的阶级、不同的职业、不同文化层次的人，兴趣和爱好都不一样；兴趣和爱好有时也受遗传的影响，父母的兴趣和爱好也会对孩子有直接的影响；年龄的变化和时代的变化也会对人的兴趣产生直接影响。

兴趣是在需要的基础上产生的，也是在需要的基础上发展的。人的兴趣是以需要为前提和基础的，人们需要什么也就会对什么产生兴趣。由于人们的需要包括生理需要和社会需要或物质需要和精神需要，因此人的兴趣也同样表现在这两个方面。人的生理需要或物质需要一般来说是暂时的，容易满足。例如，人对某一种食物、衣服感兴趣，吃饱了、穿上了也就满足了；而人的社会需要或精神需要却是持久的、稳定的、不断增长的，例如人际交往、对文学和艺术的兴趣、对社会生活的参与则是长期的、终身的，并且是不断追求的。

（二）兴趣的特性

人的兴趣具有倾向性、广阔性、持久性等特点。

1．兴趣的倾向性

兴趣的倾向性是指个体对什么感兴趣。人与人，由于年龄、环境、文化层次不一样，兴趣的指向也不同。正所谓"仁者乐山，智者乐水"，就旅游地点的选择来说，有的人喜欢游山，有的人喜欢玩水，他们的兴趣倾向就不一样。

2．兴趣的广阔性

兴趣的广阔性主要指兴趣的范围。兴趣的范围因人而异，有的人兴趣广泛，有的人兴趣狭窄。有些旅游者对不管是人文景观还是自然景观都有兴趣；而有的旅游者只对大海情有独钟。

3．兴趣的持久性

兴趣的持久性主要指兴趣的稳定程度。兴趣的稳定性，对一个人的学习、工作很重要，只有稳定的兴趣，才能促使人系统地学习某一门知识，把某一项工作坚持到底，并取得成就。

（三）兴趣对旅游消费行为的作用

兴趣对一个人的个性形成和发展、对旅游消费行为有重要作用，这种作用主要表现在以下几个方面：

第一，对未来旅游活动的准备作用。对于出国游感兴趣的旅游者来说，就可能激励他积累各种关于如何办理出国旅游，以及国外风情、旅游景点等方面的知识，为将来出国旅游打基础，做准备。

第二，对正在进行的旅游活动起推动作用。兴趣是一种具有浓厚情感的志趣活动，它可以使旅游者集中精力去获得旅游产品和服务，并带着饱满的热情去享受当前的活动。

第三，对活动的创造性态度的促进作用。兴趣会促使人深入钻研、创造性地开展活动。旅游者的浓厚兴趣，对旅游企业而言，可以激发企业在旅游的方式、旅游活动的种类上进行创新，从而吸引更多的旅游者加入。

四、旅游者态度

旅游者的态度决定着旅游者对旅游产品和服务的选择，因此，我们要了解旅游者对旅游活动的态度是如何形成和改变的，从而为旅游广告和宣传以及制定服务策略等提供理论依据。

（一）旅游消费态度

态度包括人们比较稳定的一套思想、兴趣或目的，是人们期待某种经历和随时准备作出适当反应的心理状态，也是人的举止状态、主张等。旅游消费态度是指人们针对某一特定旅游活动的对象，用赞成或不赞成的方式连续地表现出来的旅游消费心理倾向。态度的形成要受许多因素的影响，造成人与人的态度各不相同，即使是生活在同一社会环境中的人们，由于个体之间存在的差异，使之对同一事物产生的看法也有可能不同，甚至截然相反。一般而言，人们对待某一事物的态度，并非采取要么肯定要么否定的极端的态度，也就是说在肯定与否定之间，存在着强度不同的"中间态度"。当然，态度的强度越高，对人的行为的预示作用就越强。

尽管人与人的态度各不相同，但一切态度都是由相同的基本要素构成的，它们是认知成分、情感成分和意向成分。

认知成分是指个体对环境中的某个对象的看法与评价。这里的对象可以指某个人、某件事，也可以指某种想法、某种情景或经验等。看法与评价包括对这一对象所持的意见、观点或信念，这些意见、观点或信念来源于个体在某一特定时刻曾经所感知的事实或信息。认知的生理基础是：当过去感知过的事物重新出现时，新的刺激引起的兴奋便经过旧的刺激通路引起旧刺激痕迹的复活，即旧的暂时联系的恢复。认知成分是态度结构中的活跃因素，它可以作为一个人对某一事物或对象的情感基础。

情感成分是指个体对某个对象的一种情绪体验。由于人对客观事物的态度总是以带有某些特殊色彩的体验的形式表现出来，因此，人的情感也就有各种不同表现。例如，对一个对象所作出的好或不好、热爱或者憎恨、喜欢或者厌恶、同情或者轻蔑的判断。情感的表现是伴随着个体的立场、观点和生活经历而转移的。有些情感是与有机体生理需要相联系的，如因食物反射引起食欲的体验，这是较低级的情感，另外，人还有较复杂的社会性情感，即高级情感，如道德感、美感、理智感。在态度的结构中，情感成分是最稳定的因素。

意向成分是由认知成分和情感成分所决定的对环境中的某个对象的行为反应倾向，它是行为的心理准备状态。

在态度结构中，认知、情感、意向三种成分密切相关，其中认知是意向产生的前提，意向对认知进行调节；情感是意向的动力，意向对情感起控制作用。这三种成分缺一不可，共同决定着态度的形成，其中认知成分是态度形成的基础；情感成分是态度形成的核心；意向成分是态度的外显，具有指导和动力作用，并控制着人的行为反应。

所有态度的强度和稳定性都有可能受到具体因素的影响；在态度与强烈的个人价值观密切联系时，它们对行为的影响最大。从旅游消费角度讲，认清态度的特点，将有助于更好地理解态度实际上在如何影响着人们的旅游行为。

态度具有以下几方面的特性：

1. 态度的内在性

态度是一种人们内在的心理体验，它虽然具有行为的倾向，但并不等于行为本身，而是行为的心理准备状态。所以态度本身不能被直接观察到，只有通过外部行为去推测。

2. 态度的稳定性

态度的稳定性是指态度一旦形成会持续一段时间不发生改变，从而在行为的反应上也表现为具有一定的规律性。态度的稳定性与态度构成的三种成分有密切关联，三种成分越一致态度越稳定。态度的稳定性还与态度的对象有关，一般而言，对相似的对象所形成的态度具有很高的相关性，容易形成态度群，态度群一旦形成不易改变。

3. 态度的可塑性

态度的可塑性与态度的稳定性之间是一种辩证关系，态度的稳定性是相对的，态度的可塑性是绝对的，即已经形成的态度是可以重塑或再造的，态度的稳定性可以向可塑性转化，但这种转化是有前提条件的，一般而言，在态度形成的初期，态度的调整比后期容易，而简单态度比复杂态度更容易调整。

（二）旅游态度的形成

按照 H. 凯尔曼的划分，态度的形成是由以下三个阶段组成的。

1. 服从阶段

指个体为了获得奖赏或避免受惩罚而采取的表面顺从。这种服从不一定是个体的真实心态，其目的在于获得奖赏或免受处罚，一旦奖赏或处罚的可能性消失，服从就出现不稳定。这是态度形成的一种常见形式。比如一个单位组织去某地旅游，要求成员都参加，个人只好服从单位选择。

2．同化阶段

个体自觉自愿地接受他人的观点、信念的影响，以使自己的态度逐渐地与他人相接近的过程。同化能否顺利实现，关键在于他人或团体的吸引力，如有人愿意选择自己所崇拜的明星偶像曾下榻过的旅馆。

3．内化阶段

个体真正从内心深处相信并接受他人的观点，彻底地转变自己的态度。这是人的态度最稳定、最持久、最系统的阶段。在这个阶段，个体把外部的思想、观点纳入自己的思想体系之中，使之成为自己态度体系中的一个有机组成部分。比如旅游者真正认识到旅游是一种现代生活的内容，就会自觉地把旅游当做消费的重要支出。

（三）旅游态度的改变

态度形成之后是可以经过调整而发生改变的。态度的改变可分为两个方面：一是态度方向的改变，二是态度强度的改变。比如，有些个体原来不喜欢旅游，后来变得喜欢，这是方向的改变；又如，某旅游者原来对旅游目的地选择犹豫不决，后来表示坚定地去或不去，这是强度的改变。方向与强度有关系，从一个极端转移到另一个极端，既是方向的改变，又是强度的改变。

影响旅游者态度改变的因素是多种多样的：

1．旅游者自身的因素

包括个体的需要、性格、智力、受教育程度及社会地位等，这些因素对态度的改变会产生影响。如受教育程度较高、自信心强的人不易被他人说服，改变其态度也非常难。

2．外界的因素

态度的改变也受外界条件的影响，如信息、相关群体的态度和团体压力。旅游者态度的形成是在接受各种信息的基础上进行的，如果信息可靠，并同旅游者自身已有的经验、知识、期望相一致，就会形成较稳固的态度。旅游者对相关群体一般不会存在戒备心理，因而相关群体态度容易被旅游者所接受。当团体中多数成员的态度趋于一致时，会给旅游者造成心理压力，这种团体压力的影响可使旅游者产生从众心理，调整自己的心态。

3．态度的特性

除旅游者自身的因素和一些外部条件的影响外，态度本身的有些特性会影响到旅游者态度的改变，如旅游态度强度。一般说来，旅游者所受到的刺激越强烈，态度强度就越大，从而态度越不易改变。态度构成的三种要素（认知成分、情感成分、意向成分）之间一致性越强，则越不容易改变。倘若三者之间出现分歧或矛盾，则态度稳定性较差，改变也就较容易。

（四）改变态度的方法

1. 树立新的旅游产品形象

旅游产品形象是旅游者和潜在旅游者对旅游产品的总体评价，好的形象对增强或改进旅游者和潜在旅游者的态度起重要作用，所以树立新的旅游产品形象会产生重大影响。

旅游产品和旅游服务是一个整体概念，它包括饭店建筑风格、客房的装饰、交通技术、设备状况、娱乐设施、档次规模、菜肴品位、卫生环境保护、旅游从业人员的仪表、着装、态度、语言表达能力、技术水平、队伍规范等，以及能够显示旅游业精神、风格、凝聚力、实力、效率等的内在因素。要想使人们对旅游产品和服务由不了解到了解，由否定转为肯定的态度，一方面，要从硬件上下工夫，努力去改变和提高旅游产品的形象；另一方面要改进服务质量，进一步引导人们态度的改变，接受这种产品和服务。

2. 传递新信息

旅游者态度的形成是在接受各种信息基础上进行的，旅游者在做出决策之前，会广泛地收集信息资料，所以，向人们传递新信息、输送新的知识，是改变旅游态度的有效办法。传递信息的常见渠道有发布广告、专栏报道、举办讲座、开办展览、发行宣传小册子等。

3. 利用相关群体

旅游态度的形成受相关群体影响较大，因为相关群体的劝诱具有隐蔽性，不易招致个体的反感和戒备，因而更容易被旅游者所接受。另外，旅游者群体间角色、目的、身份和利益的相同或相似，也容易沟通。如果旅游者认为某种意见来自于一致的对方时，就较乐于接受该意见，乃至主动征询对方的建议，以供参考。如果相互间关系融洽，感情密切，相互影响就更大。

第二节　个性心理特征的理论在旅游业的应用

一、性格

（一）性格的概念

性格是指一个人表现在态度和行为的较稳定的心理特征，如果断、刚强、懦弱，它是个性的重要组成部分。人的性格是受一定思想、意识、信仰、世界观的影响和制约的。由于具体的生活环境不同，每一个人的性格会有不同的特征。性格是在一个人的生理素质基础上，在社会实践活动中逐渐形成、发展和变化的，具有一定的复杂性、独特性、整体性和持续性。

（二）性格的特征

性格是一个十分复杂的心理特征。它有多个侧面，包含着多种多样的性格特征。

1．对现实态度的特征

其主要表现在处理各种社会关系方面的性格特征。如对社会、集体、他人的态度所构成的性格特征，有善于交际、富于同情心、为人正直、诚实等，或相反；对工作、劳动的态度所构成的性格特征，主要有勤劳、认真、细致、创新精神等，或相反；对自己态度所构成的特征，主要有谦虚、自信等，或相反。

2．性格的意志特征

其主要表现为行为活动的习惯方式，它是人们对现实态度的另一种表现。其意志特征有：目的性、盲目性、组织性、散漫性、镇定、果断、恒心、坚韧性等。

3．性格的情绪特征

当情绪对人的活动的影响，或人对情绪的具有某种稳定的、经常表现的特点时，这些特点就构成性格的情绪特征。它包括强度特征、稳定性特征、持久性特征、主导心境特征四个方面。

4．性格的理智特征

它是指人们表现在感知记忆、想像和思维等认知方面的个体差异。在感知方面有主动观察与被动感知型；在想像方面有主动想像与被动想像型、大胆想像受限制型、狭窄想像与广阔想像型。

（三）性格特征与管理

一个旅游企业管理者要做好人力资源管理，必须注意每个员工的行为倾向，而性格正是决定这种行为倾向的最重要的心理特征之一。对员工性格的了解，不仅有助于解释和掌握他现在的行为，而且还可以预见他未来的行为。由此可见，掌握员工性格与管理工作的相互关系的意义主要体现在两个方面，即：一方面有助于控制员工的行为，另一方面有助于创设适宜的工作环境使之与员工的性格倾向尽量相吻合，以利于人力资源的开发，尽量避免在管理工作中出现所谓"负增强"与"负促进"的作用。

要了解和掌握员工的性格特点，做好旅游企业的管理工作，管理者可以从两个方面着手。一方面做细致深入的调查了解工作，如员工的经历、过去所属社会阶层的特点，掌握他现在为什么会有这样的表现，以预见未来的发展方向。既要注意发挥人力资源的潜能，又要创造一定的环境条件，影响和纠正员工队伍中某些不良倾向，使之向着健康的方向发展。另一方面则借助于心理测试手段粗略地掌握员工的性格特征以及整个企业员工的特点，为合理分配人力资源，避免由于性格搭配不和谐所引起的摩擦和低工效的人际关系出现。总之，只有掌握员工的性格特点，才能做好管理工作。

二、气质

（一）气质的概念

气质是人的个性心理特征之一，指个人典型地表现于心理过程的强度、速度、稳定性以及心理活动的指向性等动力方面的特点。每个人生来就具有一种气质。有某种气质的人在多种多样的活动中都有同样的再现，而不以活动的内容、目的、动机为转移。一个人的气质，具有极大的稳定性。正像巴甫洛夫所指出的，"气质是每个人个别的最一般的特征，是他的神经系统的最基本的特征。而这种特征在每一个人的一切活动上都打上了一定的烙印"。

（二）气质的类型和特征

古希腊医生希波克拉特根据日常观察和不同人体内四种体液（血液、粘液、黄胆汁、黑胆汁）的多寡不同的假设，把气质分为四种类型，即胆汁质、多血质、粘液质、抑郁质。巴甫洛夫通过对高等动物的研究，根据高级神经活动的强度、平衡性和灵活性三个基本特征，把高级神经活动划分为四种基本类型：不可抑制型、活泼型、安静型和抑制型。神经系统的基本类型是气质的生理基础，气质是高级神经活动类型的外在表现。四种神经活动类型分别与四种气质类型相对应，其对应关系及特征如表2-1所示。

表2-1　　　气质类型及其表现和高级神经活动类型及其特征对照表

神经系统的特征及类型					气质	
强度	平衡性	灵活性	特性组合	气质类型	主要心理特征	
强型	不平衡（兴奋占优势）		不可抑制型（兴奋型）	胆汁质	直爽、精力旺盛、情绪容易激动，具有明显外倾性	
	平衡	灵活	活泼型	多血质	活泼、好动、敏感、反应迅速、喜欢与人交往、热情，具有外倾性	
		不灵活	安静型	粘液质	安静、沉着、情感反应慢且不易外露，注意稳定但难以转移，善于忍耐，具有内倾性	
弱型	不平衡（抑制占优势）		抑制型	抑郁质	敏感、多疑、感情较脆弱，行动迟缓，内心体验深刻，善于察觉一些细节，具有内倾性	

在生活中，只有少数人是某一种气质类型的典型代表，大多数人是中间类型。所谓中间类型是指既有某种气质的某些特点，又具有另一种气质的某些特点。

（三）气质在管理过程中的作用

1. 气质类型无好坏之分

作为人心理活动和行为动作方面的动力特点的综合，它本身无所谓好坏。在评定人的气质时不能认为一种气质类型是好的，另一种类型是坏的。因为任何一种气质都有其积极的一面，又有其消极的一面。例如，多血质的人情感丰富，工作能力强，但他的动机不稳定，注意力也不稳定；抑制质的人工作能力差，易于忐忑不安，然而感情细腻，工作细致谨慎，具有敏锐的观察能力。所以气质并不决定一个人的社会价值，而人的爱好、世界观、工作态度也不取决于气质。

2. 人机协调

所谓人机协调是指每种工作必须要有最适宜的人才。在旅游企业管理中，人机协调首先取决于对某项具体工作的分析，确定完成这项工作所必须的特殊能力与气质特点，其次取决于如何去选拔、鉴定适合这些工作要求的人才。现代旅游企业的每种活动对于员工的心理及其能力提出了一定的要求，如有些工作要求反应速度快，有些工作要求与更多的人交往，有些工作要局限在一定范围内。当一个人的气质特点符合工作要求时，他的工作速度就快，困难就少，兴趣也高；反之，如果气质特征与工作要求不相适合时，他要达到某一水平，就必须付出更大的努力。

3. 人际关系

人际关系的好坏，是决定一个旅游企业整体效能发挥的重要条件。管理者在人员安排上，必须注意各种气质类型人员的适当配合。例如，在旅游服务中，既要求服务人员有稳定的注意力和敏锐的观察能力，又要求服务人员具有注意力快速转移的特点，以便高效率地为客人服务，但一个服务人员往往很难具有这两种互相对立的气质特征。因此，管理者可通过发挥具有粘液质气质服务人员注意力稳定的长处，及具有多血质气质服务人员反应快速的长处，来弥补各自的不足。在旅游企业里同时具备了不同气质类型的人，就比单纯的同一气质类型的人在一起工作所发挥的效率高得多。

三、能力

（一）能力的概念

能力是直接影响活动效果，使活动顺利完成的个性心理特征，通常是指个体从事一定社会实践活动的本领。

我们知道，人是生产力诸要素中的决定因素。在人力这个因素中最主要的又集中体现为个人的智力结构水平，即广义而言的能力，因为它是影响活动效果的最主要条件。能力的高低会影响一个人掌握工作的速度、难易和巩固程度。能力水平高的人之所以能够取得较好的效果，是因为他的心理特征上的能力综合与活动的要求相符合。一些人之所以不能胜任某种工作，可能是由于他的能力发展水平过低，或是某种能力的综合与工作要求不相符合。

（二）能力的差异性

人的能力有差异，这是客观存在的事实。这种差异可以从量、质和发展三个方面来分析。从量来看，能力水平有高、低差异；从质来看，完成同一种工作的同样成绩，不同人可以采取不同途径或不同能力的结合，这一般称为能力的类型差异；从发展上来看，有人能力发展早，有人发展晚，这是能力表现早晚的差异。对能力的个别差异的研究，有助于旅游企业管理者掌握员工特点，做到量才录用、量才使用，使员工人尽其才，人尽其用，保证企业目标的实现。

在旅游企业管理中，为了有效发挥企业员工的能力，必须注意以下几方面：

1．制定选人用人的标准

旅游企业的每个职能部门、每个岗位都有自身的工作标准，对于任职者也有相应的要求。管理者在选用员工前应该制定各岗位所需要的能力标准。对导游人员来说，语言表达能力、组织接待能力、应变能力就是任职的重要能力因素；对餐厅服务人员来说，敏锐的观察力和推销能力当然是主要的任职能力；对总经理来说，组织能力、指挥能力、决策能力是任职必备的条件。为了提高旅游企业的组织效能，管理者不仅需要确定各个岗位所需要的能力，而且需要经过各种能力的心理鉴定，确定员工是否适合这项工作。

2．合理分配工作，做到人尽其才

仅从智力结构水平的高低而言，旅游企业管理者应该根据员工智力发展的不同水平分配不同的工作，以利于企业目标的实现。要真正做到人尽其才，管理者还要注意：第一，同一个人不能适应所有部门的每一件工作；第二，接受同等教育的人，能力水平并不相等；第三，同样聪明的人并不一定适应同一件工作；第四，旅游企业管理者应该根据员工智力发展的不同水平实施不同的职业教育与训练。

3．完善组织结构，确立人才金字塔

一般来说，工作能力的高低等于智商与所受教育（或训练）的乘积。能力高者，工作任务重；能力中等者，分配中等工作；能力下等者，仅能从事一些比较简单的工作。企业管理者必须使这三部分人紧密配合，才能达到组织目标。在组织结构中，应该形成一个好的人才金字塔，塔的高度不能陡。否则智力相差太大，往往影响管理和沟通工作。所以，一个好的管理者，应该运用自己的智慧去掌握员工的能力水平，真正做到因事用人，因人成事。

　　旅游者的需要是旅游消费行为最主要的诱因，旅游需要是人们在特定的社会生活和特定的经济条件下对获得旅游产品和服务的愿望和要求。需要的产生过程一般有七个阶段。需要总是针对具体目标而存在的，而且是连续、多样、动态的，具有驱动性。旅游需要决定旅游行为，旅游需要的强度决定旅游行为实现的程度，旅游需要层次不同对旅游者旅游消费水平的影响不同。旅游动机是推动人们进行旅游活动，并使人处于积极状态以达到一定目标的过程。兴趣对旅游者的行为有着重要影响，它可以推动旅游者对旅游活动的参与，影响着对旅游产品的选择。旅游者的态度决定着旅游者对旅游产品和服务的选择，影响旅游者态度改变的因素是多种多样的，有旅游者自身的因素、外界的因素以及态度的特性。

　　一个旅游企业管理者要做好人力资源管理必须注意每个员工的行为倾向，而性格正是决定这种行为倾向的最重要的心理特征之一。现代旅游企业的每种活动对于员工的心理及其能力提出了一定的要求。在旅游企业里同时具备了不同气质类型的人，就比单纯的同一气质类型的人在一起工作所发挥的效率高得多。在旅游企业管理中，为了有效发挥企业员工的能力，必须要有选人用人的标准；合理分配工作，做到人尽其才；完善组织结构，确立人才金字塔。

思考题

1. 什么是旅游需要？它是怎样产生的？

2. 旅游者的动机可以分为几类？

3. 旅游者个性心理特征包括哪些方面？

4. 分析需要、动机的因素对旅游行为产生的意义。

5. 如何设计一份旅游者动机调查问卷？

6. 在旅游企业中，如何对员工的态度进行管理并进行绩效考评，从而达到企业为客人服务的目的？

课后学习材料

一、结合第一节关于旅游者个性心理倾向的知识学习，阅读关于旅游者个性心理倾向的研究成果的文字

1.专家对旅游动机研究的成果

H.P.格雷认为人们休闲旅行的两种驱动力是追求浪漫和追求阳光；美国学者罗伯特·麦金托什认为旅游动机有四类：身体健康的动机、文化的动机、人际动机、地位与声望的动机；G.M.S.戴恩认为旅游动机有情感梳理、自我提高、想入非非；克雷潘多夫则评价了旅游动机调查的方法。突出的研究工作还有：

（1）J.L.克罗姆顿对39名个体的旅游动机进行研究：旅游的基本动力是"打破常观"。它们分别是：逃避所感知的世俗环境；自我发现和自我评价；放松；显其声望；回归（较少限制行为）；密切家族亲属关系；促进社会交往。

（2）瑞士 H.Schmid Hauser 对 4 331名瑞士游客的动机进行了调查：他认为游客动机十分复杂，人们借助旅游，可以弥补日常工作和生活环境的种种遗缺；可以消除生理和心理紧张、摆脱单调的生活、恢复身心健康；可以增长见闻，满足好奇心，实现自我价值；可以自我回报，自我沉溺。

（3）谢彦君和道格拉斯·杰夫瑞对英国游客赴华的旅游动机进行了调查（170份问卷），旅客的旅游动机依次为：游览标志性景观景点；游览历史古迹、人类遗址和文化胜地；游览乡村风光；品尝当地的食品；摄影摄像；访问普通人；探寻城市生活；游览山地风光；参加节日及文化盛会；游览博物馆、艺术馆、乘船在江河上游览；观赏野生动植物；游览海滨风光；徒步旅行；研习中国艺术；出入娱乐场所；购物；游览未开发的原始地区；了解尝试中医中药；骑自行车观光；游泳、健身练习；日光浴；参加水上运动项目；狩猎；垂钓。

2.世界旅游组织和国家政府机构关于旅游动机的调查

（1）世界旅游组织研究团体游客的动机：包括消遣与更换环境、休息和松弛、寻求赏心悦目的环境；人际关系、在某些活动中露面以表现自己和发挥创造才能；对外部世界的好奇心、运用感觉器官的乐趣、游乐。

（2）1972年加拿大政府旅游局调查（5 000名游客）。

加拿大游客选择旅游目的地的原因依次为探亲访友、观赏风景、寻求放松的氛围；追求适宜的气候，访问热情友好的人民；前往海滨，因其交通方便且设施齐全、价格便宜、游客不多；品尝美食；体验令人迷恋的习俗与生活、参与各种文化活动和夜生活。

（3）1980 年美国民意测验公司的调查显示（600 名游客）。

"变换环境"是最主要的因素，其次为寻求新的体验，了解别人的生活，寻求冒险与刺激，品尝新奇的食品，观赏文化景观，探亲访友，感受历史，追逐阳光、大海、沙滩，寻觅文化遗产，购物，寻求圣教圣地，经商，修学，追求浪漫、声望或地位，追赶时髦。

（4）1986～1987 年德国 29 项旅游动机调查，结果依次为：摆脱、放松、远离日常生活、变换生活环境，恢复体力，体验自然，与他人交往，享受阳光避开坏天气，享受口福，娱乐、享受，随心所欲、寻求自由，增加体验，感受变化，猎奇、寻求未受污染的环境，锻炼、参与运动或游戏，体验外国文化、观察世界，彻底休息，一事不做，坐享其成，纵欲、狂欢、享乐，结交新朋友，美化自己，将皮肤晒成健康的褐色，马不停蹄、四处游逛、增长见闻、接受教育或洗礼，追求个人兴趣，疗养，探亲访友，借机内省、反思，参加体育项目。

3. 结合旅游者的兴趣、态度等知识，阅读下列四段文字，体会"神秘、苍凉、原始……是美，也是旅游吸引物，极大地激发了旅游兴趣，改变了旅游者的态度"

不丹：云中的国度。

在喜马拉雅山南坡，中国和印度之间，有一个世外桃源似的高山内陆小国——不丹。不丹人相信自己是龙的子民，世代信奉藏传佛教，具有谦和温顺的民族性格。不丹对于外来观光客的进出人次与停留的时间实行限制。

喇嘛和外来者。刺骨的寒风拂动着一位正在祈祷的喇嘛的红色袈裟。他的身影隐入高耸入云的山峰，在那长长的阴影下，他的背影显得格外渺小。我真心希望这"香格里拉"的一切——纯净的空气、散发松柏芳香的森林、品种繁多的野生动物——原封不动地长久留存下去。

然而，这个刚刚走出中世纪的喜马拉雅山国如何能在现代化的进程中做到毫发无损，保住它丰富的自然资源和文化遗产？我不知道。尚未来得及细想，只见天空乌云弥漫，随即降下鹅毛大雪。我们一行 6 位不速之客——世界野生生物基金会（WWF）赴西藏、不丹边境考察小组不得不在大雪封山前转身离去，把遗世的宁静还给山谷。正如冰雪封锁着帕洛山谷，长久以来，喜马拉雅山脉就像不丹王国的保护屏，把它与外界隔开。夹在中国和印度两个大国之间的不丹，70 多万国民，面积仅有 4.6 万平方公里，与瑞士一般大小，大部分国土上群山矗立。兰花、野罂粟和罕见的雪豹就在这个与世隔绝的环境中生长，这里还有传说中的喜马拉雅雪人。我曾步行穿过一片茂密的高海拔橡树林，在林中山路上目击了虎爪的印痕。南亚虎通常出没于低海拔的森林地带，但在不丹，它的踪迹却可能出现在海拔三四千米的雪线之上。在首都廷布（人口 3 万）城里遇见黑熊、野猪，不算什么稀罕事。一位朋友告诉我，去年的一天，他妻子听见他们家的狗叫个不停，便出门看个究竟，她惊诧地发现后院里立着一只黑豹。在宁静的廷布，街道上狗的数目远远多过车辆，交通灯成了多余的摆设，城里总共只有两个加油站，尽管不丹人步行或凭借牦牛在山区小路上已穿梭行走了上千年，直到 1962 年全国第一条公路（从廷布到不丹—印度边境的庞措林）通车前，汽油在不丹毫无用武之地。

前往虎穴寺。不丹人把他们的国家称做"竺域"，意为"雷龙之国"。在向外部世界开放的同时，不丹一直尊崇大乘佛教的文化传统。不丹最神圣的佛教寺庙是虎穴寺，前去那里参观需要申请特殊的许可。在一位名叫哲波多吉的喇嘛陪同下，我从海拔 1 000 多米处启程，缓慢地登上 3 000 多米的高度。阳光一路相伴，我们沿着凿壁而建的陡峭石阶，艰难地向山顶进发。从远处看，耸于山谷之上的石砌寺院仿佛与山岩浑然一体，往下俯瞰，只见厚厚的苍松翠柏，像绿色的地毯，中间夹杂着稻田的金黄色，和一片片醒目的红色——晾晒在农舍屋顶上的辣椒。据古代经书记载，8 世纪时一位名叫莲花生的上师骑着一匹飞虎从西藏来到此地降妖伏魔，莲花生后来成了这个国家最重要的宗教形象。哲波多吉领着我穿过一片柏树林，这些不丹的国树足有几十米高，上面垂着一缕缕苔藓。虎穴寺的山门前飞挂着一道瀑布，流水漫过级级岩石，注入一口深潭，然后落入下方几百米深的山坳。哲波多吉轻巧地跃过溪流。他向我解释一种叫做"腾空步"的功夫——凭借这种功夫，可以不费力气地大步跨越山谷。"可惜啊，要掌握这种功夫，在付诸实践以前必须花大量的时间学习理论。"他一边说，一边继续向上攀登，"我恐怕只能像常人一样行走了"。我们探访了一连串僧侣修行的洞穴，密室里弥漫着藏香的浓郁气味，墙壁上反映着闪烁的酥油灯亮光，不时听见风中传来微弱的铃声及喇嘛的诵经声。终于到达山顶，面前出现一尊莲花生的塑像，据说莲花生时常变幻外形，眼前的大师是一副金刚凶相，怒目圆睁，身下伏着一只猛虎。一瞬间，我仿佛被推入一个遥远的所在，时间在那里静止不动……

云雾中的前景。不丹在运用自然资源方面起步甚晚，大面积的原始森林完好无损，绝大多数河流畅通无阻，至今只建有少数几座水坝，其中最大的一座是楚卡水利工程的一部分，为保护自然环境，不丹把 20% 以上的国土划入 10 个自然保护区，其中最引人注目的是面积 300 多平方公里的王家玛纳斯国家公园，多种濒危、珍稀的南亚动植物包括大象、金丝猴、南亚虎、野牛等，还包括 500 多种鸟类都是保护的对象。

然而，不丹基本上仍保持着千年不变的原始面貌——未受破坏的土地、在这土地上一代代生存的以农牧业为生的人民。90% 的不丹人和他们的祖辈一样生活在空气稀薄的高寒地区，千年不变。在夏季，他们跟随着牲口来到草原地带，在山谷里耕地插秧，或是种辣椒，就像我在珠穆拉峰山脚下的一座村庄遇见的一位妇女彻仁卓玛一样，他们日复一日重复着亘古不变的缓慢的生活节奏。

一个寒冷的春天午后，彻仁卓玛邀请我和朋友们到她的屋里小坐，厨房里，燃烧的柏枝升起一缕缕青烟，我们喝着暖人肺腑的酥油茶，谈起农民们关心的话题——肉类及布料的价钱、牲口的长势等。黄昏时，彻仁卓玛和她的父亲到门外呼唤牲口回圈。外表壮实而邋遢的牦牛聚拢到房前，身上散发着湿气，摇晃着脑袋，头上系着与别家牲口区别开来的色彩鲜明的标志绳。这些体形庞大的动物为彻仁卓玛一家提供了源源不断的奶、毛和肉食，牦牛肉和乳酪还给他们换来其他的生活必需品——盐、茶、米、面和炊具。

不丹，我希望在整个国家变得富裕繁荣的同时，也继续留存我所喜爱的一切——和蔼、自豪的人民，广阔的森林，清澈的山间溪流，庄严的寺庙，以及喜马拉雅山那永恒的神秘云雾。

二、结合第二节关于气质、性格、能力的知识的学习，阅读下列文字

1. 美国心理学家斯坦利·普劳格（S. Plog）关于旅游者个性心理的研究成果

普劳格在其研究中试图发现旅游人群的个性差异，并用保守型（或自我中心型、内向型、安乐小康型）与开放型（或许多中心型、外向型、追新猎奇型）描述这两类人。普劳格对游客个性研究的结论是：保守型游客喜欢到熟悉的目的地旅游，活动项目较少，喜欢开车前往，喜欢沉浸于熟悉的氛围之中，欣赏团体旅游生活。开放型游客喜欢独立的旅游安排，更喜欢飞往目的地。开放型的游客常常是一个旅游目的地的第一批拓荒者，而保守型个性的游客往往成为旅游目的地后期去的客人。

2. 旅游过程中感性购物消费

（1）第一个阶段是产生欲望的阶段，在这个阶段有一些因素会对欲望的产生起抑制作用，我们称其为抑制因素。

① 旅游地形象的认知度是第一个抑制因素。旅游者对每一个旅游地都会有自己独特的评价，旅游地形象的认知会对旅游者的购物产生十分微妙的影响。旅游者参加旅游活动在某种意义上说是为了寻求与其居住地不同的体验，旅游者购买旅游纪念品正是为了在旅游结束之后能持续获得这种体验。

② 旅游活动的满意度是第二个抑制因素。每一个旅游者对旅游的满意首先体现在能否满足其基本生活需求，这包括舒适的住宿、可口的饭菜、充足的游览时间，还有便利的交通。如果这些要求得不到满足，旅游者就会想尽快"远离"此地。因此，在旅游的过程中，旅游接待方要做好基础的接待工作。

③ 旅游服务人员的可信度是第三个抑制因素。心理研究表明，陌生的环境会使人处于一种高度紧张的状态。在这种紧张状态下，旅游者对任何事物都会高度戒备，尤其当旅游者感到自己的利益将会受损时，他们就采取敌视和抵触行为来保护自己。

当旅游者克服了各种购物抑制因素后，旅游购物的欲望就会逐步膨胀，旅游者的注意力也转移到了对旅游商品的选择上，诱发因素就对旅游者的旅游购物决策起主要作用。

（2）第二阶段是在产生购物欲望之后，旅游者对商品的筛选、购买阶段，影响最终购物决策的因素称之为诱发因素。

① 影响旅游者购物决策的第一个诱发因素是商品的效用价格比。

② 第二个诱发因素是旅游者自身的素养。

③ 第三个诱发因素是旅游者的从众心理。由于旅游者在旅游过程中自始至终处于陌生的环境中，他们就会极力寻求群体的归属感。在这种情况下，旅游者选择从众来消除紧张的情绪。从众可以使旅游者感到自己并不是孤立在团体之外的，其利益与团体的利益密切相关。

④ 第四个诱发因素是购物环境。购物是一种休闲活动，购物的时候要让旅游者充分体验到休闲的氛围，而不是浓重的商业气氛。

3. 心理学家统计以下11种人格，公认可以被选为益友交往

（1）值得信赖（89%）；（2）待人忠厚（88%）；（3）热心且富有感情（82%）；（4）爱帮助人（76%）；（5）诚恳坦率（75%）；（6）有幽默感

（72％）；（7）肯花时间陪我（62％）；（8）个性独立（61％）；（9）健谈（59％）；（10）有智慧（58％）；（11）有社会良心（49％）（括号内数字为填答者百分比）。

第三章
旅游者的认知过程和行为侵犯

本章主要内容讲述旅游者的认知过程。主要理论基础是运用认知心理学和行为侵犯信息加工的原理分析游客的意境地图，意境地图对游客旅行作用较大。分析旅游者的行为侵犯，现实意义也较大。

第一节　旅游者的认知

旅游者的认知包括对物（旅游景观）的方面和对人（旅游工作者和旅游者）的方面，前者指旅游者对山川河流、天气等自然景观变化的感官辨识、经验判断，也包括旅游者的错觉现象（如峨眉佛光、海市蜃楼）；后者指对旅游工作者的认知，包括对旅游者、导游、酒店服务员、景区工作人员、旅游行政管理人员的行为进行观察而获得的印象。

一、旅游者对物的认知方面

（一）新的环境印象是如何形成的

旅游者离开惯常生活环境会产生新的环境印象，新印象由两部分构成：一部分来自直接接触的环境信息，如去商店、娱乐场所、服务部门，另一部分来自间接接触的环境信息，如旅游广告、宣传册，在旅游者直接或间接感受的印象基础上所形成的加工信息都是旅游者认知的内容。在旅游业中，运用游客所形成的新环境印象而开发的旅游产品成功的案例很多：如中国桂林"西街"、云南"香格里拉"。西街在外国朋友心中，简直就是他们自己的故乡。奇特的"西街"就坐落在环境宜人的阳朔古城之中。它东临举世闻名的百里漓江，旁靠碧莲峰，有1 400多年的历史，整条街长1 000多米，宽8米，两旁是清代遗留的低矮砖瓦房，白粉墙红木窗，前店后家。西街每天平均接待中外游客约1 200人。

旅游者对户外娱乐资源的认知，如（被湖水、沙滩覆盖的）土地、气候、地形、植被等，就是娱乐环境印象。游客心中的热带海滩的印象，是指明媚的阳光、宜人的气温、柔软的沙地、清洁的海水以及摇曳的棕榈树。以美国大西洋城附近的海滩为例，它最初属于纽约与费城少数富翁的独占区。在发展海滩旅游时，由于游人太多，吸引力降低，曾经萧条和衰退。其拥挤的人群、破旧的陈设，给游客十分平庸的印象。大西洋城后来有意识地改变它在公众中的印象，在这里建立赌博场所后，魅力重现，旅游业重整。旅游者对海滨土地利用的环境认知，导致旅游地的重新兴起。

现代旅游者对世界印象的范围很大，从几平方公里扩大到全球范围。随着人们对太空的认识和开发，太空旅游已成事实，现在少数旅游者的足迹登上了太空。如全球首位太空游客蒂托，于2001年4月出资2 000万美元，前往国际空间站观光。2002年，南非富人马克·菲特沃尔思成为第二位太空旅游者。太平洋岛国汤加风和日丽，风光旖旎，旅游业一向发达。如今，汤加旅游业也准备把触角伸向太空。

旅游者形成的印象是可以评价的。以美国旅游者为例，美国是世界上旅游业发达的国家，美国人对各州印象是这样的：质朴的肯塔基；人间天堂夏威夷；佐治亚在我心中；俄亥俄，将心交给你；马里兰，美得你无法想像；应有尽有内华达；新泽西和你，完美的融合；马萨诸塞精神就是美国精神；阿拉斯加，一见倾心；亚利桑那，美国的天然宝石；哪里比我科罗拉多好；俄克拉何马州，开发中的湖州；新墨西哥州，迷人的地方；宾夕法尼亚有你的知音；内布拉斯加——来发现我们的秘密。美国旅游者对各州位置、资源、成立的时间的认知的结果，便形成他们心中的旅游世界。

（二）在游客对旅游景观的认知，形成环境印象基础上，意境地图形成

旅游者感知距离的空间地点的排列连线是旅游者意境地图，它的要素是指道路、明显的标志物和行政区划。游客从众的"时尚"旅行，增加了意境地图的内容与范围，这必然影响到其他旅游者的行为，这种行为扩大了意境地图中的道路结构，而这些道路等地图内容反过来影响旅行者出游的方式。如现在中国西南陆路、海路大通道的建设，带动了西南旅游与中南半岛的旅游联合大开发。西南地区有众多的旅游资源，文化积淀深厚，民族众多，但长期由于交通闭塞，游客走不进去，进去就走不出来，旅游业发展不能大踏步前进。现在由于南昆铁路、以南宁为中心的高等级公路的兴修，极大地增强了游客的意境地图的内容，中国西南部的旅游业蒸蒸日上。

（三）意境地图在一定程度上决定了旅游者行为

意境地图对旅游者帮助很大，能让自助旅游者在陌生的地方成功地找到理想的休息地点。因为在旅游者的意境地图中，欧洲旅馆成串地分布在城市

主要的火车站附近，北美有停车场的旅馆集中分布在公路枢纽地带。

　　旅游者的外出是以意境地图为基础的，如旅游者一般选择距离不太远，联系较为方便的海滩作为度假目的地。十九世纪大多数欧洲人喜欢去阿尔卑斯山疗养，而现在，更喜爱去海滩，欧洲人最喜爱地中海沿岸海滩。过去人们热衷于钓鱼、狩猎之类的传统娱乐活动，现在人们追求新的娱乐形式，如驾雪车运动、滑翔运动、冲浪、爬山车运动等。世界上许多供人游乐的热带海滩，那里有迷人的环境、柔软的沙滩和舒适的招待设备，它们都有相似的环境。如中国的海南岛亚龙湾、深圳大小梅沙、广西北海的银滩以及东南亚下龙湾、普吉岛、芭堤雅、巴厘岛等地，它们的舒适环境相似，形成在游客头脑的意境地图的因素，决定了游客的选择。

　　意境地图还制约游客在游览过程中的方向性。利用游客的这种意境地图作用，开展周末城郊游览，经济效益十分突出。当一个人对周围世界只有少量的信息时，他们的旅游信息搜寻通常只有在住家附近进行，一旦找到适宜的目标，经济条件允许，旅游的愿望就会实现。如现在各个城市开展的城郊休闲、游憩一日游活动、城市周边二日游活动就是很好的证明。旅游者从众多的旅游地挑选一处去旅行，也就是从众多的可选择的行动中挑选某种行为。

二、旅游者对人的认知方面

　　在旅游行业中，旅行社每年接待大量旅游散客，旅游员工开展了解散客的认知过程和规律的工作，有助于提高旅行社的服务质量。

　　以一次散客组团旅行为例，游客相互认识一般要经过以下阶段。

　　（1）陌生阶段：导游先做完自我介绍后，游客双方不认识。因为游客来自各地，彼此并不了解。

　　（2）单方注意阶段：导游介绍旅程和注意事项，游客之间开始攀谈，互相进行了解。如游客因找座位存放物品，要和对方打招呼，一方注意到另一方的存在。

　　（3）单方吸引，表面接触阶段：一方受另一方吸引而接近。导游为调动游客积极性，活跃气氛，在车内讲解旅途风景、目前重大事件、报纸新闻等，采用提问的方式让游客相互回答问题。大家一起唱山歌，活跃车上气氛，游客互相交谈。游客在车上谈论时事、商业上的交易、同姓乡亲掌故、职务上的升迁等。这是游客表面的关系，多数游客关系发展到这一步就停留下来。

　　（4）双方互动，开始友谊关系。在这阶段，心理因素起重大作用，有些游客开始将对方视为知己，愿意与对方分享讯息，有快乐共享，有痛苦共担。如男性游客在途中吃饭时，劝对方喝酒，有些游客间大有"相见恨晚"的感觉，酒桌上容易出现这一现象：到了对他人开放自我的心理历程，开始自我表露，向他人诉说自己的喜怒哀乐，甚至个性嗜好，友谊开始形成。"同是天下旅游者，相逢何必曾相识"。与此同时，导游要善于控制那些畅饮客人的饮酒量。

（5）程度不等的朋友间友谊感形成。在这次旅行中，散客间的旅行认知中，就形成了以学问为基础的友谊关系，以商业信息为基础的友谊关系，以同乡为基础的友谊关系，相互交换联系方式。同性朋友，可能形成莫逆之交；异性朋友，可能还会继续交往下去。

导游人员了解了散客间认知的过程和规律，对于做好服务工作，为企业创造效益大有裨益。

第二节　旅游者的情绪

一、一次三峡旅游的经历——变化的游客情绪

只要提到情绪一词，我们总会联系到七情六欲，所谓喜、怒、哀、惧、爱、恶、欲。追求的东西得到了会使人感到快乐，既得的东西丧失了会使人感到痛苦，想到某些事情会使人感到快乐，回忆另一些经验会使人感到痛苦。

下文是游客在三峡旅行中的情绪变化经历。

2002 年 8 月下旬，一对夫妻报名到三峡旅游，夫妻两人均为大学教师。8 月 25 日晚 7:30 从奉节上船，乘坐江山号顺江而下，两人上船后，广播告知今夜江水大，不能夜航，游船只能停泊在江中。与大家一样，两名教师听了广播后，十分焦虑。到了晚上 10:30，突然下起了大雨，还伴随着雷鸣电闪，两名教师和多数游客都有些惊恐。这一夜风声、雨声、雷电交织。26 日凌晨 5:30 停泊在江心一夜的船只终于启锚开航了，船只先后经过瞿塘峡、巫峡、西陵峡。虽然这两名教师夜晚未休息好，有点疲惫，但开船后，他们满怀兴趣地欣赏三峡雨后的晨景，云雾缭绕的神女峰，众多的瀑布……中午到了宜昌后，两名教师感慨万千：原来以为不能欣赏三峡风光的遗憾，夜晚雷雨交加的恐惧感，对船只不航行的埋怨感，第二天欣赏了三峡美景的满足感，回家后回味"巴山夜雨涨秋池"的意境……

这两个旅游者情绪变化过程就比较典型。旅途中的笑声、哭声、风声、

雨声、歌唱声，会令人产生不同情绪；花香、茶香、酒香、咖啡香，会使人产生不同情绪；和煦的阳光、清凉的海风、无际的草原，会使人心旷神怡；忙碌的街头、拥挤的汽车、喧哗的市场，会使人烦躁不安。情绪是游客的体验，又是游客的反应；是游客的冲动，又是游客的行动。

二、旅游者情绪特点、类型

旅游者情绪是旅游者在旅游过程中受到刺激所产生的身心激动状态。旅游者情绪包括他的情绪体验、情绪表现和情绪生理等方面，它不同于应激。旅游者情绪是主观意识经验，情绪状态不易自我控制。

游客情绪类型有快乐、惊奇、痛苦、恐惧、愤怒、羞怯、轻蔑、厌恶、内疚等。

分析旅游者审美心理，情绪是旅游活动中最活跃的因素。情绪是构成审美心理的重要目标，移情说是代表性理论。移情是旅游者暂时抛开实用功利的目的，把自己的人格和情感投射到旅游审美对象中，与对象融为一体，发生感情共鸣。它对旅游界的启示是：要想帮助旅游者获得某种情绪体验，首先导游自己要有相应的情感准备，对许多景物的欣赏需要激起旅游者情感参与和投入，才能获得美好的旅游体验、旅途好感。

旅游者的情绪对认知过程有一定的作用。游客的情绪有自发产生的可能性，它是十分敏感的指示剂。游客情绪影响和调节旅游者认知过程，它能促进或阻止旅游者表情变化，当游客看见青山绿水时，思路开阔，浮想联翩，情不自禁。当游客看见悲伤画面时，挂泪而泣，扼腕感慨。游客好的情绪可以协调旅游过程的社会交往和人际关系。和语言相比，情绪的感染力更强烈，情绪以十分微妙的表情动作、身体语言，传递信息，达到客我互相了解，彼此共鸣。

第三节　旅游者的行为侵犯

一、旅游者利他助人行为

人们分析那些旅游者具有利他助人的行为时发现，这些旅游者一般具有社会责任感、正义感和公平感，有强烈亲和社会的动机的特征，这样的游客相信自己的行为对事情有影响力，同情他人，救助伤者不留姓名。一个旅游者在特定情境下是否做出助人行为受旅游者个人的心理状态影响，积极的心境能够助长助人行为。情感也影响助人行为。

二、旅游者行为侵犯

（一）以社会许可的方式表现的旅游者行为侵犯

这些行为表现为冲浪、登山、赛马等体育旅游竞标活动，狩猎、野外生存训练等旅游冒险活动等。中国少数民族的摔跤比赛、"叼羊比赛"、"那达慕"大会上其他竞争项目等就是这样的社会行为，在开发传统的民俗旅游产品、文化旅游产品中，这些都是成功的案例。

这些行为会给旅游者健康心理的培养创造良好的氛围。旅游者的健康心理是指旅游者具有积极、有效的心理活动，用平稳、正常的心理状态投入到旅游活动中，正确对待旅游环境和旅游人群以及具有良好的内环境自我适应功能。游客健康的心理，寓于健康的身体，健康的心理是智慧产生的条件，是游客愉快的标志。

（二）不为社会规范许可表现的旅游者行为侵犯

以社会不允许的方式表现的行为侵犯，如旅游者在风景区不听工作人员劝阻，大声喧哗，甚至有些不文明的游客，在文物、古建筑、古树木等处乱刻乱画，严重者还会伤害他人。

侵犯区别于敌意，敌意是指高度排斥性的态度，高度的自我防卫状态，非身体接触性的直接的或间接的有意伤害。敌意容易引起侵犯。

分析旅游者行为侵犯产生的第一个因素是，它们与游客总体情绪唤起水平相关。

旅游者行为侵犯产生的第二个因素是旅游者道德发展水平和自我控制。游客的道德水平越高，以别人痛苦为后果的行为侵犯也就越难以发生。道德水平越高，个人也越容易从他人利益立场感受和思考问题，行为就会是亲社会利他助人的。一个游客一段时间在外，没有纪律约束，没有同事监督，甚至没有人认识他。他不会产生行为侵犯，在很大程度上与他的自我意识控制水平也有关，他自己责任行为意识增强，对家庭、对社会、对后代负责的话，个人的行为侵犯强度明显下降。

我国在这方面堪称世界典范，不愧为东方文明古国。政府坚决打击买卖毒品等严重违法行为，这种做法绝对是正确的，有利于中国旅游事业的健康发展。

思考题

1. 分析旅游者对自然景物认知的过程。

2. 分析旅游者的情绪是如何形成的？

3．旅游会促进人类的健康吗？

4．课后阅读，吴必虎《中国城市居民旅游目的地选择行为研究》，见《地理学报》，1997 年第 2 期第 97～103 页；李蕾蕾《旅游地形象策划理论与实践》，广东旅游出版社，1999 年 11 月出版。

5．分析有些游客在旅游景点上乱写乱画的行为产生的原因。

课后学习材料

一、结合对第一节旅游者认知过程的学习，阅读关于"中南半岛大旅游圈"意境地图方面的文字材料

中国大西南与东盟中南半岛山水相连、民族相亲、文化相近、旅游资源丰富且独具特色，开展旅游合作有着十分便利的条件和巨大的发展潜力，且完全具有可行性。该圈形成后，将会是一个世界级的黄金旅游圈，从而使我国西南地区的旅游发展产生质的飞跃，并推动中国由旅游大国向旅游强国迈进。

1．地域界定

（1）大西南地域界定：云南、贵州、四川、重庆和广西五省（区）、市。广西虽属中南地区，但与西南同属西部开发政策倾斜地区，又与中南半岛的贸易、旅游往来密切，故列入；鉴于西藏的旅游资源与西南其他省（区）差异较大，从地域上难于划入同一旅游圈，故不列入。

（2）中南半岛地域界定：越南、老挝、柬埔寨、缅甸、泰国、马来西亚和新加坡七国。新加坡虽为岛国，但因有长堤与马来半岛相通，故视为中南半岛国家。

2．构建方略

大西南与中南半岛旅游合作圈的构建可以简称为"一二三四五方略"，即一个中心、二大支点、三条轴线、四座边城、五圈环线，具体设想如下：

（1）一个中心：即缅、老、泰三国交界处的"金三角"。神秘的金三角对世界各地游客具有极大的吸引力。随着罂粟替代种植业的开展，金三角的可进入性日益增强，毒园变花园将成为现实，金三角神秘的面纱正被逐步撩开。因此，应把"金三角旅游区"的推出作为该圈构建的中心点或突破点，使之成为世界性的旅游热区，从而带动整个旅游圈的发展。

　　（2）二大支点：即中国昆明和泰国曼谷。昆明系中国历史文化名城，又是大西南旅游接待人数最多的城市，位置适中。因此，应把昆明作为大西南的旅游支点来建设。曼谷系世界历史文化名城，又是中南半岛旅游接待的中心城市之一，因此，也应把曼谷作为中南半岛的旅游支点来建设。

　　（3）三条轴线：即成新线、澜湄线和沿边线。成新旅游轴线从成都出发，经昆明、景洪、金三角、曼谷、吉隆坡到新加坡，该线交通将以公路和铁路为主；澜湄旅游轴线从大理出发，沿澜沧江—湄公河而下，经思茅、景洪、金三角、琅勃拉邦、万象、金边到胡志明市；沿边旅游轴线是指沿中缅、中老、中越边境地区的瑞丽、南伞、打洛、磨憨、河口、凭祥等地开展边境旅游。

　　（4）四座边城：即云南瑞丽、景洪和广西凭祥、东兴。这是云南、广西最重要的四座边境口岸城市，且有边境旅游和出入境旅游的良好基础。因此，要把这四座边城打造成大西南与中南半岛旅游合作圈的出入境旅游集散地，同时还要成为大西南地区高品位的旅游景区或旅游窗口。

　　（5）五圈环线：即大西南环线、金四邻环线、中南半岛西环线、中南半岛东环线和八国大环线。大西南环线从中南半岛进入昆明，经成都、重庆、贵阳、南宁等地，再返回中南半岛；"金四邻环线"围绕中、老、缅、泰毗邻地区，从景洪出发，经景栋、金三角、清迈、万象、琅勃拉邦返回景洪；中南半岛西环线从昆明出发，经大理、瑞丽、曼德勒、仰光、清迈、金三角、景栋、景洪返回昆明；中南半岛东环线从昆明出发，经景洪、金三角、琅勃拉邦、万象、曼谷、金边、胡志明市、河内进入昆明或南宁；八国大环线基本包含了大西南与中南半岛旅游合作圈的主要旅游景区。

二、沿途好风光，寻觅千年茶马古道遗踪

　　为参加藏、川、滇三省（区）举办的茶马古道研讨会，也为即将开拍的澜沧江—湄公河电视系列片踩点，我们再一次踏上了英国作家詹姆斯·希尔顿《失去的地平线》中描绘的香格里拉的土地，并且继续往北往西，寻觅千年茶马古道遗踪。

　　我们的考察团兵分两路。南线从云南香格里拉出发，沿 214 国道北行，经德钦、盐井、芒康、左贡、邦达、察雅，过白茫、梅里、红拉雪山到达昌都；北线从成都出发，沿 318、317 国道西行，经雅安、泸定、康定、道孚、甘孜、德格，汇集昌都。3 天后，再分成两路走 317、318 线止于拉萨。

　　茶马古道早在公元前 138 年张骞出使西域时已初显端倪。汉武帝时人们就知道有一条商路从云南和四川通往身毒（印度）。它是世界上历史悠久、

海拔最高、地势最险、路程最长的一条以茶马互市为特点的商贸通道。它南起云南西双版纳、普洱（滇茶），延伸至东南亚诸国；东起四川雅安（川茶），西至拉萨，延伸至印度、尼泊尔。其运行范围主要包括藏、川、滇三大区域，自唐代以来，茶马古道就成为内地农业和边疆游牧地区之间进行贸易的交通路线，并成为汉民族文化与边疆少数民族文化交往的纽带，时至今日仍发挥着一定的作用。

四川雅安是茶马古道川藏线的起点，也是最早向西藏输入茶叶的原产地。宋代时官府曾在这里设立过"茶马司"，清代时更被指定为专为藏区生产茶叶的产地之一。尽管历代的县志上似乎更津津乐道的是给皇帝供奉了什么新的贡茶，但真正影响深远的历史却是写在茶马古道上，源于当年与藏区进行的"大茶"贸易。所谓"大茶"意谓粗茶，是藏族百姓所欢迎的。在茶里添加上酥油和盐巴，再经过在茶具里熬煮、酥油茶桶里搅拌，便制成了风味独特的酥油茶。饮茶在产茶的内地至今只是一种嗜好，而在不产茶的藏区，酥油茶却成为人们生活的必需品。据说雅安一带的茶厂，如今仍需要民政部的批准才能向藏区专卖。

从雅安翻过二郎山，就到了甘孜州，多雨潮湿的天气一变而为晴朗干燥。新打通的4公里多长的二郎山隧道，既是茶马古道巨大变化的体现，也是茶马古道的功劳，因为今天的交通线很多是沿着过去的古道开拓的。康定是甘孜州的首府，也是茶马古道川藏线最重要的集散中心。当年无论走什么道路，茶叶都要在这里重新改包装、交接，用结实耐磨的牛皮口袋继续驮运。

从雅安到康定，不仅气候发生了显著的变化，文化上也呈现出一种汉藏之间的过渡，被称为康巴文化。康巴人在藏语中据说是"大地之子"的意思，他们大多身材魁梧，相貌堂堂，是传说中的格萨尔王的后代。

如今茶马古道似乎沉寂了，岁月已经掩埋了当年由骡马、牦牛踩出的小道。但是，沿线康巴人所创造出的独特文化，在今天却给人留下更深刻的印象。比如康巴的锅庄，既是茶马古道商业活动的结果，又是民族文化融合的产物，是藏区独一无二的现象。锅庄为藏人所开，由原来的办事处，变为货栈、驿站，还产生新的一行，即茶行。锅庄舞也是锅庄文化的体现，它不像寺庙神舞那么威严，也不像弦子舞、热巴舞那么需要技艺，而是轻松活泼，徐缓抒情，群众可以自由参加进来，也可以尽情跳上一夜。

当我们看到扎曲的黄水和昂曲的绿水在昌都交汇时，才理解这个在藏语里意为"河流汇聚的地方"的词语的含义。我们再一次深切体会到，正是对美好生活的共同愿望和和平交往，使各民族人们冲破一切艰难险阻，共同开辟和形成了内地与藏区联系的纽带和走廊。作为茶马古道东西南北通衢的重要驿站和集散地的昌都，具有得天独厚的地理位置和丰富的旅游资源。昌都地处西藏东大门，地域广阔，动植物资源丰富，自然景观众多，民风民俗淳朴多姿，且又位于亚洲几条大江大河的中上游，昂曲河、扎曲河在此汇流成澜沧江。金沙江、怒江贯通境内。红拉山滇金丝猴保护区，然乌、莽措等高原湖泊，卡若新石器遗址，远古大脚兽足迹，强巴林、孜珠寺、查齐玛大殿等都令昌都人骄傲。西部开发为昌都地区提供了很好的机遇。地委一班人一致认为，开发旅游资源、推出茶马古道旅游品牌将是振兴地方经济的核心环节。

茶马古道沿途风光秀丽壮美，自然人文底蕴深厚，更有丰富的动植物资源，绝非一篇文章所能囊括。在昌都举行的研讨会上，中科院地理科学与资源所的"老青藏"张青松教授说：品位愈高的旅游资源往往愈是分布在位置偏远、地形复杂、交通不便、经济落后的地区。茶马古道穿行于横断山脉，这里山高谷深，三条世界级的大河金沙江、澜沧江、怒江蜿蜒穿行，形成气象万千的峡谷地貌。由于板块撞击发生的横移，使这里的山体疏松多碎石堆积体，泥石流、塌方、雪崩、冰崩等自然灾害频仍，所以保持原有的生态环境是茶马古道旅游线的生命力之所在，要处理好开发与保护的关系，做到未雨绸缪。他强调要确立生态旅游的观念，加强从业人员和旅行者生态旅游的教育，可以分阶段逐步开放旅游景点。

茶马古道即将对国内外开放，但还有许多工作要做，因为这将是一条严格的生态旅游路线。今后青藏铁路修通，游客云集拉萨，而这里仍保持着古朴的民风、悠远的历史、神秘的宗教、瑰丽的自然景观和绚丽多姿的民俗风情，势必将远足者东西分流，这片净土上的宁静不久将被现代文明所打破。走可持续发展之路，处理好旅游与生态环境协调发展的关系，将是茶马古道旅游成败的关键。

三、结合第二节旅游者情绪知识的学习，了解美国学者 Chris Ryan 关于"旅游体验"研究的观点

Chris Ryan 将影响旅游体验的因素划分为先在、干涉变量，行为和结果几个因素。先在因子由个性、社会等级、生活方式、家庭生命周期阶段、目的地营销和形象定位、过去的知识和经验、期望以及动机所构成；干涉变量包括旅游体验中的延误、舒适、便利和目的地的可进入性、目的地的性质、住宿的质量、景点的数目和活动内容的多少，以及目的地的种族特性。

结合旅游的实际体验，阅读下列文字，谈谈自己的感受。

1. 夜游长江——欣赏朦胧美

一声悠远的汽笛响起，开船了。此时夜幕已落，两岸的灯火灿若繁星，沿江大道上的景色似乎变得别有风情。海关大楼等老建筑在灯火的映照下恍如童话里的城堡，而江滩花园入口的穹顶建筑却充满了现代气息；从沿江大道驶入汉阳港后，宛如落虹的晴川桥从你的头顶划过，远处古色古香的晴川阁则亭角翼然，似乎翩然欲飞。恍惚中，你似乎回到了古代，你就是那个《枫桥夜泊》里的张继，只是没有"江枫渔火对愁眠"的愁绪，只有"可上青天揽明月"拥抱新生活的豪情。这应该就是夜游长江的魅力所在吧。

2. 游览黄鹤楼的感想

这座艺术建筑，蕴藏着丰富的内容，楹联、匾额和诗文、词赋，字字句句，韵味无穷，既保留了古文化的精华，又体现了新时代的风貌，加上书法各异，体态万千，置身楼内，好似进入了一个书法作品展览馆。在重建的黄鹤楼中漫步，也能领略到古代黄鹤楼的风采。主楼五层大厅，分别有五个不同的艺术主题。第一层前厅，迎面是一幅大型彩色陶瓷镶嵌的壁画《白云黄鹤图》，使人感受到一种神奇浪漫的气氛。第二层大厅，正面是用大理石镌刻的唐人所著的《黄鹤楼记》，两侧的壁画是"孙权筑城"和"周瑜设宴"。说明早在三国时，黄鹤楼就为古人所熟知了。第三层大厅表现的主题是"人文荟萃，风流千古"，一幅精美的瓷砖壁画，集中展现了与黄鹤楼有关的历史名人的风姿，你看，杜牧、贾岛、白居易、刘禹锡、王维、宋之问、李白、孟浩然、崔颢、岳飞、范成大、陆游等，全在画中，每人的画像旁还题写着他吟咏黄鹤楼的名句，诗情画意，图文并茂。第四层则不同，陈列的是当代画家游览黄鹤楼的作品。居中悬挂的匾额，上书李白诗句"长江万里情"五个大字，这是为了激发人的创作激情。第五层是主楼的最高层，也是游人极目千里之处。登临至此，游兴倍增，感情升华到最高峰。回首厅内，一组大型壁画《长江万里图》，把人带入江天浩翰的深远意境。

在黄鹤楼的最高层凭栏远眺，但见那源于秦岭的涛涛汉江和源于青藏高原的浩浩长江，各自穿山岭、越峡谷、纳溪流、汇百川，奔来武汉，相会在黄鹤楼下，共同拥抱着黄鹤楼的倒影。聆听江水涛声，仿佛望见了大江源头，看到了茫茫东海，颇有点飘然欲仙之感……

是啊，古代诗人的诗句是优美的，让我们永远记得过去黄鹤楼的风貌。如今，展现在眼前的，是生机勃勃的浩荡江流，是鳞次栉比的高楼大厦，是覆盖千山万水、连着千家万户的龟山电视塔。这浩荡的江流，这繁华的城市，这壮观的雄塔，这古朴、神奇、精美的黄鹤楼，构成了壮丽的图画……

3. 绍兴印象

去古城绍兴旅游的理由似乎很多：光着脚丫去踩一趟青石板铺就的古仄古韵的小桥，悠悠地坐上乌篷船走一趟鲁迅先生笔下的"周庄"；要不，穿梭于迷离的小巷，寻访名人故居，沾一身的竹布青衫味，在街口立成另一种文化象征……

烟雨里的绍兴，蒙蒙的，露出苍穹下灰灰的矮房的轮廓线条，那是古城泱泱的博大的历史文化底蕴所洇染而成的，那灰灰的色调里透着不苟言笑的庄严，如一位饱读诗书的学者站在悬崖上看天，你无法打破这其中的氛围。

绍兴水乡以她那古朴典雅的、恬淡清幽的特色吸引了大批游人。而"三乌"：乌篷船、乌毡帽、乌干菜，则奠定了"风景这边独好"的旅游氛围。

绍兴是个人文荟萃的江南古镇，人文景观颇多。诸如鲁迅故居，那有着曾经是一代文豪童年玩耍时的百草园和少年求学时的三味书屋；那背依着锦绣的会稽山，有着大禹碑亭、禹庙、禹像，镌着"江淮河汉思明德"联句的大禹陵；那翠竹清流，风景清幽，为东晋书法家王羲之会友处的兰亭；南宋名诗人陆游和唐婉的爱情故事的见证，那有着《钗头凤》词的沈园……绍兴的风景如同那水巷纵横中的堤埠石一样，沉稳地立在那儿，吸引着游人前往。

第四章
旅游者决策过程

    在实际的旅游工作中，我们不仅要了解旅游者一般的心理活动、心理过程、心理特征，更要关注旅游者的行为。因为我们研究旅游者的心理活动、心理过程、心理特征最终还是以提高旅游服务的水平和质量为目的。如果能够对旅游者的行为进行预测，预料到旅游者在决策时的基本行为反映，那么提供有针对性的、个性化的服务就不是什么太难的问题了。

    旅游者的行为总是在一定的旅游决策下发生的，从该意义上来说，我们可以视旅游者为一个决策者。把旅游者视为决策者，有利于我们理解旅游者的消费行为。当一个人决定外出旅游时，一定会做出一系列与旅游有关的决定。例如，选择什么样的旅游目的地、选择何种旅游方式、在何处就餐、在哪里住宿等一系列问题。旅游者在做出上述决定时，不仅受到旅游者本人的心理因素（感觉、知觉、情绪特征、气质和性格等）的影响，而且受到其所处的社会文化环境（包含民俗、政治、经济、社会地位等）的影响。因此，旅游者的决策是一个复杂的心理活动过程。

    研究旅游者的需要及其购买决策过程，是旅游市场营销成功的基础。旅游市场营销人员通过了解旅游者的决策过程，即旅游者是如何经历旅游需要的唤醒、寻找旅游信息、评价旅游行为、决定购买和购买后行为的全过程，就可以获得许多有助于满足旅游者需要的有用线索，通过了解旅游者的决策过程及其对购买行为的影响，就可以为目标市场设计有效的旅游市场营销策略和计划。

第一节 旅游者消费观念的演进

    旅游者的消费观念对于旅游决策而言是至关重要的。旅游者的消费观念对旅游决策的影响是隐性的，并非外露的。旅游者消费行为取决于其旅游决策，而旅游决策又取决于旅游者的消费观念，它们三者的关系如图 4-1 所示。我们为了提供有针对性的服务和个性化的服务，就要准确把握旅游者的旅游行为，就必须以旅游者的消费观念的演进为突破口。

```
┌──────────────┐      ┌──────────┐      ┌──────────┐
│  旅游者的消费观  │ ⟹  │  旅游决策  │ ⟹  │  旅游行为  │
└──────────────┘      └──────────┘      └──────────┘
```

图 4-1　旅游者消费观念的演进

一、旅游者的旅游消费观念的演进

　　旅游者的消费观念是指旅游者对旅游活动本身的看法和观念，即认为外出旅游是一种什么样的消费活动。旅游消费观念的演进应该是一个自然成熟的过程。旅游者的消费观念的演进经历了从旅游是一种地位和身份的象征到旅游是一种基本的生活方式的变化。这种观念的演进往往和社会经济发展水平的提高、社会的文化观念的演进紧密联系在一起。

　　如果说旅游活动是一种地位和身份的象征，代表着旅游业的高利润时代，那么社会公众把旅游当做一种基本的生活方式的时候，则预示着旅游活动大众化时代的来临，也即旅游业进入了微利时代。高利润时代的旅游业和微利时代的旅游业的服务理念、服务方式都会有很大的区别。旅游服务业人员和管理者都应该充分地认识到这一变化对服务观念和管理理念所带来的巨大冲击和影响。

　　1. 旅游活动的地位象征阶段

　　在经济水平还不发达的国家和地区，一个人如果有足够的时间和充足的金钱，用于不能产生任何实际的物质利益的旅游活动本身就极具象征意义，他们从别人羡慕的眼神中就能获得虚荣心的满足。在此阶段，很少有人关心旅游活动本身是否舒适，是否真的是自己的一种心理需要，更多的人只是一心想旅游一趟，以获取他人对自己的尊重、羡慕，同时自己的自信心也会有不同程度的提高。

　　旅游作为一种现代化的消费，显然是具有极大象征意义的。很多的旅游者正是为了旅游活动中的象征意义，才不惜花费自己的时间和金钱，如前几年在中国新马泰旅游产品的火爆实际上就是对此观点的佐证。大多数出国旅游者都是国内在改革开放后在市场经济中的成功人士，这些旅游者的消费能力和水平甚至超过了一些欧美的旅游团队。众多的旅行社在旅游宣传中也正是强调了这一点，才获得了极大的效益。

……旅游活动的生……方式阶段

随着经济和文化水平的提高，旅游逐渐地从身份地位的象征演变为现代人的一种生活方式，变成一种生活的必需品。在此阶段旅游者的消费决策更加趋向个性化、理性化，即更多的旅游者会根据自己的想法和需求去决定旅游的目的地、旅游活动方式等，并不关注他人是否喜欢，也并不一定认为旅游代表着身份和地位。处于此阶段的旅游者可以被认为是理性的、成熟的。此时的旅游业也是成熟的旅游业。

在实际的接待工作中，要时时处处满足旅游者的各种要求，因为这种人往往是一项旅游活动的最好的宣传者，但同时也可能是最大的批评者。对处于第一阶段的旅游者，我们在介绍旅游景点或旅游活动宣传资料中强调的重点在于旅游本身是一种能满足其地位、自尊、自我成就感的活动，是值得购买的一项产品或服务，外出旅游是优雅的、令人羡慕的；对处于后一阶段的旅游者，旅游活动宣传的重点在于强调旅游可以让人们度过一个愉快的、惬意的假期，可以是一次绝对能满足其好奇心、体现出其冒险精神的值得的旅游，他们对服务的技巧要求很高，在某些时候甚至可能出现许多在别人看来是不可理解的行为特征。

这两阶段的划分并不是绝对的。一般而言，第二阶段是第一阶段发展的结果，总的发展趋势是越来越多的旅游者的消费观念正在从第一阶段向第二阶段演化。因为在实际的旅游市场上，认为旅游活动是身份和地位的象征的人，认为旅游只是一种生活方式的人是同时并存的，在同一个国家或地区内，有的旅游者已经逾越了第一阶段，他们认为旅游活动更多的是一种生活方式，是脱离惯常的生活环境，是一次短暂的"逸出"，每年都有一次或多次的"逸出"。但同时也还有为数不少的人停留在旅游活动是具有象征意义的阶段，他们旅游更多的是为了满足自己的虚荣心。

二、旅游消费模式的示范效应

旅游消费模式的示范效应是与旅游消费模式的自然进程相对应的一个概念，主要用于描述旅游者消费购买决策与消费行为。

旅游业的一般发展模式是国内旅游先得到发展，形成一定的规模，在接待条件逐渐成熟和国内经济进一步发展的情况下，就会开始接待外国的旅游者或出现本国的高收入阶层外出旅游而成为国际旅游者，这是一种常态的发展历程，经历了这一演化过程的旅游者和国内的旅游业都会表现出更多的理性行为。

在旅游业发展模式为非常规的旅游发展战略的国家和地区（即优先发展

人境旅游，带动国内旅游和限制出境旅游）旅游者比较容易出现非常大的旅游消费行为，而旅游业容易出现浮躁、不够理性和客观等问题，中国的旅游业和旅游消费者的购买决策与购买行为、消费行为出现了一系列不同于西方发达国家的情况，即出现了旅游消费的示范效应。

这一情况和前面所描述的旅游消费观念的演进基本上是同步的。但在很多人的心目中，形成了外国旅游者有钱也有时间，旅游是有钱人的游戏这一观念以后，大多数人会把旅游当做是身份和地位的象征，他们的旅游决策和消费行为就会模仿外国旅游者的高消费。实际上，外国游客的高消费水平只是相对于客源地的"高"消费，也许这些人的消费水平在自己的居住地只是一种一般的消费，例如，同样住三星级酒店，在外国游客看来只是一个住宿的地方而已，但在不少的中国游客看来，三星级酒店本身就是一种地位和身份的象征。他们认为，只有如此，方可获得地位感和成就感。当很多的旅游者步入实际的旅游过程中以后，随着旅游者的逐渐"成熟"，国内的旅游者就会更加重视自己的实际感受和需要，逐渐具有第二阶段的旅游者的决策和消费行为特征。

一名好的导游或宾馆的服务员、旅游市场的营销人员都应该对旅游消费者的示范效应加以有意识的利用。要在一切可能的情况下传递给旅游者所希望得到的信息，取得他们对自己的信任，提高服务的水平和质量。

第二节　旅游者的决策

一、旅游购买决策中的不同角色

旅游消费一般是以家庭为单位，但参与决策各自扮演的角色亦是有区别的。人们在一项旅游决策过程中可能充当以下角色：

（1）发起者：首先想到或提议购买旅游产品或服务的人。

（2）影响者：其看法或意见对最终的旅游决策具有直接或间接影响的人。

（3）决定者：能够对是否外出旅游、到何处去旅游、何时外出、是自助出游还是通过旅行社、选择哪家旅行社等问题做出全部或部分的最后决定的人。

（4）购买者：具有实际支付旅游经费能力的人。

（5）使用者：准备外出旅游的人。

了解每一个家庭成员在旅游购买决策中扮演的角色，并针对其角色地位与特性，采取有针对性的旅游营销策略，就能较好地实现旅游营销目标。

比如外出旅游，提出这一要求的可能是孩子；是否外出旅游、到何处去旅游等比较重要的决策一般由夫妻共同决定，而丈夫一般对如何到达旅游地、住在何处等问题关注比较多，这样旅游公司就可以对丈夫做更多有关旅游地的交通、住宿等方面的宣传，以引起丈夫对自己旅游企业的交通车、住宿的宾馆、饭店的注意和兴趣；而妻子在旅游活动的安排、风味餐和旅游纪念品的购买方面有较大的决定权，旅游地则可设计一些适合女性口味的旅游活动、独特的饮食、有特色的旅游纪念品等。只有这样充分了解旅游购买决策过程中的参与者的作用及其特点，旅游企业才能够制定出有效的市场营销计划。

二、旅游者的决策过程

一般而言，旅游者的决策过程经历了识别旅游需求或旅游环境、寻找旅游相关信息、做出旅游决策三个阶段。

（一）识别旅游需求或旅游环境

识别旅游需求或旅游环境是旅游者在做出旅游决策的第一步，许多潜在的旅游者也许在很长的时间内并不能很明确自己的旅游需求，只有在受到外界的某种刺激的情况下，旅游需求才会逐渐清晰起来。人一旦明确意识到自己的消费需求之后，为了满足自己的心理需求以降低心理的紧张程度的目的，就会有下一步的行为。

例如某人很长一段时间内总觉得自己的生活中缺少了点什么，当他有一次在无意中打开电视时，发现里面正在播放一部美丽的风光片，他突然发现自己生活的城市是如此的喧闹，即刻萌发了去该地旅游的愿望。在此例中，由于受到电视风光片的刺激和影响，其潜在的旅游需求就被激活了。同样的，一名现实的旅游者在决定是否品尝风味餐、是否购买某些旅游纪念品或是否决定增加新的旅游项目时，导游的鼓动、他人的示范效应都会使其潜在的需求变得更加明确。

（二）寻找旅游相关信息

当旅游需求逐渐地清晰起来以后，人们的注意力就开始转向相关的旅游信息的寻找。旅游信息的多少和准确与否，将直接影响其旅游决策的质量。一般情况下，如果旅游广告和旅游宣传在此阶段进入旅游者的注意范围，或者旅游相关信息非常符合其寻找信息的条件时，往往会有效。

（三）做出旅游决策

旅游者在收集到足够的信息资料以后，就会进行充分的分析，并在此基础上列举出各种可能和供选择的方案，就会做出自己的选择。

三、旅游决策的种类

实际上，以上我们只是详细描述了旅游者决策的纵向过程，而任何一个人在做出旅游决策时，由于实际需要付出金钱的多少、决策后可能出现的失调感的轻重都是存在差异的，所以，人们的决策方式存在着常规性决策和非常规性决策两种。常规性决策是指人们在日常的生活和工作中经常解决问题的一般决策模式；非常规性决策是指在无先例可循、包含有比较多的风险的情况下做出决策的方式。此两种决策的比较见表4-1：

表4-1　　　　　　　　**常规决策与非常规决策的比较**

	常规性决策	非常规性决策
对各种可供选择方案的认识程度	高	低
对信息的需要程度	低	高
做出决策所需时间	短	长

旅游者在做出是否外出旅游、到何地去旅游等有比较重大的决策时，大多采用的是非常规性决策；而对于像是否品尝风味餐、购买小的旅游纪念品等诸如此类的决策多数为常规性决策。对于旅游企业和旅游工作人员而言，如果注意到旅游者在做出不同类型的决策时，对信息的需要程度、对各种可供选择方案的认识程度以及做出决策所需时间长短上的差异后，便可以提供有针对性的旅游宣传策略、语言鼓动以利于旅游者的旅游决策。

四、旅游决策风险和行为对策

设想一下，当你驱车飞驶，突然从路口驶出相对而行的汽车，险些相撞，你会惊出一身冷汗，而坐在你旁边昏昏欲睡的朋友可能对此一无所知。同样的危险差点降临到你俩头上，后者由于对此没有知觉，自然也不会有你刚才那种感受。风险只有被感知，才会对行为产生影响。

知觉风险实际上就是在购买旅游产品过程中，旅游者因无法预料其购买结果的优劣而产生的一种不确定感。在旅游产品购买过程中，旅游者可能会面临各种各样的风险，这些风险有的会被感受到，有的则不一定被感受到；有的可能被夸大，有的则可能被缩小。

因此，知觉风险与实际风险可能并不一致，两者甚至出现较大的差距。实践证明，任何的旅游决策都会包含有风险因素，这些因素的存在会带来预想不到的后果，对旅游者的决策产生比较大的影响。

（一）决策风险的类型

1. 功能风险

功能风险是指当旅游产品不具备人们所期望的性能的旅游产品的风险。如果旅游产品本身的缺陷或享受的服务不如想像中的满意时，人们一般会觉察到功能风险的存在。例如，飞机晚点、房间的水龙头坏了或者到达景点之间的衔接有问题等。要克服旅游者对功能风险的感知，重点在于不断地完善旅游产品、提高旅游从业人员的服务水平和服务意识。

2. 心理风险

心理风险是指旅游者在购买了旅游产品后能否增强个人的幸福感、是否能提高他人对自己的评价、自我感觉是否良好等的风险。心理风险是一种因决策失误而使旅游者自我情感受到伤害的风险，如对所买旅游产品是否适合自己，是否能体现自己的形象等一类问题。旅游者对风险的感知会影响其是否再次购买旅游产品、是否向他人推销和宣传旅游活动的象征意义等一系列行为。

3. 经济风险

经济风险是指担心旅游产品定价过高或旅游产品有质量问题招致经济上蒙受损失所产生的风险。目前，能够外出旅游对大多数的家庭来说是一项比较大的支出，人们很看重旅游产品本身的质量，总是不希望自己承受经济上的较大损失。

4. 社会风险

社会风险是指因购买决策失误而受到他人嘲笑、疏远而产生的风险。例如，我的家人、朋友如何看待我的外出旅游，如何评价我对旅游目的地的选择？我购买的旅游产品是否会被我所渴望加入的群体人员所接受和欣赏？旅游决策者对这类问题的关注和担心属于社会风险。

（二）旅游决策者意识到决策风险的原因

1. 购买目标不清

如果一个人对自己是否出去旅游，到什么地方去旅游都没有决定，即购买目标并不十分明确的时候会感到有较大的决策风险，在人们做出选择时一定是意味着对某些对象的放弃，人们必须首先在心理上说服自己，给自己的决定找一些理由，对于一些理由，也许并不能真正说服自己，也许能说服别人，这样就会导致其心理冲突的出现而感受到决策风险。

2. 对自己未来收入的信心不足

旅游者在购买旅游产品时，对自己未来的收入预期一般是比较乐观的，但如果在购买决策确定以后，发现自己未来的收入有可能下降，对未来信心不足时，会感受到巨大的决策风险。因为旅游消费是不能产生任何实际的收入或效益的一笔较大的支出，他本可以将这些钱用于能产生实际用途的购买活动，现在却无法使用这笔钱。

3. 购买经验的缺乏

旅游者购买的是新产品或对所要购买的产品以前没有体验。在大多数人看来，新产品或没有体验的产品存在更大的不确定性，这种感觉既和经验与常识有关，又与人们更习惯于现有状态和现有事物的心态有关。

如果是处于第一阶段的旅游者，旅游的经验往往是比较缺乏的，没有实际的享受旅游乐趣的经验，对自己付出的开支是否划算、是否上当受骗并没有经验，就会意识到有较大的风险。但对于"成熟"的旅游者而言，由于多次的旅行经验，他们对何种旅游产品应该是何种价格是比较有经验的，一般会有一个合理的浮动范围，在此范围内，他们都会认为自己并没有吃亏，并不太担心别人给他不合理的价格，所以很少感受到决策风险。

4. 对同一事物的矛盾态度

旅游者的态度总是很复杂的，在某些情况下态度和行为不一致的现象出现，对同一事物会出现矛盾的态度。

例如旅游者在选择乘坐飞机旅行时，考虑到乘飞机能快速抵达旅游目的地，对飞机持肯定的态度；但同时又害怕飞机失事，从而对乘飞机有一种否定的态度。又如一些旅游者对景点冷热的看法也是如此，如果景点的人太少，他们会觉得自己很傻，来一个没有什么游客的风景区游览，很没劲，对旅游活动的评价也不高；如果真的到了一个很热门的景区，游客较多的时候，他们也许会认为到处是人，没看到什么风景，旅游条件糟糕透顶。此类旅游决策者由于对同一事物的矛盾态度，会感受到决策的风险。

（三）旅游者减轻旅游决策风险的心理对策

由于决策风险是旅游者对其购买活动的结果存在不确定感，因此，凡是导致这种不确定感的因素就构成产生决策风险的原因：旅游者在意识到决策风险后，会感知到巨大的心理压力，为了缓解这种心理紧张的状态，必然会采取一系列的手段和措施来减轻自己的心理压力，减少决策后的感知风险。常见的方法有以下几种：

1. 降低对旅游产品和服务的期望值

旅游者购买旅游产品和服务后，通过自己的感受和他人的评价，会对自已购买的旅游产品和服务产生某种程度的满意或不满意。如果旅游者降低对旅游产品和服务的期望，感受到的决策风险要低得多。

旅游者会根据自己从旅游推销人员、朋友以及其他来源所获得的信息来形成自己的产品期望。如果旅游推销人员或导游夸大了旅游产品和服务的优点，旅游者将会感受到不能证实的期望。这种不能证实的期望会导致旅游者的不满意感。

当他们感到十分不满意时，肯定不会再买这种旅游产品或服务，甚至有可能劝阻他人购买这种产品。所以，旅游推销人员应使旅游产品真正体现出可觉察性，以便使购买者感到满意，降低对决策风险的感知。事实上，那些有保留地宣传旅游产品和服务优点的旅游企业，反倒使旅游者产生了高于期望的满意感，并树立起良好的产品形象和企业形象。

2．决策前掌握足够的旅游产品和服务方面的信息

旅游决策者在购买前如果缺乏足够的旅游信息，那么对购买决定会缺少信心。在旅游购买决策过程中，如果对备选的旅游线路、住宿条件和标准具有充分、可靠的信息，那么不确定感就很少，甚至不存在不确定感，旅游决策也就很容易做出；相反，如果旅游信息不全或者认为手头的信息不可靠，则风险感知会骤然升高。决策前掌握足够的旅游产品和服务方面的信息是旅游决策者减少决策后的感知风险比较常见的方法之一。

3．选择具有品牌的旅游产品和服务

在存在旅游决策风险的情况下，降低对旅游产品和服务的期望值，从外部搜集信息无疑有助于降低风险，但信息的搜集是需要成本的，这些成本既包括时间成本，也包括金钱和精力的投入。降低对旅游产品和服务的期望值总有些"自欺欺人"的味道。如果旅游决策者依据品牌与形象来决定自己的购买行为，就会大大降低旅游决策的风险。品牌或有影响的旅游产品和服务本身构成购买决策的指示线索，有助于降低旅游者的风险感。

4．重复购买某一企业的旅游产品或服务

如果旅游者对现有旅游企业的旅游产品或服务尚感满意，那么，他可以通过重复选择该旅游产品和服务，即形成品牌忠诚来避免由于选择新的品牌而可能带来的不确定感。

如果一个旅游者在购买了某旅行社推出的旅游线路后，下次继续购买该旅行社的旅游产品，并不意味着该旅游者对此旅行社的产品和服务十分满意，很可能因为他不愿意冒选择新的旅行社而可能带来的风险，如果他有确信的把握，就会尝试购买其他的旅行社推出的旅游产品。

5.购买高价旅游产品和服务

价格常被旅游决策者作为旅游产品和服务质量的指示器，不少旅游决策者基于"便宜无好货"、"优价优质"而对旅游产品和服务的质量做出推断。虽然这种推断不一定总是正确，但很多旅游决策者仍有意无意地在价格与质量之间建立这种关系。

五、旅游者对决策后风险的认知

消费者在做出相应的购买决策并实际购买了产品和服务以后，仍然有可能存在疑虑，有一种捉摸不定的感觉，在消费心理学中这种情况被称为购买后的失调，在旅游者的购买决策确定后的购买行为发生后同样也会出现。

(一) 旅游决策者出现购买后失调的原因

1.选择本身意味着对某些对象的放弃

由于在购买行为的确定中有机会成本的存在，所以任何购买或选择都是以放弃另外一些购买或选择为代价的，也就是说，均存在机会成本。比如，冬季选择了去海南岛避寒，就放弃了到哈尔滨观"冰灯"的选择。此时，旅游者对是否做出了明智的选择，是否应当做出另外的选择，并不一定有十足的信心和把握。换句话说，旅游决策者此时就产生了不确定感和风险感，购买后就更容易感到购买后的失调。

2.选择的结果实际上不令人满意

旅游者在选择的结果实际上不令人满意时，心理上会更加感到不安、会有责怪自己的心理倾向出现。例如游客决定到海南旅游，在经历了海南的暴风雨（偶然性因素）后，其旅游行程造成了比较大的麻烦时，就会很自然地想到：当初要是去哈尔滨观"冰灯"的话，就不会遭遇暴风雨，悔不该做这样的决策。

(二) 旅游者减轻购买后失调的心理对策

1.有选择地接受信息

人们在一旦决定购买某一旅游产品之后，为了减轻购买后的失调，首先会采用对信息的恰当"过滤"来达到"心理平衡"。对于支持自己的选择和决定的信息会给予更多的注意，而对会影响自己的心理感受的消息有可能出现一种"视而不见"的情况。

2.故意遗忘弃选对象的优点而关注被选对象的优点

人们在除了有选择地接受信息以外，还会用"故意遗忘"来消除购买后的失调。例如一名决定到海边度假的旅游者可能会用度假有利于身体健康，而观光旅游总是疲于奔走的理由来说服自己，对于观光旅游的教育功能会出现"无意识"的遗忘。人们在选择坐飞机旅行时，会更加注意飞机的快速、舒适等一系列优点，对于火车的价格便宜、安全等优点会出现"故意遗忘"。

（三）旅游企业如何减轻旅游决策者的心理压力

旅游决策者不论是对于觉察风险的认知还是对购买后失调的感知，在旅游决策者的心理上都具有一定的压力而导致紧张状态，都是不愉快的感受。旅游企业要提供良好的、有针对性的服务，需要有意识地减轻旅游决策者的心理压力，使他们的旅游决策变成一项轻松而愉快的活动，也有利于在公众的心目中形成自己的良好形象。旅游企业应当从以下几个方面着手：

1. 实事求是为旅游者提供准确、有效的信息

实事求是、准确、有效的旅游信息会让旅游者从内心深处认识旅游地和旅游企业形象。在市场经济环境中，实事求是做旅游广告和宣传的一条准则，也是旅游企业的一条基本准则。旅游决策者对旅游企业提供实事求是的信息对于降低决策风险、缓解心理压力是非常有效的，因为旅游企业的诚信实际上是降低了旅游决策者的决策成本，在旅游决策者心目中形成了良好的第一印象。如果不能让旅游者认识到旅游经营者的诚意，旅游企业必将失去自己的市场，能够有效减轻旅游决策者的心理压力的旅游企业一定会最终赢得市场。

2. 加强售后服务，保持与旅游者联系

加强售后服务，保持与旅游者联系，能满足旅游者的受人尊重的需要。每个人都有受尊重的需要，旅客在旅游的过程中和行程结束后都特别希望受到别人的重视，旅游企业要关心这些旅客，保持联系十分必要。旅游决策者对旅游企业良好的售后服务的感知，觉得自己受到了旅游企业的重视，获得了受人尊重的感觉，对于减轻旅游决策风险非常有效。目前有不少的旅游企业通过售后服务的电话进行问候，因为现在的旅游者大多希望能有更多的个性化的回访和问候，甚至可以考虑一些私人的、具有人情味的售后服务形式。与旅游者保持联系，增加旅游者的满意感，可以提供更多的使旅游者从积极方面认识旅游产品和服务的机会，减轻旅游决策者的心理风险，促使其下次购买行为的出现。

思考题

1. 跨洲、出国旅游、边境旅游如何规避大的风险？

2. 如何识别旅游购物商店的"同乡托购"的情景？

3. 中、外旅游者消费示范模式有哪些相同点和不同点？

4．消费决策有哪几个过程？

5．如何降低旅游决策风险？

课后学习材料

结合旅游者决策过程的知识学习，阅读下列新闻。

1．菲律宾旅游业逐渐走出绑架阴影

在 2001 年 5 月菲律宾武装匪徒劫持人质事件一度让旅游者远离该国后，其旅游度假业开始逐渐步入恢复之中。发生劫持人质事件的菲律宾著名的观光岛屿多斯·帕尔玛遭到了沉重打击，现在，抵达这个观光岛屿的旅游者正在逐渐增加。这个岛上的多斯·帕尔玛观光酒店的总经理埃文·林形容这种情况为劫后复生，他对恐怖事件没有让自己的生意遭到破产感到庆幸。

这个位于帕拉万省的小岛仿佛是整个菲律宾旅游业的写照。现在，在岛上，仍然随处可见全副武装的巡逻士兵，但是人们已经习惯了士兵们的存在。除了有点紧张气氛外，士兵们带来的更多是安全感。去年阿布沙耶夫游击队把 20 名外国人质和游轮上的船员从这里绑架到南部巴士兰岛的丛林中，又与政府军进行了激战。至今，仍然有两名人质留在绑匪手中，他们是美国传教士马丁和游客伯恩哈姆，而阿布沙耶夫一伙已经被美国认定为本·拉登基地组织的帮凶，美国正在与菲律宾方面联合清剿。而此前不久，阿布沙耶夫武装还在明达诺岛的另一个高档饭店劫持了人质。2000 年 4 月，这伙匪徒还在邻国马来西亚把 21 名外国人绑架到巴士兰岛附近的朱罗岛上。这一系列事件让阿布沙耶夫获得了大约 2 000 万美元的赎金，而它们对菲律宾的旅游业则造成了沉重打击，许多国家把菲律宾列为危险区域，奉劝国民不要到那里旅游。

随着人们出游信心的增加，旅游者恢复了对菲律宾的兴趣。多斯·帕尔玛观光酒店在关闭几个月后，在上周重新开放。林认为，这象征着旅游业的新生，每个人都恢复了活力。

然而，绑架事件毕竟给菲律宾的旅游业留下了永久性的疤痕。除了街上巡逻的配备各种武器的士兵，多斯·帕尔玛街头还能看到移动路障，以阻拦未经授权的车辆驶入。在夜晚，探照灯还不间断地扫射岛屿周边的红树林和海面。在菲律宾其他旅游地，安全防卫也得到空前加强，大约有 1 000 名警官受命分布在各个度假地，海军巡逻艇也在各个小岛周围游弋。菲律宾旅游部长李查德·戈登承认了绑架事件对该国旅游业的影响，不过他表示，绑架事件被媒体过分渲染才是让旅游者放弃菲律宾的主要原因。"阿布沙耶夫武装仅仅是在一个小岛上制造事端,然而这一事件却变成了世界关注的中心,事实上,我们的情况没有那么差",他说道。戈登还对2001年美国和日本政府劝告其国民远离菲律宾表示不满,认为这些警告过分谨慎。这位部长相信,随着安全措施的加强,以及阿布沙耶夫武装被围困在巴士兰岛上,重现2001年劫持事件的机会已经变得微乎其微。然而,最近,该国又有一个饭店的日本老板被绑架,让人们相信外国人仍然是劫匪们的主要目标,而这些劫匪并不仅仅是诸如阿布沙耶夫之类的有组织的武装。但是戈登表示,这些个别事件对旅游业的打击不会太严重。同时,戈登还透露,政府将开展促销活动,特别是在一些像中国这样的新兴旅游市场,他还督促饭店和其他旅游部门降低价格以吸引更多游客前来。

2. WTTC:世界旅游业将走出"9·11"事件的阴影

"9·11"事件使世界旅游业遭受严重损失,上百万旅游从业人员失去饭碗、旅游需求大幅下降。但是,这种局面在2001年年底就会发生转变。

据世界旅行和旅游理事会(WTTC)预测,世界旅游业从2001年年底开始复苏,到2004年初期有望恢复到"9·11"前的水平。总部设在英国伦敦的世界旅行和旅游理事会主席Jean-Claude Baumgarten说,由于安全保障的加强以及公众对旅行恐惧的消除,世界旅游业将摆脱恐怖袭击的影响。他说:"到2003年世界旅行需求有望增长6%,旅游业增加新的就业机会640万个,这在一定程度上弥补了去年以来的损失。"他预测说,2003年后,世界旅游业将以每年平均4.2%的速度增长,土耳其和中国的增长速度将达到2位数。他说,旅游业是弹性很强的产业,1991年海湾战争就使国际旅游业受到打击,但是很快就得到了恢复。但是他指出,世界旅游业2002年夏天的表现仍不太理想,2003年也是一个复苏的年头,只到2004年2月时才能恢复到2001年9月10日前的水平。全球年旅游人数为7亿多人次,其中三分之一为美国和欧洲游客。"9·11"事件后,美国出国旅游人数的减少,是世界旅游业影响最大的因素。Baumgarten介绍说,通常情况下,95%的美国人在国内旅游,出国旅游的人占5%。但是,"9·11"事件后这一比例变为98%和2%。在所有目的地中,阿拉伯国家损失最大,加勒比地区因长线旅游减少,损失较重。Baumgarten说,WTTC已经成立了一个机构,负责敦促各国政府不仅保障旅游业的安全,还要向公众宣传并做好各地区间的协调工作。

第五章
导游服务心理

　　随着旅游业的发展，旅游活动大众化的特点日趋明显。越来越多的旅游者不断地从"茫然不知所措"逐渐走向成熟，因此，旅游者对旅行社导游人员的服务要求也越来越高。

　　作为联结旅游者与旅游景点、沟通旅游者和旅行社的导游人员，就肩负着了解旅游者的心理需求，采用恰当的导游服务手段，运用高超的导游艺术的任务。了解游客的心理需求，提供有针对性的导游服务对于提高旅行社的旅游产品质量就显得尤为重要。

　　一般认为，导游服务是一种为旅游者提供旅游便利，并以获取交换价值为目的的以活动形式存在的特殊产品。导游服务是人类旅游活动的产物，随着旅游业的发展而发展，并始终是旅游产品中最具生命力的因素。

第一节　带队服务心理

一、导游人员应具备的心理素质

　　导游是完成旅游游览活动的关键人物，旅游者购买的旅游经历中应该包含有优质的导游讲解服务。导游的素质如何，直接关系到旅行社的声誉，直接影响着旅游者对旅游地的形象认知。

　　世界各国对导游都有严格的要求，因为导游不仅代表着自己的旅行社，而且还代表着自己国家的形象。日本导游专家大道寺正子认为："优秀的导游最重要的是他的人品和人格。"他认为导游的基本条件是健康、整洁、礼貌、热情、笑容、毅力、胆大、勤奋、开朗、谦虚；具体条件是掌握丰富的知识、灵活地运用经验、理解游客的心理、掌握说话的技巧。

　　我们认为，导游的心理素质包含一般的心理素质和特有的心理素质。一般的心理素质是指任何行业的从业人员都必须具备的心理素质，是完成大多数工作的前提条件，主要包括一定的敬业精神、良好的职业道德（当然，不同的行业有不同的职业道德）等；而特有的心理素质是指当一个人欲从事导游这一工作时所必须具备的心理素质或能力，也可以认为是成功的、优秀的导游所共有的心理素质。

我们认为，优秀的导游应该具备的特有的心理素质包括以下几种。

（一）良好的感知力和观察力

旅游者在游览的过程中，会随着自己的需要是否得到满足而产生不同的情绪体验。当旅游者的需要得到满足时，就会产生愉悦、满意、欣喜、欢乐等积极的、肯定的情感；反之，则会产生不快、懊悔、烦恼、不满甚至愤怒等消极的、否定的情绪体验。

因此，导游应该善于观察旅游者的言谈、举止、表情的变化并从中感知到他们的情绪变化，及时调整自己的讲解内容的详略、节奏的快慢等，使旅游者得到身心满足、感到愉悦。优秀的导游和一般的导游的差别就在于此。

曾经有一个西欧旅游团在乘车前往旅游点的途中，遇到一只黑色的猫穿越大街。在某些欧洲人看来，这象征着会遇到不测，因此，几位旅游者叫道："黑猫，一只黑猫，啊，真是……"敏感的导游立即拿起话筒："女士们，先生们，不必担心，附近有人喜欢养猫，他们的猫经常在这条街上出现，但据我所知，在这条游览线路上还从未发生过安全方面的事故，没有什么不吉利的。中国人有一句俗语：'不管白猫黑猫，抓住老鼠就是好猫'。中国人都是比较喜欢猫的。"话音刚落，全车人都不禁笑了起来。

此案例中，导游在发现旅游者有焦虑、不安、气愤等情绪后，就及时找出原因，并采取了相应的措施和手段来调整其情绪。在这一危机的化解中，导游敏锐的观察力和感知能力起到了关键的作用，有力地调节了旅游者的情绪和车内的气氛。

（二）广泛的兴趣爱好

首先，每一位旅游者在外出旅游的过程中，好奇心一般非常的强烈，总喜欢问这问那，上至天文地理，下到鸡毛蒜皮；大至国家方针政策，小到风土人情、特色小吃、交通状况都是旅游者所关心的。因此，要成为一名好的导游，广泛的兴趣爱好、广博的知识就成为一种必要的基本素质要求，对于导游而言，永远没有用不上的知识。

例如，在游览三峡大坝的过程中，就曾有客人向导游询问有关修建三峡大坝会不会导致库区血吸虫病的流行、是否会导致上海市的地下水变咸以及大坝的修建是否会诱发地震等诸如此类的问题，甚至有的游客还要求导游比较三峡大坝与埃及阿斯旺大坝和美国的大古力大坝的区别。可以说，以上任何一个问题的回答，都要求导游对三峡大坝乃至世界上其他的巨型水电工程有足够广度和一定深度的了解。这就要求导游平时注意知识的积累和广博兴趣爱好的培养。

此外，由于导游服务的对象——旅游者是来自于不同的国家和地区，来自不同的社会阶层，所受的教育水平也有很大的差异，具有不同的兴趣和爱好。对于同一景点、同一事物的感知、注意的重点是千差万别的，这也要求导游具有广泛的兴趣爱好，为客人提供优质的服务。

由此可见，具有广泛的兴趣爱好也是成为一名好的导游的素质要求和前提条件。

（三）外向乐观的性格特征

有心理学的研究表明：人际交往中短时间相遇所留下的印象，大多数是外现的性格特征（形式）起主要作用；长期相处则是内在的性格特点（内容）居主导作用。

一般而言，旅游者和导游的人际交往都是短时间的、暂时的接触。因此，在旅游游览的途中，具有外向乐观性格特征的导游往往比较容易获得游客的认同，也容易与旅游者形成良好的人际关系。我们通常所说的"路遥知马力，日久见人心"用来描述在旅途中旅游者和导游的认知关系，也许并不是太合适，所以具有外向乐观的性格特征更适合于做导游工作。

（四）处危不惊的意志品质

导游的工作实际上是一项服务性的工作，具有面广、事杂、时间长、单调重复等特点。在大多数的旅游过程中，都是导游一个人单独进行的。游览活动中随时可能会出现一些无法预料的突发事件，例如在爬山的途中客人受伤，划船的时候游客落水或者预定的航班被取消等此类事件。

导游陪团的另一个突出的特点就是体力的高消耗和精神的高度紧张，要不断地克服困难、不断地解决各种问题。出现突发事件后，如果导游能够非常镇定、沉着，那么就比较容易控制住局面，稳定客人的情绪；否则，将会在旅游者中间引起极大的恐慌，导致局面失控，变得无法收拾。例如，西安某旅行社在7月份组织了一个旅游团前往桂林游览，安排了一名全程陪同人员，整个行程都比较顺利，但在返回的那天，由于火车晚点12小时，当时全部游客都要求返回酒店，推迟返回西安，但当时全陪坚决要求当日返回西安，回到西安后的第二天桂林就发生了洪灾，因此他们都很感激全陪的当机立断。在本例中，该旅游团在7月份去桂林旅游，时逢南方多雨的季节，而广西的地形以山地丘陵为主，突降的暴雨和可能的塌方，会给整个旅游团的行程造成诸多不便，严重的还可能给旅游者和旅行社造成经济损失。假如全陪不能当机立断，却采纳了游客的意见，很可能会几天甚至一星期滞留桂林，而接下来的问题和要做的工作可能会更多。

（五）良好的言语表达能力

语言是导游和客人沟通的媒介，没有良好的语言能力，导游就无法与游客沟通、交流信息。良好的语言表达能力是做好导游工作的关键一环，是导游提供优质服务的基本前提。正如有人曾经说过导游是"说"的职业，导游通过语言的表达帮助游客观赏和理解景点、提供有关的生活服务等。

首先，导游的语言一定要规范，用词要准确。准确的用词，不仅可以生动地表达出自己要讲解的内容，而且可以防止产生歧义。用词不准确会让客人百思不得其解，是导游讲解的大忌。外语导游不得使用中国式的外语，一定要按规范的语法结构、用词来讲解。否则，客人会认为导游的语言能力差，导致对导游讲解内容的正确与否产生怀疑。中文导游则可视游客的文化层次而决定采用何种语言形式，尤其要引起注意的是，导游千万要避免说错别字，由于晕轮效应的存在，任何的错别字都会使客人怀疑你的学历水平，导致对你整个讲解内容、服务层次的低评价。不管是中文导游还是其他语种导游，一般要多用口语，少用书面语，便于客人理解你所讲解的内容。

其次，导游的语言一定要严谨，来不得半点夸张和随意，否则可能会导致严重的后果。如天津某旅行社接待的一个旅游团，在游览天津蓟县盘山的过程中，导游告诉旅游者山上有很多野果子，这些野果子是可以食用的，如果游客愿意，可以随便摘着吃。有一位游客吃了一种野果子后，便觉得不舒服，回来的途中即发高烧，经诊断是轻度中毒，但和他在一起的游客也吃了这种野果子却安然无恙。后来该中毒的游客要求赔偿其医药费、精神损失费共13 000元。经交涉，旅行社赔偿其医药费3 000元。

此例中导游关于山上的野果子"可以随便摘着吃"的说法是欠妥的。一般而言，既然"山上有很多野果子"，而且都是"可以食用的"，那么告诉大家并进行讲解当然是必要的。但紧接着不应该随意地讲"可以随便摘着吃"而应该是涉及饮食卫生的"慎而食之"的提醒了。由于导游缺乏必要的提醒，且有鼓动在先，发生纠纷以后导游和旅行社都处于十分不利的境地。

（六）灵活机动，有一定的预见能力

在旅行游览的过程中，随时可能遇到一些计划中没有考虑到的情况，在这种情况下，就要求导游具有非常机动灵活的处事能力和一定的预见性。只有这样，才能取得好的导游效果，得到客人的认可。例如，2001年7月的某一天，导游小李送一个5人的小型团队从宜昌到武汉，按预定计划是当天下午抵达武汉，住一晚后于第二天上午游览黄鹤楼，吃午饭后送客人搭乘飞往北京的航班，任务结束。但是，当天抵达武汉时是下午4点，导游小李在征得客人的同意后，在下午4点30分开始游览了黄鹤楼。当天晚上客人喝酒比较多，第二天一直睡到11点左右才起床，吃过午饭后客人就前往机场，时间非常充裕，后来客人对导游小李的机动灵活非常满意。此例中，导游小李预见到由于马上就要结束旅游的行程，客人在一起免不了要互相劝酒，可能导致第二天起床比较晚，游览黄鹤楼的安排极有可能受到影响。导游非常敏锐地注意到当时客人的精神状态和情绪都还不错，而整个黄鹤楼的游览大约只需花2个小时，况且在夏季（7月）天黑得晚，而且接近傍晚气温相对较低，比较适于游览。在考虑到这一系列的情况和征得游客同意后，小李将游览计划作了机动灵活的调整，取得了很好的服务效果。

二、旅游气氛营造

旅游者在外出旅游的时候，会把旅游过程当做一种享受，对于旅游气氛的注意往往特别多，导游的任务就在于为旅游者营造出一种不同于日常生活的环境氛围，只有这样，旅游者才会觉得"不虚此行"。一名好的导游会利用一切机会让旅游者觉得自己是在享受人生，被一种与众不同的旅游氛围所包围。导游对旅游氛围的营造离不开对旅游者旅游行为的正确认识。

（一）旅游是惯常生活的暂时"逸出"

人们在外出旅游时，一般都希望能有许多有趣的经历，许多的旅游者在实际的旅游活动中往往扮演着一个脱离了原来的生活环境和圈子的角色，比如有的研究者用"游戏者"、"小孩子"、"违规者"等词来描述旅游者的行为。也许一个平时并不怎么爱说话的人会在旅游的途中变得滔滔不绝、口若悬河；这些旅游者会将日常生活中被压抑的一面显露出来，但也有可能出现相反的情况，即一个平时很活泼开朗的人也会在旅游的途中玩一把"深沉"，变得不苟言笑。这一切都是因为旅游者意识到自己脱离了熟悉的环境、没有熟人和往常的规矩的约束。

因此，导游要充分认识到旅游者从惯常生活中暂时"逸出"后的心理需求，提供能满足他们的表现欲望的机会和舞台。

（二）旅游是享受的、愉悦的

我们在前文已经论述过，旅游者的消费观念处于不同的阶段会有不同的需求，但追求愉悦与享受也许是每一个外出旅游的人都会有的，旅游者绝不是花钱来看导游和饭店服务员的"脸色"的，他们希望每一个人都尊重他们。因为，不管怎样，在绝大多数人的心目中，旅游应该是惬意、优雅、富有、地位的象征，旅游者会花出他们认为非常值得花出的钱，不愿意因为经济上的窘迫而破坏这次美好行程的回忆。正因为如此，旅游者的消费水平一般会高于他们平时在居住地的消费水平，原本吝啬的人也会变得慷慨起来。这是与他们把旅游看成是享受的、愉悦的有关。

导游应该尽可能创造出形成旅游者这种观点的条件，形成满足他们求尊重心理需求的活动氛围。在导游的过程中，如果导游员强调有多少"名人"曾经游览过此地，又有多少显要也品尝过此道佳肴，都会极大地帮助旅游者形成旅游是享受的、愉悦的观点。

三、游客的心理需求差异

（一）不同的游客，具有不同的心理需求

首先，在一名导游接待的旅游团之间存在着差异。如旅游者在同一餐厅中就餐时对背景音乐的选择会有比较大的差异，一般来说，国内客人喜欢通俗流行乐，而欧美客人偏向舒缓的古典音乐。导游应该注意到这一点，在自己的讲解中也应该针对不同的游客团队，有不同的侧重点。由老年人组成的旅游团一般喜欢清静，希望导游能够更多地尊重自己，讲解的速度要慢一些；由中年人构成的旅游团很注意旅游产品的象征性，对于导游的要求也比较高，希望能对旅游地有更多、更深刻的认识；而青年人一般希望导游员的讲解有趣味性，喜欢节奏稍快的活动，很愿意和导游交朋友。

有些导游在为游客安排餐饮时，有时候会因对游客的不同心理需求、餐饮观念和习俗重视不够，受到一些批评。我们东方人，无论待客或举行宴会，一想到吃总是山珍海味、鸡鸭鱼肉，对水果却不重视，更不视其为一道菜。可是来自西方的游客，他们的饮食习惯和我们不同，在他们看来，菜可少一道，鸡鸭可以不要，水果却一定不能少，而且只有上了水果，才是餐饮的高潮。西方人的早餐，大多要抹果酱、吃水果、饮各种各样的果汁，正餐也必须以水果沙拉开始，饮苹果酒、葡萄酒等，就是一些西方有名气的大菜，也都由水果作辅料，如英国的菠萝大虾、美国的苹果烤鹅、德国的苹果排骨等。除此之外，不少菜中还配有苹果泥，这是他们的餐饮习惯。西方人对水果的喜爱，几乎达到迷信的程度。他们家喻户晓的谚语是："一天一个苹果，大夫不来啰嗦。"我们的导游若了解西方人的以上生活习惯和心理需求，就能提供更加有针对性的服务而不至于让客人不满意。此外，一些游客到异国他乡游览，由于生活环境的改变，往往胃口欠佳，吃一些水果是有利于消化的，特别是女士多的旅行团更应如此。应当说明的是，这里所指水果是应时水果、新鲜水果，而不是罐头水果，罐头水果不受西方人欢迎，他们一般认为它不是"健康食品"。

其次，在同一时间地点，在基本上由相似的客人组成的一个旅游团队中，旅游者的个性和心理需求也是千差万别的。旅游者的个性的差异包含气质的差异和性格的差异两方面，气质是表现在人的心理活动和行为的动力方面的、稳定的个人特点。这些特点是一个人内在的、固有的特点，不受具体的活动目的、动机和内容的影响，在任何活动中都表现出来。由于气质不同，每个人所表现出来的"脾气"、"秉性"就不相同。性格是指人对现实的稳定的态度和相应的习惯化的行为方式。它是个性心理特征当中一个重要的成分，反映了个人的本质属性，是人与人相区别的主要方面。尽管这些客人是来自于同一个国家和地区、同一文化背景，但由于存在气质和性格的差异，导致同一个旅游团中不同的客人有不同的服务需求。

下面我们就气质类型的差异来谈谈旅游者之间的差异，在任何一个旅游团中我们都不难发现存在多血质、胆汁质、粘液质、抑郁质四种气质类型的客人。

多血质的游客对旅游活动中一切吸引他的东西，都会有兴致勃勃的反应，他们的性格外向，比较容易和导游合作，建立良好的人际关系，在旅游活动中精力充沛；不喜欢平淡的旅游活动项目，愿意尝试新的风味食品和旅游活动。

具有胆汁质气质类型的旅游者在旅游活动中反应速度快，希望自己能受到导游的重视，在他们觉得自己被忽略时反应强烈，脾气暴躁；但态度直率，精力旺盛，他们不能容忍导游安排的活动缺乏新意、节奏缓慢，对旅游活动是否满意从面部表情就可以观察到。

而粘液质的客人在旅游活动中往往反应速度慢，情绪不易外露，即使是最可能引起激动的风景或旅游活动，也未必能引起他们的激动，但是一旦对某位导游或某种参观游览项目有了兴趣和爱好，形成了肯定或否定的态度，并较为稳定；他们有较强的自制力和持久性；他们可塑性差，不灵活，所有这些使他们可冷静地处理一些问题。

抑郁质气质类型的旅游者对旅游活动具有较高的感受性，但敏捷性低，对一些景点的精妙之处感受和领悟较慢，动作迟缓；多愁善感，对导游内在品质关注较多，在碰到困难和危险时，常寄希望于导游；一旦不为导游重视，而他自己又非常希望导游重视自己时，极易产生消极情绪，并且会持续很久。

认识到旅游者之间是存在差异的，就认识到了个性化服务的重要性。只有意识到旅游者的个性差异，才可能在导游服务中真正尊重他们的个性化要求。是否能够提供个性化的服务是未来旅行社竞争的重点，因为旅游者对大众化的旅游产品的热情越来越淡，旅游者更多地愿意将旅游看成是自己个性张扬的机会，导游的任务之一就是为他们提供表现自我、凸现个性的机会，旅游者对给他们提供表现机会的导游和旅行社会有比较高的忠诚度。

（二）同一游客，在不同的时间和地点、不同的场合有不同的心理需求

人的一般心理需求是多变的，在旅游途中，在不同的时间和地点，同一客人的服务需求侧重点不同。如旅游者白天需要新奇刺激的活动项目，夜间则需要舒适安静的环境。

在旅游活动中，旅游者的需求是不断地发展变化的，旅游者的需要不会因为暂时的满足而停滞或消失。当旧的需要得到满足之后，新的需要会随之产生，新的需求和旧的需求是存在差异的。旅游者的不断求新、求异促进了旅游产品的不断推陈出新。基于此点，导游应该对同一名游客的需求的变化有一定的预测能力，以便更好地提供导游服务。导游只有在深刻理解了人们对旅游活动多样化的需求后，方能体会同一游客在一次旅游中的各种特殊要求的合理性。

我们应该注意的是，不同性格的旅游者，其需求的变化幅度是有差异的。一般而言，外向型游客的需求变化幅度要大于内向型的客人，内向型的旅游者在不同的时间和地点、不同的场合有不同的心理需求的可能性更小，他们更倾向于少有变化的旅游活动项目。

第二节　游览过程服务心理

一、游客在旅游过程中一般的心理需求与特征

（一）初到旅游目的地时旅游者的心理需求

此阶段是指旅游者到达旅游城市后的开始 1～2 天，此时旅游者是处于兴奋、新奇和迷惑、不安交织在一起的心理状态。因为外部世界一方面对他极具诱惑力和强烈的吸引力，是新奇感、兴奋感；但另一方面，陌生的国家、城市、不熟悉的人、全新的社会文化环境等都会在旅游者的心理上造成不安全感，所以旅游者的行为同时又会表现出比较谨慎、小心的特点。因此，这一阶段的旅游者最急需别人在心理上对他的关怀和帮助，所以对导游的期望最高、依赖感最强烈，也比较服从导游的安排和指挥。

正因为如此，所以此阶段是导游树立和塑造自身良好形象的至关重要的时机，导游要给旅游者形成良好的第一印象，以便在随后的游览活动中更好地利用晕轮效应。只有如此，方可获得旅游者的认同、接受，吸引和团结旅

游者听从自己的指挥。在旅游者初到某一地时，导游应该注意以下几点：

1. 安排的活动要轻松、愉快

由于旅游者初来乍到，心理的紧张和压力大，所以活动的安排要尽可能地轻松，活动节奏可适当慢一些，便于为后面第二阶段的游览活动高潮的来临做好铺垫。

2. 帮助旅游者认识周边的环境

人们在对周围的环境比较了解后，心理的压力就会逐渐减低。旅游者对环境的认识和了解应该是多方面的，例如本地的交通状况、气候特点、风土人情、著名景点、风味小吃等。这就对导游提出了比较高的要求。应该引起注意的是：导游认为是司空见惯的事物和现象，对旅游者而言，可能是非常新奇的东西。导游应该多站在游客的角度考虑问题，挖掘旅游者极为关心的内容，并向游客做一些介绍。例如，当中国的国门初开时，外国旅游者对中国人骑自行车上下班就极为好奇，到中国农村旅游的客人甚至还想尝试在中国的农村插秧、收庄稼等活动项目。

3. 形成旅游团的相关纪律和活动秩序

由于在最初的阶段，旅游者对环境不熟悉，所以他们比较信任导游，愿意听导游的安排，对于一开始就形成了良好秩序的旅游团，导游后期所花的精力和时间相对来说都要少一些，旅游者的满意率也要高一些。大多数情况下，旅游者都愿意遵守相关的秩序，当然，导游也没有必要板着脸宣布活动纪律，在谈笑间提醒旅游者注意即可。需要强调的纪律和秩序主要有遵守游览参观的时间、乘车时的座位安排、就餐时的座位等。

（二）游览过程中旅游者的一般心理特点

此阶段是指旅游者在旅游目的地停留的第 2～3 天后直至旅游活动结束前的 2～3 天。旅游者已经基本熟悉了环境，不安、紧张的心情开始弱化或解除，经过 1～2 天的休息，旅游者一般精力充沛、跃跃欲试。游览参观的活动内容也随之丰富和充实起来，这是导游带队最困难的时候，也是最能体现一名导游的能力的阶段。该阶段比较长，容易出现各种问题和无法预料的事件。因此，导游要做好本阶段的工作，可以从以下几个方面入手：

1. 提醒旅游者遵守旅游活动秩序

由于游客初到旅游目的地的紧张心情开始松懈，旅游者的个性化、自由活动的倾向开始出现，而且由于休息得比较好，精力充沛，情绪高涨，旅游者脱离旅游团的行为增多，这就要求导游注意加强旅游安全的防范工作，多提醒客人注意各方面的安全，要求旅游者尽量集体活动，避免出现意外。

2．妥善安排游客的食宿

由于这一阶段的旅游活动安排比较密集，旅游者的体力消耗大，为了保证客人有好的体力参观游览，导游应该和饭店的餐饮部和客房部多加协调，让旅游者的生活服务能得到很好的满足。

（三）游览活动结束时旅游者的一般心理特点

此阶段是指旅游活动结束前的 1～2 天。旅游者紧张、兴奋的心情开始松懈，关心的重点转移到有关返程中的一系列问题上，也开始给亲人、朋友打电话，或者与旅游团中的一些成员话别以及购买一些相关的旅游纪念品等。旅游活动由高潮转向低潮，导游在安排旅游项目时要注意放慢节奏，为了给旅游活动画上一个完美的句号，导游可以注意以下 3 点。

1．给旅游者留下充足的自由支配的时间

游客在此阶段都会为离开该地而忙碌，例如要包装行李、给亲朋好友打电话联络、购买一些旅游纪念品等诸如此类的工作，这些都需要时间来完成。导游要尽可能地为游客的离境提供方便。

2．处理好前期导游服务中的缺憾

在前面的旅游活动的过程中，由于种种原因，在服务中总会有一些缺憾存在，旅游者可能会对导游的服务、线路安排有意见或情绪，对于客人出现的任何一种意见和情绪，都应该严肃对待，尽量弥补缺憾，因为不让旅游者带着遗憾离开是旅行社的基本目标。挽回消极影响的手段和方法有宴请、合影留念、送纪念品等。我们应该重视这一项工作，因为每一个旅游者都可能是我们未来的宣传者，他既可能做正面的宣传，也可能做负面的宣传，他们的宣传是正面还是负面在很大程度上取决于我们的服务和售后。

3．给旅游者留下最后的深刻印象

越是接近最后阶段，旅游者对导游的要求越高。导游应该保持旺盛的精力，善始善终，精心安排好旅游者最后几天的旅游活动，由于近因效应的存在，旅游活动的安排宜精不宜多，应能为游客留下深刻的印象。活动要特色鲜明，要在最后的低潮中凸现高潮。如果条件允许，在离境时组织一场别开生面的欢送会，一般会给客人留下极为深刻的印象。

二、掌握旅游节奏

从广义上来说，无论是宇宙万物，还是人类生活的各个领域，均存在着一定的节奏。一般而言，人们不喜欢杂乱，但也害怕单调；喜欢变化，但又讨厌无规律的活动；喜欢交替，但又回避无休止的重复。

从旅游动机的实质来看，旅游者是在追求多样性和单一性的最佳结合点。高强度的旅游游览活动让旅游者紧张，但过于单调、散漫、闲散的旅游观光也会让旅游者觉得无所适从。因此，一项旅游活动或旅游产品要想为旅游者带来愉悦的感受，形成一次难忘的旅游经历，导游对游览活动节奏的掌握就显得尤为重要。

（一）旅行游览活动的张弛结合

首先，游览参观活动安排要劳逸结合。在一条旅游线路中，总是不完全均匀的，这就要求参观游览活动要有远郊和近郊结合、城内和城外结合，如此安排，既符合旅游者生理节奏的一般变化，旅游者也乐于接受。

例如在宜昌旅游的安排一般是第一天在市内游览，第二天就安排到三峡工地参观，然后坐船离开宜昌，游览三峡。一般而言，坐车到三峡大坝工地去游览要比坐船游览三峡要累，所以安排在第二天，以保证游客能劳逸结合。

其次，餐饮安排要合理、富有变化。餐饮的安排也是一门有讲究的学问，一般旅游者在异国他乡时总存在一种矛盾的心理。一方面希望变化不大，能在一个全新的地方吃到自己所熟悉的菜肴，总是有很强烈的亲切感、比较容易被感动；但是游客同时也希望能品尝到该地独有的风味菜肴，既有好奇心，又害怕自己不能适应风味菜肴诸如麻辣或生吃等一些特殊的情况。

所以导游在安排旅游者餐饮的时候，首先要考虑让旅游者能吃饱，保证旅游活动中游客具有充沛的体力，风味餐应该是一种点缀，在富有变化的同时，保持一些相对的稳定。此外，对风味餐中的一些特殊的地方导游要事先给旅游者讲清楚，避免游客的不适应。

（二）导游讲解速度的快慢协调

导游的讲解内容应该根据行程速度、内容特点、场合场景来掌握快慢速度。既不能为了赶时间匆匆忙忙，使旅游者没有听清楚所讲的内容，也不能慢慢吞吞，把客人拖得很无聊。一般的要求是：行路时讲解稍快，欣赏时要慢，次要的景点少讲，重要的景点要讲得详细，客人感兴趣的地方可以多讲一些，客人不太喜欢的景点、传说少讲。要达到如此的效果，就要求导游对沿途的景点内容把握准确、理解深刻。

（三）导游语调的抑扬顿挫

一个人说话的频率是大致不变的，但声音的强弱大小是有差异的，如果一直是高声调的讲解，旅游者就比较容易感到疲劳、烦躁和不安，但是如果导游的声音比较小，由于达不到听觉刺激的阈限，客人往往不太容易听清楚，影响对导游的评价。优秀的导游总是能够对自己讲解声音的高低变化进行及时协调，让游客感到是一种愉悦的享受。

导游可以有意识地锻炼自己这方面的能力，例如，自己看到一则故事或传说以后，首先很夸张地讲解一遍，用录音机将自己的讲解录制下来，自己多听听，寻求一些感觉，纠正讲解中的错误和不规范的地方，然后可以考虑讲给自己的同事或朋友、家人听，要求他们给予评价，然后再次录音，听效果，就有可能达到比较满意的程度。

三、协调客我关系

（一）协调好导游和领队的关系

领队是指受雇于组团旅游公司或旅行社，陪同旅游者由居住地出发到旅游地，结束全部游程后，再陪同旅游者回到居住地并协调与接待方关系的导游。首先，领队是组团社的代表。其次，领队虽然是组团社的代表，但在一个完全陌生的环境中，旅游者一般视其为"自己人"，对于领队的信任程度一般都比较高。导游如果要取得比较好的服务效果，得到旅游者对自己的认可，取得领队对自己的信任就显得尤其重要，协调好了与领队的关系，就等于成功了一半。

任何人都有获取别人对自己尊重的心理需求，所以在实际的导游工作中，地方导游首先应该表示出对领队的尊重。遇到有关酒店住宿的调整、安排游览日程表的变化等敏感问题，一定要首先取得领队的认可；否则，若领队不配合，导游后期的工作一定会极为被动。

（二）处理好导游和游客之间的关系

我们说要注意协调好和领队的关系，并不等于说我们可以无视旅游者的存在，旅游者是导游的衣食父母。正因为如此，地方导游在协调好与领队的关系的同时，更应该处理好和游客之间的关系。

德国一位旅游专家曾经说过，如果旅游团的客人是站在"圆周"上，那么导游就应该站在"圆心"上。这位专家实际上为导游处理和游客的关系提供了一个比较形象的比喻，也即我们导游对所有的旅游者应该是一视同仁的。导游要力求做到对每一位客人都既没有明显的疏远，也没有过分的亲近。

在实际工作中，即使导游做到了"一视同仁"，旅游者也会根据某些待遇上的差别来指责导游有亲疏远近之别。有经验的导游会尽量避免同一个旅游团的客人得到不同的待遇，例如，进餐安排的先后、乘坐的旅游车的好坏等。如果实在不能避免，导游在事先一定要和旅游者商量，取得他们的谅解。对于"吃亏"的客人，事后应给予一些补偿，使他们保持心理的平衡。

我们强调对待客人要"一视同仁"，并不反对导游对某些特殊的客人予以"特别关照"，因为每一位客人都希望自己是"特别"的，只有导游为他提供了针对他个人的服务时，游客才会觉得他是重要的，才会特别满意。

导游处理好和游客之间的关系，首先要在不违背原则的前提下，尽量满足客人提出的一些"超常规"的要求；其次要在旅游者遇到特殊情况时，主动为游客解决问题的方法和服务；最后还要注意语言的艺术性，让旅游者感受到自己是受到了"特别的关照"。

思考题

1. 在游览讲解过程中，导游如何抓准不同旅客的心理需求？
2. 导游人员如何满足旅客的好奇心？
3. 在游览过程中，导游人员如何营造活泼的旅游气氛？

课后学习材料

一、结合"导游词是一门口语艺术，应用部分艺术化的语言，多描绘景物，谈出导游本人观赏景物后的感觉，从而启发游客进入审美状态"的观点，阅读湖北景点的简介

1. 龙进溪

各位朋友，大家好，我们现在所在的位置是位于两坝一峡间最为神秘秀丽的一角——龙进溪。希望您能有和我一样的好心情。来，请和我一起做一次绿色深呼吸，与我一同进行一次健康之旅，请随我来吧！

走在溪边，一路泉水丁冬，花香阵阵，您可以尽情地享受这天然的"森林浴"，这跳动的溪水也能够为您演奏出哆！咪！咪！您不妨试着用心来聆听一下。清溪两岸林木葱茏、藤蔓交杂，您瞧，有群小精灵正在向我们打招呼，这群野生猿猴，世世代代以此为乐园，繁衍生息，到如今已是"猴丁兴旺"，家庭成员已达到200多位，给这清幽的溪谷增添了几分闹趣，感受这青山绿水的同时，游客们往往会不经意地打扰了这群小精灵。所以，当发现它们注意到您的时候，请一定，嘘！保持安静，不要吓跑了我们这群可爱的朋友，它们可是从未见过这么多"表兄表姐"的呀！

好了，朋友们，欣赏自然，不如亲近自然，一路走来，想必大家已有些腰酸腿痛，您不妨脱下鞋袜随我一道在这清凉的溪水中，做一次卵石按摩，发挥脚这个第二心脏的作用，驱除您的疲劳，舒展您的肢体，加速您的血液

循环，这样的旅游岂不是一举两得。其实呀，不仅如此，从你们走进这里开始，就已经得益于大自然了，请大家深吸一口气，感觉怎么样？是否觉得空气特别清新，精神也为之一振呢？这正是由于这里的空气中负氧离子含量特别高，而这一切都是有赖于这里保存完好的原始植被。大家随我一同继续前行，走近这里的精华景点之一的黄龙瀑，便会更深切地感受到这清新的空气是多么沁人心脾。

站在瀑边，凉风阵阵水声不绝，闻其声，观其形，全然一副桀骜不驯的样子。但是自古就有俗语说"英雄气短，儿女情长"，这黄龙瀑最终还是折服在一位不食人间烟火的佳人裙下，从瀑布侧面的小径拾级而上，您便可走近这位"养在深闺人未识"的冰清佳人。她秀发拂地，抚动着心爱的竖琴，那天籁之音从她的指尖流出，诉说她无尽的遐思，这位佳人的芳名就叫琴鹰瀑。

朋友们，一天的旅行，希望您除了脚印什么也不要留下，除了空气什么也不要带走，也希望您能同我们的小精灵交了朋友，我和它们随时欢迎您再来！

2．巫峡

巫峡东起巴东官渡口，西至巫山城东的大宁河口。两岸峰峦绵延，怪石嶙峋，飞泉垂挂，群岩蔽日，千姿百态，景色旖旎。长江穿流其间，幽深曲折，忽而苍崖相逼，好像江流阻塞，忽而峰回路转，又觉柳暗花明。整个峡区就像一幅天然巨型的山水画。

在官渡口与楠木园之间，耸立着巫峡中的第一峡——门扇峡。它下起火焰石，上到链子溪，南有大面山，北有尖子山，两山夹江对峙，仿佛是巫峡东口的两扇大门。枯水季节，约3公里长的江面只有80米宽，被喻为"一线开天"。火焰石险滩两岸，褐红色的岩石宛如火焰，伸向江心，拦阻出峡的激流，"卷起千堆雪"，回水怒吼激荡，形成硕大的旋涡，可谓壮观极了。

门扇峡在江南岸有个风景如画的集镇，名叫楠木园。它被称为水果之乡，以产甜如蜜的橘子出名。这壁江中有大、小两块又高又圆的石头，很像两头牛，故名"牛娃子石"。还有一块约8米高的麻石，酷似母蛙，名叫"蛤蟆石"。奇形怪状的岩石，无不给人以奇思遐想。

从楠木园溯江而上，江面变得更窄，两岸山峰也更高，熟识的人告诉我：铁棺峡到了。枯水时期，这里最窄处只有70米，而高耸在两岸的岩石相对高度有200～400米，且与江面成直角。江水如同利剑，劈山流出。乘船至此，如入地窖，仰视山颠，青天一线。在北岸陡立的绝壁上，还能见一块长方形的巨石孤悬在崖边，颜色似铁，被人称为"铁棺材"。在它的前面，又有一块小石，好像一个跪着的人，传说是"孝子哭灵"。可见大自然的鬼斧神工！

二、在大景区里，导游讲解要抓住主次，讲述最突出的代表景物或人物等内容，叙述流畅，解释清楚，附会自然，附丽恰当，避免以讹传讹，这样才能抓住游客的心理，营造出良好的旅游氛围，利于客我关系融洽

1. 东湖

东湖风景区位于武汉市武昌区东部。1949 年 9 月，中南军政委员会决定将周苍柏先生的"海光农圃"更名"东湖公园"。1950 年 12 月，中南军政委员会再次将"东湖公园"改称"东湖风景名胜区"，并设置管理机构进行规划、建设，1982 年 11 月被国务院审定为第一批国家重点风景名胜区，面积 88.2 平方公里，其中水面 33 平方公里。沿湖依次划为听涛、白马、落雁、磨山、珞洪、吹笛六大景区，现已对外开放的有听涛、磨山两大景区。

东湖属壅塞湖，受地质地貌影响，湖盆平面形态相当复杂。全湖岬湾交错，素有"九十九湾"之称。湖岸曲折，景色迷人，大湖之外连小湖，小湖左右又连湖，起伏隐现，莫穷其尽。

东湖自形成以来，已有悠久的历史。相传早在西周时期，鄂王熊红曾在东湖筑池饮马，留下了多处遗址。三国时，曾是刘备、孙权、曹操进行军事、政治活动的重要场所，东湖沿岸至今还有吴王庙、曹操庙、卓刀泉、鲁肃马冢等古迹。唐宋时期，有在洪山兴建的宝通禅寺、洪山宝塔等古建筑。民国时期，随着私家园林的崛起，东湖之滨相继出现了一些别墅山庄。这些都为东湖风景区的建设和发展打下了基础。

东湖风景区是湖泊类型的风景区。既有湖山之美，又有文物之萃，有湖宽广，水平如镜；有山不高，蜿蜒秀丽。湖山傍依，恬淡宁静，是旅游度假极佳之处。

东湖属亚热带湿润气候地区，雨量充沛，光照充足。适宜的气候环境，加之湖山相依的地形地貌，经过 40 年的努力，营造出丰富的生物资源，有树木 372 种、318 万株，鸟类、鱼类 80 余种。其中梅花、荷花尤为突出，因此东湖被列为中国梅花和中国荷花研究中心。

东湖风景区除具有秀丽的湖光山色、丰富的植物资源外，还兴建了一些别致的"园中园"和以楚文化为内涵的景点……

东湖风景区已形成独特的园林景观，四季景色各异。

2．楚城

磨山半岛，位于东湖中心，它三面环水，诸峰形圆如磨。相传，三国时刘备下东吴路经此地，起名此山为磨山，便一直相传至今。磨山北麓，峡谷幽深，港汉纵横，楚天台、楚城门、楚市、祝融观星、离骚碑、楚才园等城内系列景点分布在 5 平方公里的区域内。

楚天台吸取了古楚国章华台的建筑精华，底为观台两层，上四层均为吊脚楼式的游宫，分别陈列楚文化艺术的杰作以及表演古楚著名的编钟乐舞，全面地展示了古荆楚强盛时的雄风……

磨山西一峰北麓与东湖碧水之间是一条宽 20 余米的"走廊"，沿着走廊，游人可通向楚城的关口。

楚城门全长 105 米，分水、陆两孔城门。水城门、陆城门、烽火台……

楚市，是古楚人文化交流、商品交换的场所。磨山楚市以展示楚国风土人情和经营楚国较有成就的文化工艺品为主。这条古色古香的小街，从开市始就呈现她迷人的魅力。

楚市的整体建筑是一个类似湘鄂吊脚楼式的院落，楼上楼下曲曲弯弯，街市错落，全长近 70 米，一色的黄墙黑瓦、红漆门柱、青石小道的楚地风貌。

漫步市中，刺绣、漆器、虫鱼花鸟、书画、仿楚照相、工艺品、茶乐等几个店铺，明暗相间，每座各具特色。

步出楚市，百余米远的坡地上，两只高 7.2 米的铜铸凤标，矗立在湖畔山前，如同东方冉冉升起的红日，将游人带入辽阔悠远的空间，沉浸在楚民族深深的文化内涵里。

楚人历来崇凤崇火。凤是楚人的图腾，是至真、至善、至美的象征。它同中国的龙一样，不是自然界中实有的飞禽，它是集鹰、雕、雉、鹤、燕、孔雀等许多凡鸟的美好特征，组合成的理想中的神鸟。楚人崇凤，凤便成为楚文化的鲜明标志。在楚天台下立起的两只铜凤，寓意幸福吉祥。

游完楚天台，游人来到台后高坡处"祭拜"楚人的祖先——祝融。

祝融，有"火神"之誉，他重要的职责是观象授时，指导人们的生产生活。楚人是崇凤崇火的，并以为凤是祝融的化身。这里的祝融塑像为黑铁铸造，高5.5米，造型上以祝融观星为主。祝融左手持"斗"柄，象征高尚的权力，右手执商代甲骨。他双腿下蹲，胯下熊熊火焰，脚踏日月。塑像背面，一只高翔的凤正在冲向天际。

第六章
饭店服务心理

第一节　饭店服务与旅客需求

一、饭店服务的特点

（一）饭店服务的基本含义

1.饭店

饭店是以大厦或其他建筑物为凭借，通过出售住房、饮食、娱乐、健身服务等商品，使旅游者的旅居成为可能的一种投宿设施和综合性经济组织。

随着社会经济的发展和客人需求的不断变化，现代化大饭店已发展成为集吃、住、行、游、购、娱乐、通信和商务于一体，能满足各类客人不同需求的综合体。

2.饭店服务

饭店服务首先指的是服务员为客人所做的工作，服务员的工作是饭店服务产品的重要组成部分。从形式上看，服务就是服务员所做的接待服务，如解答疑难、清洁卫生、美化环境等工作，但从实际上看，服务是服务员通过语言、动作、姿态、表情、仪容仪表、行为举止所体现出的对个人的尊重、欢迎、关注、友好，所体现出的服务员本身的严格认真的服务精神、顾客至上的服务意识、热情周到的服务态度、丰富的服务知识、灵活的服务技巧、快捷的服务效率等内容，这些可以说是酒店服务产品的核心内容。因此，西方饭店业认为服务就是"SERVICE"（本义即服务），每个字母都有着丰富的含义。

S——Smile（微笑）：其含义是服务员应该对每一位宾客提供微笑服务；

E——Excellent（出色）：其含义是服务员将每一服务程序，每一微小的服务工作都做得很出色；

R——Ready（准备好）：其含义是服务员应该随时准备好为宾客服务；

V——Viewing（看待）：其含义是服务员应该将每一位宾客看做是需要向其提供优质服务的贵宾；

I——Inviting（邀请）：其含义是服务员在每一次接待服务结束时，都应该显示出诚意和敬意，主动邀请宾客再次光临；

C——Creating（创造）：其含义是每一位服务员应该想方设法精心创造出使宾客能享受其热情服务的氛围；

E——Eye（眼光）：其含义是每一位服务员始终应该以热情友好的眼光关注宾客，适应宾客心理，预测宾客要求，及时提供有效的服务，使宾客时刻感受到服务员在关心自己。

（二）饭店服务的特点

1. 综合性

饭店向每位宾客提供的产品（商品）都是上述几个方面的综合，如宾客使用的前厅、电梯、客房、餐厅、娱乐健身设施，饭店员工提供的劳务等。每个方面都是产品的一个组成部分。若哪一个部分或环节出了问题，都会直接或间接影响到饭店服务产品的品质和声誉。

2. 直接性

饭店产品是服务，提供服务就是饭店产品的生产过程，服务者和服务对象同在一个场所，服务的消费者必须在提供服务活动的现场进行消费，服务结束，消费即结束。不像其他产品，生产出来后投放市场，消费者购买后进行消费。因此，可以说饭店产品的生产过程就是消费过程，消费者必须介入生产过程，边生产，边消费。

3. 不可储存性

饭店向客人提供的各种设施和服务（客房、餐饮、娱乐、康体、环境等），不能储存，不能搬运，只有当客人住进酒店消费时才能进行；当客人离店时，服务也就随即终止。同时饭店服务因受酒店设施和时间等条件的限制，不能事前生产出来贮藏备用，也不能临时增加。以客房为例，其数量是固定的，如果客房当天不能出售，服务就无法进行，这部分收入就会失去。

4. 产品质量的不稳定性

这是由于：第一，服务的对象有着不同的动机和需要，他们的兴趣、爱好、风俗、习惯，各有不同；第二，服务者在提供服务时受他们的知识、性格、情绪的影响，因而会造成同一种服务产品在不同的时间和地点有可能出现不一致的现象。管理者的任务之一就是要力求饭店的服务质量保持稳定。

5. 劳动价值补偿的渐进性

饭店产品销售形式是出租硬件产品的使用价值和提供劳务服务，不发生实物的转让，客人买到的是某一时间段的享用权，因此，饭店只能通过零星分散的接待服务来获取劳动价值的补偿和合理的利润，而且每次只能获得价值补偿的一部分。与一般企业的产品通过一次性交换、出卖所有权而获得全部价值补偿不同，饭店的劳动价值补偿是渐进完成的。饭店的客房、餐厅等设施一天不能租出使用，就失去了当天效用，同时也就失去了当天的价值，造成的经济损失是永久的，即使第二天用更高的价格销售了，也无法补回前一天的损失。

由于上述几方面的影响，易使顾客在消费前产生"担风险"的心理，因而不利于饭店商品的销售。例如某顾客在饭店餐厅就餐前，不可能要求服务员事先展示一遍如何服务操作后才去进餐，而只能在用完餐后，也就是说服务与消费同时结束时才能作出是否"物有所值"的结论。因此在有选择的情况下，决定顾客是否前来饭店消费的主要因素，是顾客对饭店的信任以及饭店在客人心目中的地位。

饭店服务的上述特点，要求饭店员工不断提高服务质量，在宾客心中建立一个良好的形象，使客人能够产生回头率高的现象。同时还可以利用客人的口碑为饭店进行有效的推销，这样做就可以在一定程度上消除宾客担风险的心理，增强企业对饭店的信心，从而提高饭店的竞争力。

（三）饭店服务的基本形式

饭店服务有如下形式：

（1）静态服务，指饭店内所有供客人使用消费的物品、设施。如：电视机、餐桌、牙刷等。

（2）有声服务：指客房内闭路电视、新闻广播；餐厅进餐中的乐曲；大厅播放的轻音乐等。

（3）无声服务：常指飞机、火车、汽车时刻表，游览图，总台时钟，酒店内各种无言标牌，灯饰等。其他如各种灯光组合是否合理，大厅的灯光音响能否给初到本地的客人一个宁静的氛围，舞厅等处的灯光搭配是否有助于烘托女性的化妆色彩等，均属于无声的服务范围。

（4）即时服务：随着社会生活节奏的加快，服务节奏也应加快。如对客人的委托代办事宜要尽快办好，不能拖延等。

（5）缓冲服务：在即时服务做不到的情况下，要想一些缓解措施。如客人到餐厅不能马上供菜就餐，可先上一些小吃以避免客人久坐干等的尴尬局面。

（6）增兴服务：为了增加在酒店内某些场所的消费娱乐而提供的服务。如在进餐中提供卡拉 OK 表演等。

（7）补偿服务：由于店方过失造成客人的损失和不快，要想尽办法予以补救。如房间备用品不全要及时补充等。

（8）针对服务：针对某一些类型客人而提供的服务内容。如设置残疾人专用设备，即房间无门槛、窗户为有护栏的落地式、电器开关设置在 1 米以下等。

（9）预警服务：最常见的例子就是当客人已经饮酒过度，还要再喝的时候，服务员应委婉地劝阻客人，或上一杯饮料，但绝不能使客人丢丑。有些饭店为了达到多销售酒水的目的，在客人饮酒达到高潮时，对客人反复劝酒，致使客人酩酊大醉，是不可取的。

（10）诱导服务：对于拿不定主意的客人，服务员要加以引导，帮助其选择消费方式。

二、住店旅客一般心理特征分析

人的心理活动随着时间、地点的不同，以及在客观事物的影响下随时都可能发生变化，心理活动是人的一种心理状态。当宾客来到饭店，首先必须了解他们需要什么，在饭店这一特定场合下，需求是宾客产生一系列心理活动的内在原因。这些需要的满足程度将会在宾客的心理上产生什么样的反应，这是我们饭店工作人员必须加以认真思索的。宾客在饭店有如下一般性心理需求：

（一）方便——方便是旅游者首先要考虑的因素，求方便是旅游者旅游的最基本、常见的心理需求

"方便"包括三个方面的内容：第一是饭店的位置是否方便，饭店的地点在交通上是否方便，离活动的地方，如游览场所距离是否较近等；第二是饭店的设施是否能提供方便，如是否有餐厅、有空调、有商店、邮电设施、外币兑换等；第三是接待服务是否能提供方便，如住房手续是否简便，行李运送、问讯是否能得到迅速、及时的解决等。

"方便"是宾客最基本的心理需求，也是饭店的首要任务。以顾客为中心，满足旅游者的方便心理需求，让旅客在饭店处处感到方便。这样旅游者在心理上就会得到安慰，产生愉快、舒适的情绪，并可以消除旅途的疲劳和不安。如果旅客在饭店感到不方便，就会产生沮丧、不满的情绪，可能导致旅游者离开本来要继续住宿的饭店，要知道这种现象的补救成本是非常高的。

（二）清洁——宾客要求生活在一个清洁的环境里，这是普通的正常的心理状态

清洁不仅是生理上的需要，也能使人产生一种安全感、舒适感，它能直接影响宾客的情绪。饭店的清洁卫生包括饭店内外的环境清洁、设备设施的清洁、食品的洁净、员工的个人卫生等。清洁卫生是宾客基本的心理需求。美国康奈尔大学饭店管理学院的学生花了1年的时间，调查了3万名宾客，其中有60％的人把清洁列为住宿饭店的第一需求因素。如果住宿和伙食的条件是不清洁、不卫生的，就会使宾客感到懊丧、厌恶，甚至愤怒。例如，有的饭店虫蝇横行、被具不常洗换、卫生间有异味等都会导致宾客心理上的反感，有的甚至会要求立即离店。

（三）安全——安全是人类的基本需要，也是宾客在旅游过程中迫切要求满足的重大需求

饭店加强保卫措施，增强防盗、防火设施，重视宾客财物的保管等，都是宾客安全感所需要的。

（四）安静——宾客经过旅途的劳累来到饭店，希望有一个安静的休息场所，能够使他们消除疲劳，当游客需要休息的时候，最讨厌不安静因素的干扰，这是普遍的心理现象

现代饭店注意店址的选择、隔音设施的选择以及服务工作的轻声化，为饭店的客人创造安静、舒适的休息条件。因为安静是宾客对饭店的基本要求，当它得到满足时，会使人产生舒适感。

（五）礼貌——宾客有自我尊重的需要，要求饭店工作人员对他表示尊敬

在现代社会中文明礼貌是人际交往关系中的基本准则。在宾客当中，不论社会地位、经济地位存在什么差异，都需要以礼相待。尽管对于具体的礼节有习俗信仰上的区别，宾客需要礼貌招待是具有共同性的。宾客对于礼貌的需要，其迫切性是因为直接关系到人格的尊严。礼貌可以平衡人们之间的关系，也可以缓解人们心理上的某些消极因素。饭店服务工作的成功，往往由于以礼待客占了很大的比重，它迎合了宾客这方面的需求。

（六）公道——饭店的价格是否公道，服务接待是否公平，这也是宾客心理需求之一

所谓"公道"就是指公平合理。公道是通过比较而产生的，因而是相对的。这种比较存在于饭店之间，也存在于不同服务员或同一服务员对不同的宾客服务中。如甲地的饭店和乙地的饭店之间比较，与其他宾客之间的比较。宾客需要公平合理、平等相待。如果宾客一旦感受到不公道的对待，会使他们情绪激动，为争取平等待遇而进行投诉，不公道会造成宾客在人格上

感到受损害。这种伤害宾客感情的行为最终会损害到饭店的利润。

上面提到的宾客的各种需求，反映了宾客在饭店活动时的心理状态，它的满足程度越高，顾客满意度就越高，从而饭店的利润也就会增长，可见这种良性循环满足了多方的利益。同时研究宾客的需求心理，为采取相应的服务措施提供了一定的依据。

三、旅客心理需求的个性差异

现代饭店是全方位满足宾客住、食、娱、购等需求的场所。宾客对饭店需求有共同性，但具体到每位宾客需求的表现形式和内容上，却会存在差异。例如：有的宾客想住便宜的单间，有的则想住豪华的套间。在生活习惯方面，宾客之间也存在着很多不同。例如：有的宾客喜欢中国茶，有的需喝矿泉水，有的习惯用西餐，有的喜食中餐等，饭店服务在这一方面要特别注意。宾客之间的差异，还表现在性格上，有的宾客率直，有的婉转；有的温文随和，有的爱挑剔等。宾客之间，由于国籍、性别、年龄、职业以及经济和社会地位、宗教信仰的不同，必然地存在各种各样的差异，他们的需求也各有差异。饭店服务人员要尽可能地去了解宾客之间的差异，了解旅客个性上的一些特征，对搞好个性化服务是非常必要的。

四、宾客的情绪反映

宾客的情绪经常反映他们的内心世界，了解宾客的心理状态可以从情绪的变化着手。宾客情绪的好坏，客观上就是对某种事物或某种服务的评价，它经常受到饭店服务（优或劣）的影响。但这并不等于说，宾客在饭店内的情绪反应，全部是由饭店服务所引起的。有的宾客在游览某地之后，满足了游兴，回到饭店仍回味无穷，情绪极佳；也有的外出活动遇到了一些不愉快的事情而影响情绪，回到饭店后就表现出消极情绪等。

宾客的情绪会随时通过面部表情、神态举止、言语等方面流露出来，它反映着宾客心理活动的倾向。体察宾客的情绪反映，采取相应的服务措施，主动调节宾客的情绪，是饭店服务的一项重要任务。例如，如何使宾客由激动转为平静，由愁变喜，由不愉快到高兴，这是许多有经验的服务人员能够办到的。他们善于体察、理解宾客的心理，经常注意宾客的情绪反应，并研究相应对策。

现代饭店随着服务项目的增多，服务部门也相应增加，除住宿、餐饮外，还设有商店、美容美发、康体活动场所、礼宾车队等。各部门由于分工的不同，服务对象的心理活动也各有其特点。这里就饭店服务的几个主要部门分析如何根据宾客的心理活动开展有效的服务。

第二节 前厅服务与旅客心理

一、旅客在前厅的一般心理

前厅是饭店中宾客最初接触与最后告别的部门。前厅服务贯穿于宾客在饭店内活动的全过程，是饭店的中枢，它在饭店服务中起着非常重要的作用。

接待服务是宾客来到饭店所接受的第一项服务工作，它给宾客的首次印象是十分重要的，这项工作由前厅部负责。接待服务在时间上并不长，但宾客在心理上的感受却非常丰富，印象也极为深刻。

宾客来到饭店首先是用各种感觉器官去感知周围的事物，然后通过思维作出初步的评价。他们用眼去审视前厅的环境和接待人员，用耳倾听环境是否静谧，用鼻嗅闻空气中的气味等。宾客在被接待过程中，对时间的知觉也特别敏感，不希望耽搁较长的时间，同时受尊重的需要也非常强烈，有些宾客由于旅途劳累，来到饭店的强烈愿望是能找个地方休息一下；有的宾客对这家饭店慕名已久，有一种信任感；有的是初次前来，感到陌生，甚至有些疑虑，如去哪里办住房手续，是否方便、舒适等。

（一）求尊重心理

尊重的需要是宾客在前厅非常重要的一种心理需求。当旅游者一进入饭店，首先打交道的就是前台的接待人员，他要求受到饭店的尊重，首先就是要求受到前台服务员的接待，这种接待就要体现出对客人的尊重。从这一刻起，客人要确立主客之间的社会角色和心理角色关系。不论旅游者以前的社会角色是怎样的，当他一进入饭店，与饭店服务员的社会角色就变为接待和被接待、服务和被服务的关系，而心理角色则体现为尊重和被尊重的关系。在此处，服务人员与宾客之间的心理角色关系是由于他们之间的社会角色关系决定的。旅游者得到服务人员的尊重，确立以客人至上的关系是理所当然的，这也要为以后发生的所有关系确定基调。

（二）求快速心理

客人经过旅途奔波进入饭店，渴望迅速安顿下来、休整一下，既要解除旅途疲劳，同时也要为下一步安排作准备。客人离店时的心理要求也是同样的，结账手续办理过程要准确、快捷，使客人能迅速离开。

（三）求住店的相关知识心理

旅游者出门旅游，到了一个陌生的地方后，迫切想知道这个地方的风土人情、交通状况、旅游景点等各种情况，以满足自己的好奇心理。因此，前厅服务员在接待客人时，一方面要介绍本饭店的房间分类、等级、价格以及饭店能提供的其他服务项目，让客人做到心中有数；另一方面，如果客人询问其他方面的问题，服务员也应热情、耐心地介绍，比如，本地有什么风景名胜、有什么土特产品、购物中心在哪里、到每一个旅游景点的乘车路线及时间等。另外，前厅服务最好和旅行社的业务结合起来，把旅行社提供的服务项目和推出的旅游产品的有关资料准备好，以供客人咨询、索取、使用。这样做的另一个好处是冲淡客人在前台办手续过程中等待的无聊感。

（四）求方便心理

旅游者对饭店提供的服务是否方便甚为关心，如通信、交通、商务中心提供的服务、生活设施是否方便。

二、前台服务人员的接待策略

针对宾客在来到饭店时可能产生的心理活动，前厅部工作人员应该主动组织和调节宾客的心理活动。我们可以从以下几个方面做好接待服务工作，满足宾客的心理需求。

（一）环境布置

饭店的环境，当它作用于宾客的感官时，通过脑的反射活动获得感觉印象，同时经过分析综合活动对印象作出思维上的判断，这在时间上往往只需要一刹那的工夫，然而，它作为记忆表象却可以保留很长时间。对接待服务工作来说，要重视接待区域的环境布置。一是环境布局合理，如停车场与接待厅室之间的距离不宜过远，接待休息室与总台的衔接，以及邮电、外币兑换等的方便与否，接待厅室的容纳量等。二是环境布置美观，当宾客来到饭店门厅时，首先给他们的视觉形象是美丽的、清洁的和富有特色的，它应该有别于来到机关、学校等地。著名的饭店都很重视门厅的美化，如绿化庭园、休息大厅里的民族艺术装饰品、空气的调节、清洁卫生的保持等。三标志设置醒目，接待区域各服务单位及项目使宾客能一目了然，但它与整体布局又合理和谐的统一。总之，环境的布置关系到店容店貌，关系到宾客的第一感觉印象，它给宾客心理上的影响是很大的。

总之，饭店前厅的环境设计既要有时代感，又要有地方民族感，要以满足客人的心理需要为设计的出发点。一般情况下，前厅光线要柔和，空间宽敞，色彩和谐高雅，景物点缀、服务设施的设立和整个环境要浑然一体，烘托出一种安定、亲切、整洁、舒适、高雅的氛围，使客人一进饭店就能产生一种宾至如归、轻松舒适、高贵典雅的感受。前厅布局要简洁合理，各种设施要有醒目、易懂、标准化的标志，使客人能一目了然。前厅内的环境和设施要高度整洁，温度适宜，这也是对前厅的最基本要求。

（二）尊重宾客

客人一进入饭店就持有这样的期望，作为前台服务人员应该满足客人的这种要求。服务人员要笑脸相迎，语言要礼貌友好，要有热情，既要尊重客人的人格、习俗和信仰，又要尊重其表现出的各种行为。不因客人的语言是否规范、行动是否得体、程序是否合理而作出不同的接待行为。总之，客人一踏入酒店，就期望得到应有的尊重，期望进入一个充满友好、令人愉快的环境之中。

（三）员工的仪表

仪容仪表由相貌、装束及个人卫生来体现。良好的仪容仪表要求身材匀称、身体健康、相貌端正。男性员工不留长发、小胡子和大鬓角；女性员工发型美观、头发干净，着装整洁、美观合体，上班不戴贵重耳环、手镯、项链等，手表、胸针、发卡等饰物选择适当，与面容、发型、服饰协调。工牌佩于右胸前，位置统一、端正，无乱戴或不戴现象。

工服是饭店向宾客发出的信号，告诉客人有什么需要可直接向穿工服的人提出来，所以饭店的工服要求统一，但为了突出饭店特色和员工的个性特点，可允许在统一着装上进行细小的变化。如日本帝国饭店女制服上的装饰小围巾的图案和颜色是统一的，但围法却不相同，饭店研究出十种围法，每个人选择最适合自己的围法，从而透出个人风采，给客人的感觉就不那么僵硬、冰冷，而是多了一份轻松活泼。

仪容仪表和人的内在气质不可分离，内在气质往往通过人的精神面貌、言谈举止、工作作风来反映。因此，要求前厅员工当班时应精神饱满、行为端庄、举止稳重，表情诚恳；对客人应一视同仁、不卑不亢、热情适度，用语规范、声调柔和、语气亲切、表达得体，站立挺直、不倚不靠，手势正确，动作优雅，符合规范。

内在气质的塑造包括扩展知识、提高技能和调整心态等多个方面，要靠学习、培训和实践来完成。除了饭店人力资源部安排的培训之外，还应要求员工广泛涉猎各类知识，在工作中不断丰富社会经验，在潜移默化中造就健康、热情、正直、高尚的品质和高雅的品位。

总之，前厅员工的良好形象代表着饭店对客人的尊重，反映着高品位的服务水准和旺盛的企业精神，所以，员工给人的整体感觉应该是美而雅，既热情大方，又自然得体。

（四）员工的语言

语言是人们交际的工具。通过语言的交际，人们互相交流思想和感情。接待人员的语言表达方式直接影响着宾客的心理活动，它可以令人喜，也可以招人厌或怒。饭店是以出售服务，使宾客满意为其宗旨。要使宾客对服务感到满意，接待人员要研究语言的艺术。语音、语调应该是悦耳的、清晰的；语言的内容应该是准确的、充实的；语气应该是诚恳的、有礼貌的。

为了使语言能够为宾客接受和理解，接待人员应尽可能多地掌握多种外国语以及我国的一些方言，特别是总台工作人员对多种语言的掌握是业务的需要。

语言和思维有着密切的联系。如果接待人员在思想上把宾客分成等级，以貌取人，以财取人，对所谓"高贵的宾客"语言谦卑，献媚取宠；而对待"一般的宾客"却出言不逊，冷言冷语。这不仅有损服务人员的职业道德，而且有害于饭店的声誉以及个人的人格。

（五）服务技能

在接待工作中有很多服务技能需要服务人员熟练掌握，只有掌握接待服务工作的技能才能保证服务质量。如果不精通业务，动作不熟练，服务态度再好也不能满足宾客的要求。

接待服务技能，如迎送人员为宾客打开车门的动作怎样达到完善化，使宾客感到亲切、舒适。行李员运送行李物品如何做到轻巧、平稳和快速。总台人员的验证技能、住房分配和登记技能、宾客流动情况的统计技能、财务计算技能、解答和征询技能、代办服务的有关技能等都要求达到自动化和完善化的程度。熟练的服务技能使接待工作缩短了时间，解除了宾客心理上的焦虑，再加上仪表、语言上的彬彬有礼，使宾客对接待工作感到方便、亲切和舒适。接待服务技能有好多方面，如打扫接待区的技能、电梯接待技能等都要通过钻研和练习达到完善和熟练的程度。

第三节　客房服务与旅客心理

客房是饭店的基本设施和重要组成部分，是旅游者休息的重要场所。客房对客人来说，不仅是生存的基本条件，而且是享受和发展的重要因素。因此，搞好客房服务对旅游业来说是非常重要的。

一、宾客在客房的一般心理需要

1. 求安全的心理需要

安全感是愉快感、舒适感的基石。旅游者外出非常担心自己的生命安全和财物安全。他们希望住宿期间安全，不发生任何物品的丢失，更重要的是要确保旅游者自身的生命安全。

2. 求卫生的心理需要

旅游者希望在旅游期间身体健康，要求客房清洁卫生，尤其是与身体直接接触的床上用品、口杯、浴缸、毛巾、马桶等用品清洁卫生，严格消毒。

3. 求亲切的心理需要

这也是旅游者被尊重的需要。

4. 求舒适的心理需要

旅客需要客房内设施齐全，热水供应及时，空调运行良好、无噪音等。

5. 求方便的心理需要

可代客洗衣、缝补，代购车、船、机票，代熬中药等。

二、客房服务人员的服务策略

了解宾客在客房生活期间的心理特点，有预见地、有针对性地采取主动、有效的服务措施是客房服务工作的根本。

宾客租用客房，主要是住宿，是消除机体疲劳的生理需要，但其在客房的活动并不是单纯的静止休息。宾客中有的利用客房接待访客进行社交活动，有的利用客房从事公务和商务等活动，有的作为小型集会的地点；有的白天外出活动，有的白天在客房内活动。每位宾客的生活时间表也不可能一致，从生活的需求来说，除休息外，还有卫生、邮电，甚至在客房内进行医疗或用餐的需求，围绕着以休息为主的客房生活，存在着其他多样的活动的内容，并且由于宾客之间的个体差异，使客房服务工作的范围和内容具有复杂多样的特点。客房服务应该根据宾客的活动规律，在职责范围内尽可能地满足宾客在生理和心理方面的需求，大致上我们可以从以下几个主要方面的服务去满足宾客的心理需求。

（一）洁净

清洁卫生的饭店环境（尤其是宾客租用的房间）往往被宾客视为最重要的需要。它既作用于生理，也反映在心理活动方面，不论是什么样的宾客，也不论在客房内外的任何角落以及任何时间，清洁干净的需求始终是存在的。清洁卫生工作一般认为是客房服务的首要任务。

客房清洁工作应该是在宾客不在场的情况下进行，这样做的原因是考虑到卫生工作对宾客心理上的影响。宾客在房的时候，服务人员进去清扫易使宾客受到干扰，如影响休息或其他活动。一般来说，宾客是不欢迎清洁服务人员在自己面前转来转去忙个不停的。

　　如果宾客在门把上挂出"请速打扫"的标志，或经宾客许可，也就是宾客在场的情况下打扫卫生，就要注意怎样使宾客在心理上并不感到不方便和不安，甚至还会增添亲切、舒适的感觉。这就要求服务人员相当注意自己的仪表、语言及操作技巧。服务人员应该彬彬有礼，落落大方，适当地嘘寒问暖，掌握好操作的节奏和动作的轻盈，避免可能引起宾客反感的情况出现。例如关于抹布的使用，它本身的洁净度以及使用的范围都能引起宾客的注意，如果一块不干净的抹布，既擦卫生间又擦卧室的桌椅器皿，就会使宾客感到很不舒服。

　　清洁卫生工作应该考虑到它的全面和细致。由于某些方面的疏忽，往往会使整个工作招来否定的评价。例如电话机的拨号盘，宾客在使用时，通过手指的接触会立即发现它是否清洁；台灯的灯泡和灯罩，当夜间照明时，上面如果有灰尘会暴露得很清楚；浴缸上的水锈痕迹会使宾客感到不卫生。另外，固定的环境卫生工作还应结合外来污染的防治，如虫害的问题，特别是消灭老鼠已引起我国很多饭店的重视。如果宾客发现了老鼠，这在心理上造成的负面影响是可想而知的。

　　有些措施则可增加宾客心理上的洁净感、安全感。如在卫生间清扫后贴上"已消毒"的封条，在茶具上蒙上塑料袋等。这些措施都能起到一定的积极作用。

　　在清洁工作进行的时候，还必须考虑如何增强宾客的信任感，应该注意不要随意移动宾客的贵重财物。

　　保证客房的洁净，还应该从客房服务人员本身做起。那就是服务人员自己应该是整洁的，具有高水平的卫生素养。同时要熟悉各国的宾客对洁净方面的习惯和要求，防止用自己认定的或本国的一般卫生习惯及标准来对待清洁卫生工作。

　　（二）宁静

　　客房环境的宁静是保证宾客休息不受干扰的重要因素。宾客在客房休息的时间往往会不受生活节律的局限，也就是白天有可能在房内休息或从事其他活动。即使宾客没有休息，客房内外宁静的环境也会使人有舒适感。保持宁静的环境是客房服务的一项重要工作，它也是衡量服务质量的一个标准。

　　客房的宁静主要是防止噪声，使其不干扰宾客的休息或活动。它需要依靠必要的设施，如隔音性能良好的窗户、楼板、墙壁等，以及饭店的选址是否避开了周围的噪声干扰等。

　　坚持"三轻"要求：走路轻、说话轻、动作轻，这就是为了创造安静的环境所采取的措施。

（三）亲切

客房服务要使宾客有如在家里般温暖舒适的感觉，也就是要做到"宾至如归"。客房服务要达到这样的效果，需要全体服务人员具有使宾客感到亲切的服务态度。

服务人员的工作态度使宾客感到亲切，可消除宾客的陌生感、疏远感和不安的情绪，可增强信赖感，缩短宾客与服务人员之间感情上的距离，可以取得宾客对服务工作的支持和谅解。亲切的服务态度所带来的心理影响不仅是宾客的需要也是服务人员本身的需要。

"亲切"这种情感体验，往往通过面部表情和神态来表达。所谓冷面孔和热面孔反映着两种相对立的情绪，客房服务人员应具备的是热面孔，它是指感情上的温度应是火热的，在面容上流露出亲切的微笑，而不会出现那种冷面孔，使人感到冷若冰霜或者出现一种使人感到虚假的笑容。

使宾客感到亲切还必须运用适当的礼仪作媒介，礼仪可以作为表达亲切情感的一种方式。客房服务人员要知晓各国的礼仪习俗，把注重礼仪作为生活的习惯。由于客房服务人员对待宾客重视礼节礼貌，尊重宾客的礼仪习惯，满足了宾客尊重的需要，就有可能使宾客产生亲切的感情。

亲切的语言同样是十分重要的。

（四）细致

客房服务需要细致。只有细致才能有主动、周到的服务。工作中的细致是善于思索、观察的结果，热情细致的服务可以满足宾客对舒适、安全、亲切等诸方面的需求。

（五）机敏

机敏表现在对事物的观察、分析、判断方面，反应灵活，机智敏锐。客房服务需要智力与体力的结合。智力上的机敏性是以一定的文化和业务知识，熟练的服务技能为基础的。

在客房服务中，需要反应灵活，机智果敢。"眼观六路，耳听八方"，洞察周围可能发生的情况。

（六）尊重

前面提到的几个方而，贯穿着满足宾客的尊重需要，特别是亲切的服务态度就是要求对宾客的尊重。尊重是人格的基本保证，客房服务应充分重视各国、各民族、不同肤色宾客的需要。

第四节　餐饮服务与旅客心理

餐厅服务是旅游饭店服务中不可缺少的一种环节，在整个饭店旅游收入中占有三分之一左右，因此，无论从完善旅游服务角度，还是从经济角度，做好餐厅服务、管理都是必要的。

一、宾客在餐厅的一般心理需求如下

(一) 求尊重、公平心理

在餐厅服务中，要注意满足客人的尊重需要。尊重需要作为人的一种高层次的需要，贯穿于整个旅游活动中，在餐厅服务心理中表现得尤为突出。

公平合理也是客人对餐厅服务的基本要求。只有当客人认为在接待上、价格上是公平合理的，才会产生心理上的平衡，感到没有受到歧视和欺骗。

客人在用餐过程中的这种比较，既存在于不同的餐厅之间，也存在于同一餐厅的不同客人之间。同样类型、同等档次的餐厅，价格上、数量上以及接待上的不同都会引起客人的比较。如果客人在就餐的过程中，并没有因为外表、财势或消费金额上的不同而受到不同的接待，在价格上没有吃亏受骗的感觉，他就会觉得公平合理，就会感到满意。因此，餐厅在指定价格、接待规格上都要注意尽量客观，做到质价相称、公平合理。

(二) 求卫生心理

就餐客人对就餐中的卫生要求非常强烈，这也是客人对安全需要的一种反映，同时，对客人情绪的好坏产生直接影响。只有当客人处在清洁卫生的就餐环境中，才能产生安全感和舒适感。客人对餐厅卫生的要求体现在环境、餐具和食品几方面。

良好的卫生环境会给人以安全、愉快、舒适的感觉。餐厅是供客人就餐的场所，应该随时都整洁雅净，要做到空气清新，地面洁净，墙壁无灰尘、无污染，餐桌餐椅整齐干净，台布口布洁净无暇，厅内无蚊无蝇，只有这样客人才能放心地坐下来就餐，否则，他们将会重新选择就餐的场所。

餐具卫生非常重要。因为除了一次性的方便筷子以外，其他餐具一般都是客人公用的，有时难免染上某些病毒或细菌。因此，餐厅必须配备有与营业性质相适应的专门的消毒设备，同时要有数量足够的可供周转的餐具，以保证餐具件件消毒，以保证客人的安全。另外，对于一次性使用的方便筷子，最好经过消毒后进行单个包装，这样才能避免沾染上灰尘和细菌。

如果只从卫生的角度讲，在餐厅服务中，食品的卫生应该是最重要的。餐厅提供新鲜、卫生的食品是防止病从口入的重要环节。因此，不论餐厅的档次高低，就餐的客人都有一个共同的心态：能吃到新鲜卫生的食品。为此，餐厅的食品要原料新鲜，严禁使用腐烂变质的食品，特别是凉拌菜要用专用的消毒处理工具制作，防止生、熟、荤、素菜直接地交叉污染。食品饮料一定要在保质期内，坚决禁止供应过期食品。

（三）求美心理

在物质生活相当丰富的今天，对旅游者而言，在饭店的餐厅充饥果腹已很常见，这种生理需求伴随着其他需求同时出现。宾客在餐厅进餐，对美的需求是显而易见的。比如，游客对餐厅的环境形象、服务员的外貌、菜肴的色香味、员工的服饰、装菜肴的器具等都有自己的追求和看法。

（四）求快心理

客人到餐厅就餐时希望餐厅能提供快速的服务。其原因有以下几个方面：

（1）习惯，因为现代生活的高节奏使人们形成了一种对时间的紧迫感，养成了快速的心理节律定势，过慢的节奏使人不舒服，也不适应。

（2）一些客人就餐后还要有很多事去做，所以他们要求提供快速的餐饮服务。

（3）心理学的研究表明，期待目标出现前的一段时间使人体验到一种无聊甚至痛苦。从时间知觉上看，对期待目标物出现之前的那段时间，人们会在心理上产生放大现象，觉得时间过得慢，时间变得更长。

（4）客人饥肠辘辘时如果餐厅上菜时间过长，更会使客人难以忍受。当人处于饥饿时，由于血糖下降，人容易发怒。

（五）求知心理

求知是旅游者在餐厅进餐的心理需求之一。如对地方特色佳肴、菜名、饮食方法和菜肴相关的典故等，旅游者都有求知的欲望。

二、餐厅服务人员的服务策略

（一）尊重客人

1. 微笑迎送客人

到餐厅就餐的客人，服务人员首先要给予热情的接待，这是餐厅服务的良好的开端。心理学研究告诉我们，饥饿的人容易激动，血液中的血糖含量降低时，人容易发怒。所以，客人一进餐厅，服务员就应把客人的情绪导向愉快的一面。服务人员的应接服务应该让每一个客人都感到尊重，不能顾此失彼，有所遗漏。俗话说："宁落一群，不落一人"，只要有一个人感到不快，就是矛盾产生的火星。

2. 领座恰当

客人到餐厅就餐，服务人员要主动上前领座，而不能让客人自己找座位，以免客人产生被冷落感。在领座过程中，要征询客人的意见，由客人决定坐在什么位置。

3. 尊重习俗

服务人员在介绍菜单、帮助上菜、倒酒和派菜等服务上，除了应该注意服务技巧以外，还要注意尊重客人的风俗习惯、生活习惯。这需要在服务过程中细心观察，主动征询，以及服务人员对有关常识的熟悉和了解。

(二) 餐厅环境洁净

餐厅员工一定要把清洁卫生放在十分重要的位置，搞好餐厅环境卫生、菜肴卫生、餐具卫生以及服务员个人卫生。

(三) 提高餐厅各方面的形象美

1. 餐厅的形象美

这种形象应该是视、听、嗅觉多方面的，视觉形象通常是最早进入宾客的感觉，餐厅的外观要美，内部装饰要协调，甚至一张菜单也要别具风格。美的视觉形象能引起顾客的联想，环境是整洁的，就会想到食品是卫生的等，卫生感带来舒适感，也带来了安全感。对整洁的要求应该是严格的。视觉形象还应考虑光线和照明，餐厅的灯光设计应是和谐完美的。听觉对宾客也有重要作用，优美的听觉能促进食欲，很难设想在吵吵嚷嚷的场所宾客会吃得非常舒坦。有的餐厅会考虑到厨房的间隔距离，有的则会进行隔音和装置音响（播放轻音乐），这都是在听觉形象上采取的措施。另外，还应注意室内空气的调节，使温度适合宾客的需求。

2. 员工形象美

员工应该非常注意自己的外表，衣着整洁、搞好头部和手部的卫生、讲究礼节礼貌。要研究接待的技巧、语言的艺术。要善于分配自己的注意力，在顾客众多的情况下，不致顾此失彼。要观察顾客的特征，在领位时要充分顾及宾客的需求，如对年老的、病残的、一对恋人各自领到什么座位会使他们感到舒适等。

3. 产品的形象美

餐厅所提供的产品主要是食品。我国传统的食品以它的色、香、味驰名中外，中国食品的形象早已在人们的心中占据了一定的地位。很多外国旅游者都为能一饱口福而慕名前来，他们有一种期望的心理，品尝之后若名不虚传，满足了他们的愿望，他们不仅会希望下次再来，而且要广为传播。

产品的形象还应注意与之关联的各个方面，如若装食物的器皿有污损，那会严重降低产品的形象，或上菜时，手指碰到食品，都可能引起宾客的不满。

（四）服务要快速

满足旅游者的需求，要在服务时间及速度上下工夫。

从餐厅服务角度讲，就应该了解、理解并满足客人的这种心理需求。为了满足客人的这种求速的需要，可采取如下的一些服务策略：

（1）备有快餐食品为那些急于就餐者提供迅速的服务。

（2）客人坐定后，先上茶水以安顿客人，使他们在等待上菜过程中不感到太无聊或觉得上菜太慢。另外，也可以根据客人的消费金额免费提供一些小菜，供客人食用，这一方面使客人体验到一种得到赠送的愉快，也消除了等待的无聊感。

（3）反应迅速。客人一进餐厅，服务员要及时安排好客人的座位并递上菜单，让客人点菜。

（4）结账及时。客人用餐结束，账单要及时送到，不能让客人等待付账。

（五）勤介绍

心理学的原理指出，新鲜的、奇特的事物或现象容易引起人们的注意和兴趣。餐厅的经营应该在特色上下工夫，很多风味餐厅由于有特色而创建了自己的品牌。如新疆吐鲁番宾馆就有自己独特的维吾尔族风格，他们供应维吾尔族风味的抓饭、烤羊肉、烤包子和拔丝葡萄、拔丝哈密瓜及其他具有吐鲁番地方特色的饭菜，深受宾客欢迎。

对自己的特色菜要勤介绍（当然，所有的菜肴上桌时都要报菜名），尤其是有典故或特别含义的菜肴要把大致的故事告诉旅游者，满足他们的求知欲望。

除了以上五点服务策略外，餐厅服务还要注意以下五忌：

第一，忌旁听。在客人交谈时，不旁听、不窥视、不插嘴是服务员应具备的职业道德。服务员如有急事要与客人商量，也不能贸然打断客人的谈话，最好先暂待一旁，以目示意，等客人意识到后，再上前说"对不起，打扰你们谈话了"，然后把要说的话说出来。

第二，忌盯瞅。在接待一些服饰奇特的客人时，最忌讳久视客人、品头论足，这样容易使客人感到不快。

第三，忌窃笑。客人在餐厅聚会、谈话中，服务员除了提供应有的服务外，应注意不在客人面前窃笑，不交头接耳，不品评客人的言谈，以免使客人有被窥视窃听之感。

第四，忌用口头语。有的服务员缺乏语言技巧，在餐厅服务中可能会言伤客人，如"你要饭吗"这类征询客人意见的语言，使人听起来不愉快。

第五，忌厌烦。在餐饮服务中，有的客人用不文明的语言使唤服务员，此时，服务员不能因客人的不礼貌而表现出冷淡或不耐烦。相反应通过主动、热情的服务，使客人意识到自己的失礼。如果服务员很忙，可表示歉意，说"请稍候，我马上就来"。

总之，餐厅服务人员的服务策略为：尊重客人，主要是微笑迎送客人、领座恰当、尊重习俗等；餐厅环境洁净；提高餐厅各方面的形象美，主要是餐厅的形象、员工形象、产品的形象；服务要快速，满足旅游者的需求。

思考题

1. 如何根据宾客的一般心理需求和差异性心理需求设立饭店的服务项目？

2. 多位宾客在餐厅包房里进餐，服务员需要始终在包房里服务吗？为什么？

3. 宾客对饭店有哪些一般心理需求？

4. 宾客在前厅的一般心理有哪些？如何满足其心理需求？

5. 宾客在客房有哪些心理需求？如何满足其需求？

6. 宾客在餐厅有哪些心理需求？如何满足其需求？

7. 提高餐厅服务员的服务质量，要注意哪些事项？

课后学习材料

一、结合饭店服务心理学的知识学习，了解"旅游服务行业的顾客满意指标"

1. 台湾 Enkawa 餐厅的顾客满意指标

顾客满意指标是用以测量顾客满意级度的一组项目因子。

(1) 绩效 (P)：①餐饮的好口味、配料时令；②材料的品质好；③适当的餐饮温度及火候；④正确及时的账单。

(2) 保证 (A)：①顾客的等候时间短；②服务的快速回应；③处理好

没有售罄的东西；④适当的服务项目和数量。

（3）完整性（C）：①餐饮营养价值的说明；②为小孩及节食者提供特别菜单；③适时的特别的菜和促销菜品；④选择多样的菜单。

（4）便利使用（E）：①延长营业时间；②全日、全年营业；③优越的地理位置；④容易看到和理解的菜单。

（5）情绪/环境（EE）：①服务人员客气而有礼貌；②服务人员外表整洁；③良好的餐饮气氛；④舒畅的餐饮环境。

2．法国餐馆的顾客满意指标

（1）可以提前预订餐位；

（2）可以停车或有侍应生帮助停车；

（3）提供存衣室；

（4）友好而礼貌的侍从；

（5）有侍者招呼顾客并把顾客引到合适的座位；

（6）可以轻松享用晚餐不会被催赶；

（7）食物制作精美、诱人、可口；

（8）整个餐馆洁净，看不见垃圾储存器；

（9）可以用信用卡付账。

3．拉斯迪·派列肯饭店的顾客满意指标

（1）顾客就座后2分钟之内侍从和顾客说话；

（2）顾客点饮料后4分钟之内饮料送到；

（3）第一杯鸡尾酒送上去5分钟之内，看顾客是否需要再来一杯，并观察顾客的满意情况；

（4）饮料上好后4分钟之内询问顾客是否想点菜（如果不点饮料，顾客就座后4分钟之内询问是否想点菜）；

（5）可口小吃、凉拌菜或酒5分钟之内送到；

（6）在顾客点菜后10分钟内上主菜；

（7）盘子收拾完后5分钟之内上甜点、咖啡和餐后饮料；

（8）甜点上好后（如果没甜点，在盘子收拾后）4分钟之内出示账单；

（9）顾客把现金或信用卡放在台上后2分钟之内，服务员把它拿走。

4．快餐店的顾客满意标准

（1）具有充足的停车空间并且交通便利；

（2）队排得不能太长，移动速度不能太慢；

（3）食品标签上清晰地写明食品名称和价格；

（4）所有的服务员都是友好而礼貌的；

（5）容易进去并且很快吃完；

（6）整个餐馆清洁，有废品盛装器；

（7）食物适量摆放，诱人、可口；

（8）用现金结账；

（9）餐饮价格不高。

不同性质的餐厅顾客满意指标不一样。也许你并不留意一家快餐店地板上的汽水吸管，然而如果是在一家您看重的酒店地板上发现它，则会觉得十分醒目。你也不会期望在麦当劳的快餐店里有侍者为您引座或使用精致的瓷器，但有些指标既符合高雅的饭店，对快餐店也是实用的。例如方便停车，环境的洁净，侍者的友好和礼貌以及优质的食品质量，无论在饭店或是快餐店，要求都是一致的。

由于存在着许多项顾客满意指标，而且又都具有某种程度的重要性，也许您只会把其中的一小部分作为关键性的服务质量指标。在上面的例子中，您也许会选择洁净和食物质量作为关键性的服务指标。当然，也许还有其他的，这取决于作为顾客的您的偏好。

二、结合饭店服务心理学知识，阅读下列两段文字

1．波弗特饭店概况

波弗特饭店是一座位于哈罗市的二星级饭店，它坐落在伦敦市郊北部，不出月票使用区，该地以一所公学而闻名于世。哈罗市与法国的杜埃镇是姐妹城，两城市之间有着积极的交流计划。波弗特饭店离温布利不远，温布利有全国性的会议中心、音乐会剧场、大的地区性医院和全国性足球场。4个大型跨国公司总部离饭店不到2英里。饭店附近还有一座现代化大商场和2座不到5分钟路程的电影院。在波弗特饭店附近还有几座饭店，其中三星级的威灵顿饭店有150间客房，价格相差不多，是波弗特饭店最近的竞争者。威灵顿饭店有一座值得引以为荣的室内运动场，这使它特别受短期度假家庭的欢迎。波弗特饭店不仅要考虑来自近邻的竞争，而且由于它靠近伦敦市中心，旅游者选择饭店的自由度很大，因此，波弗特必须让饭店的名字在公众中耳熟能详。

波弗特饭店的交通十分便利，离当地的地铁站走路仅需2分钟，离地铁

干线有 15 分钟的路程，去伦敦市中心平均也只花 30 分钟。从伦敦的两个主要机场——希斯罗机场和盖特维克机场乘火车到波弗特饭店，分别要花 25 分钟和 45 分钟。波弗特饭店还靠近 1 号、40 号、25 号高速公路和 40 号大道。饭店拥有一座 60 个车位的停车场。

罗伯特·麦金蒂尔任饭店的总经理已达 5 年之久。他有丰富的饭店和餐饮业管理经验，最近获得了战略营销管理博士学位，重点研究服务业的市场营销。这次他重组了饭店，按战略性商业单元方式来经营饭店。客房、酒吧和餐厅都成为独立的利润中心。两年前，罗伯特还利用他在大学的关系雇佣了一名学商业的大学生来帮助饭店重组，效果显著。这种做法一直沿用至今。

波弗特饭店迄今还是一座 AA 级的二星级饭店，但英国旅游局已奖励了饭店 4 个皇冠。最近，波弗特饭店因在员工的培训方面成绩斐然而获得了"人民发明奖"和其他几个全国性的培训奖。饭店还成功地与 3 个英格兰中部的超级和甲级足球俱乐部建立了宝贵的关系，向运动员和有组织的"球迷团"提供食宿。波弗特饭店最近还被附近的一家医院列为"优先饭店"。这家医院作为一个主要的研究中心，需要给越来越多的来访医学研究者安排和提供食宿。

（1）饭店客房设施。

波弗特饭店共有 84 个房间，其中 12 个最近重新装修改造成无烟客房。所有的客房都配有收音机、电吹风、熨斗、直拨电话、彩电以及泡茶和咖啡的设施。饭店不提供房间服务，也没有电梯和行李员。下面是 1994 年每个房间以床位并包早餐为计算单位的价格（如表 6-1 所示）：

表 6-1　　　　　　　　　　**1994 年波弗特饭店房价**　　　　　（单位：英镑）

房间类型	周一到周四	周五到周日（含节假日）
单人间	64.00	29.50
双人间	70.00	50.00
经理单人间	65.00	45.00
经理双人间	80.00	50.00
三人间	85.00	65.00

房间折扣可在订房时单独议定。订房员可以根据客源情况自行决定折扣率，而不以是否将是回头客或住宿时间的长短为依据。经常光顾的大公司职

员可以享受标准价格 25% 以内的折扣。

（2）饭店客源市场。

从伦敦地区饭店业的发展情况看，波弗特饭店将有不错的客房出租率，一般在 65% 左右浮动。所有的客房都设有客人意见问询簿，客人入住时需在前台填写个人的详细情况。营销经理主要从这两个渠道来了解客人的情况，但是问询簿的反馈率很少能达到 30% 以上。

①从过去 12 个月的订房情况看。

出差的客人占 94%，探亲访友的占 3%，旅游客人占 3%。

出差的客人中有 56% 自行选择饭店；32% 由公司来选择饭店，公司对出差客人的食宿费用全部报销。

客人中有 26% 来自西南地区，23% 来自中部地区，20% 来自西北地区，20% 来自东英吉利，还有 11% 来自东北部。

客人的性别结构 83% 为男性客人。

客人的年龄结构是：25～35 岁的客人占 47%，36～46 岁的占 22%，46 岁以上的占 25%。56% 的客人是老客户，40% 的客人一个月至少来一次，有的更频繁一些。

70% 的客人是开车来饭店的，22% 的客人坐公交车，还有 8% 从机场乘出租车来饭店。

②从过去 12 个月的客人意见问询簿所反映的情况看。

客人选择饭店的决定因素是（1＝最重要，5＝最不重要）：旅行方便为 2.6，服务质量为 2.5，饭店设施为 1.5，价格因素为 2.7，友好气氛为 3.5。

平均满意率的情况是（100% 为完全满意，50% 为满意，0 表示一点也不满意）：房间装饰为 49%，整洁为 62%，房间设施为 53%，安全为 44%。

（3）饭店酒吧。

波弗特饭店的酒吧紧靠接待区，面积很大，装饰的气氛很欢快。酒吧在饭店外有个单独入口，外来客人不必穿过饭店的前厅便可直接进入。酒吧里有 20 张黑色橡木桌，每桌可坐 4～6 人。吧台的设计是马蹄型，设有高凳。酒吧经营得很好，特别是饮食的收入颇丰。每年的营业额在 28 万英镑左右。

酒吧有 5 个员工，在营业高峰时需要多增加一些帮工，特别是午餐，顾客比其他时间多 3 倍。酒吧的营业时间为 12:00～14:00 和 17:00～23:00，到目前为止，17:00～18:30 是酒吧最安静的时间。

酒吧提供的饮料收取"酒吧价"，还提供价格合理的典型"酒吧快餐"。午餐非常火爆的原因主要是价钱便宜，饭菜质量好。客人多时会影响上菜的速度，这引起客人的抱怨。客人还抱怨酒吧的噪音太大，因为午餐时要使用两个榨汁机，并且音响的质量也很差。此外，酒吧里没有无烟区也是一些客人抱怨的内容。

客人问询簿显示，78%的住店客人光顾酒吧，当然这与房间里没有小酒吧有关。从客人消费的情况来看，每个客人每天要在酒吧花费4.5英镑。客人对酒吧的满意率情况如表6-2所示。

表6-2　　　　　　　　　客人对饭店酒吧的满意程度　　　　　　（单位：%）

分项	平均满意率
食品价格	42
食品质量	35
食品种类	32
服务态度	25
服务速度	44
酒吧氛围	32

6个月前，酒吧的经理给客人设计了一份问询表，以此建立客人档案。在点完菜后服务员将问询表发给客人，但回收率很低，在业务繁忙时几乎没有人去完成这件事。后来又决定把问询表留在柜台上，但回收率仍然不高。为了了解客人的信息，在过去的1个月中，饭店要求服务员在提供饮料时向客人提一些非正式的问题，然后把信息记录在柜台后一张特制的表格中。调查的结果是：45%的顾客是当地人，其中80%是一周要来两次以上的常客。

酒吧的竞争不仅来自本地区的其他饭店，还来自附近的餐馆。"山之月"酒店距离波弗特饭店半英里，面积大，装修得体，有现代气息，是酒吧的主要竞争者。它的饮料价格与酒吧相当，但菜品却相当丰富。"山之月"上个月采取的促销措施是99便士一品脱酒。这个价格通常在一天中客人稀少的时候使用比较成功，可以招徕更多的客人。但两周后就要终止，原因是酒店与酒厂的优惠合同期有限。波弗特饭店没有能力做亏本的促销活动。促销结束后客人是否还能保持原有的购买量是个未知数。

假如你是该饭店的总经理，请你为饭店准备一份战略性市场营销计划和一份促销活动方案。

2. 关于"麦当劳"公司的材料

麦当劳公司是世界上最大的快餐乐园，在66个国家和地区设有大约1.3万家餐厅，现在平均每13.5小时开设一家餐厅。

北京麦当劳食品有限公司由北京农工商联合总公司与美国麦当劳公司合资经营。麦当劳王府井餐厅是世界上最大的麦当劳餐厅，设有 700 多个座位（该餐厅后迁移）。王府井餐厅于 1992 年 4 月 23 日隆重开业，开业当天就以交易 13 219 次打破麦当劳餐厅开业的世界纪录。目前平均每天有 1 万人光顾麦当劳王府井餐厅。1993 年 3 月 28 日，北京第二家麦当劳餐厅在长安商场一层隆重开业，就餐顾客排起的长龙从早晨 10 点直到晚上 21 点以后，当天的交易次数突破 1 万（10 471）次，光临的顾客达 2 万人。

麦当劳在北京开张仅一年，金黄双拱门"m"、巨无霸汉堡、麦当劳大叔等标志在京城已众人皆知。人们谈快餐就必谈麦当劳，一年之间，电视、报纸、杂志等各种报道已有 100 多篇。可以说，麦当劳掀起了一股京城快餐热。

是什么使麦当劳在北京一炮打响？为什么麦当劳的生意会如此红火？

麦当劳的经营理念——品质（Q）、服务（S）、清洁（C）、价值（V）

麦当劳公司的创始人雷·克罗克在麦当劳创立的初期，就设定了麦当劳的经营四信条：向顾客提供高品质的产品，快速、准确、友善的服务，清洁优雅的环境及做到物有所值。麦当劳几十年恪守"Q、S、C、V"四信条，并持之以恒地落实到每一项具体的工作和职工的行为中。

品质：北京麦当劳 95% 以上的原料在当地采购，但这要经过四五年的试验。例如，1984 年麦当劳的马铃薯供应商就派出专家来到中国，考察了黑龙江、内蒙古、河北、山西、甘肃等地的上百种马铃薯，最后在承德围场培育出达到麦当劳标准的马铃薯。麦当劳对原料的标准要求极高，面包不圆和切口不平不用，奶浆接货温度要在 40℃ 以下，高 1℃ 就退货。单是一片小小的牛肉饼就要经过 40 多项质量控制检查。任何原材料都有保存期，生菜从冷藏库拿到配料台上只有 2 个小时的保鲜期，过时就扔掉。所有的原材料都严格按生产日期的先后顺序码放和使用。生产过程采用电脑控制和标准操作。制作好的成品和时间牌一起放到成品保温槽中，炸薯条超过 7 分钟、汉堡包超过 10 分钟就要毫不吝啬地扔掉，这些被扔掉的食品并不是变质不能食用，而是因为麦当劳对顾客的承诺是永远让顾客享受品质最新鲜、味道最纯正的食品。

服务：从员工进入麦当劳的第一天起，就开始训练他如何更好地为顾客服务，使顾客百分之百的满意。麦当劳全体员工实行快速、准确和友善的服务，使顾客等候不超过 2 分钟。按麦当劳的标准，服务员必须遵照柜台服务六步曲进行服务，在顾客点完所有食品后，服务员要在 1 分钟之内将食品送至顾客手中，同时餐厅还专门为小朋友准备了漂亮的高脚椅和精美的小礼物，餐厅也为顾客举办各种庆祝活动，为小朋友过欢乐生日会和安排免费在店内参观，为团体提供订餐及免费送餐服务。

卫生：员工上岗操作必须严格洗手消毒，用洗手槽的温水把手淋湿，使用麦当劳杀菌洗手液刷洗手指之间与指甲，要求两手一起搓揉至少 20 秒后彻底地冲洗，再用烘干机将手烘干。手在接触头发、制服等任何东西后都要重新搓洗消毒。各个岗位的员工都要不停地用消毒抹布和其他工具进行清洁，以保证麦当劳餐厅里里外外整齐干净。所有的餐盘、机器都会在餐厅打烊后彻底拆洗，清洁消毒。

价值：麦当劳食品的营养是经过科学计算后配比的，不但营养丰富，而且价格合理。顾客在清洁、愉快的环境里享受快捷的服务和营养丰富的美食，把这些因素综合起来，令人感到"物有所值"。

麦当劳的行为规范——O&T manual、SOC、Pocket Guide MDP

为了保证麦当劳餐厅的"Q、S、C、V"，麦当劳把每项工作都标准化，即"小到洗手有程序，大到管理有手册"。

O&T manual：即麦当劳营运训练手册。随着麦当劳连锁店的发展，雷·克罗克坚信：快餐连锁店只有标准统一，而且持之以恒地坚持标准才能成功。因此，在第一家麦当劳餐厅诞生后的第三年，麦当劳公司就编写出了第一部麦当劳营运训练手册。营运训练手册详细说明了麦当劳的政策，以及餐厅各项工作的程序、步骤和方法。30 年来，麦当劳系统不断丰富和完善营运训练手册，使它成为指导麦当劳系统运转的"圣经"。

SOC：即岗位工作检查表。麦当劳把餐厅服务组的工作分为 20 多个工作站。例如煎肉、烘包、调理、品管、大堂等，每个工作站都有一套"SOC"（即 Station Observation Checklist）。SOC 上详细说明了在工作站时，应事先准备的项目、操作步骤、岗位第二职责、岗位注意事项等。员工进入麦当劳后，将逐步学习在各个工作站工作；通过各个工作站后，表现突出的员工将会晋升为训练员，由训练员训练新员工；训练员中表现好的就会晋升到管理组。

Pocket Guide MDP：即袖珍品质参考手册。该手册麦当劳管理人员人手一份，手册中详细说明了各种半成品的接货温度、储存温度、保鲜期，以及成品的制作温度、制作时间、原料配比、保存期等与产品品质有关的各种数据。

麦当劳依靠餐厅经理和员工把"Q、S、C、V"传递给顾客，因此对餐厅经理和员工的训练就非常重要。所有的经理都从员工做起，必须高标准地掌握所有基本岗位操作并通过 SOC。麦当劳系统专门为餐厅经理设计了一套管理发展手册（MDP）。管理发展手册共分为 4 册，采用单元式结构，循序渐进，既介绍麦当劳的管理方法，也布置大量的作业让学员练习和实践。与管理发展手册配合的还有一套经理训练课程，例如：基本运营、基本管理、中级运营、高级运营等课程。餐厅的经理在完成了管理发展手册的第三册课程后，将有机会被送到美国麦当劳总部的汉堡包大学（也称牛肉饼大学）学习高级课程。高级经理将对下一级的经理实行一对一的培训。通过这样的系统培训，麦当劳的经营理念、行为规范就深深地渗透到员工的行为当中。

　　麦当劳不仅有一套严格的产品质量标准和工作标准，还特别强调在员工中建立起大家庭式的工作环境。例如，公司内部上至总经理、下至一般员工都直呼其名，全体员工都注重沟通和团队合作。餐厅每月召开几场员工座谈会，充分听取员工的意见；每月评选最佳员工，并邀请最佳员工的家属来餐厅参观和就餐；每年举行岗位明星大赛，选拔出各个岗位的明星，并组织明星支援其他城市的麦当劳和进行比赛。餐厅还每月公布过生日的员工名单，以一定的形式祝贺他们的生日。

第七章
旅游营销心理

第一节　旅 游 广 告

广告是直接向现有的和潜在的目标市场传递信息的一种活动。广告是促销活动中一种典型的方式，旅游广告是旅游宣传和旅游营销中经常采用的一种重要手段。

一、旅游广告的地位和作用

首先，旅游广告是旅游目的地在公众中树立自己的旅游形象的重要手段。在全球范围内旅游业作为支柱产业迅速崛起，得到了世界各国的普遍重视。旅游业与民众的紧密贴近，使每个国家和地区在发展旅游业的过程中都非常注重各自的外在形象，如同好的产品需要好的广告一样，对于现代旅游业来说，旅游广告效果如何，直接关系到预期的旅游收益。例如，新加坡和泰国旅游业的发达与两国都将旅游宣传费的60％用于旅游广告不无关系。

其次，旅游广告是旅游企业开拓市场的主要媒介。一般认为广告是一种投资，是企业营销计划的一部分。企业总是通过广告来实现自己的营销计划，通过对公众进行宣传、说服，使之购买自己的产品并在公众中树立企业形象。由于旅游企业向旅游者出售的是特殊形式的产品——旅游产品，旅游产品本身的无形性、不可储存性、综合性和需求弹性较大等特点，决定了旅游企业必须关注旅游广告的设计理念、发布形式和时机、广告效果评估等系列问题，使巨额的广告费取得应有的回报。旅游企业在发布各种形式的广告时，尤其应该注重旅游广告传播心理策略，只有这样，才能在激烈的市场竞争中立于不败之地。

再次，旅游广告能激起旅游者的旅游动机和购买旅游产品的冲动。潜在的旅游者要变成现实的旅游者，必须是在前提条件（闲暇时间、可自由支配收入、健康的身体条件）具备的情况下，在一定的外界刺激下，才会产生外出旅游的欲望和动机，然后才会有实际的旅游行为出现。但是，在大部分的时间里，人们并不是都能具备这些条件，因此，潜在的旅游者具有相当大的不确定性。旅游广告的目的就在于有效地刺激人们的心理需求，激发其旅游的愿望，使潜在的旅游者变为现实的旅游者。

最后，旅游广告能强化旅游者对旅游经历的感觉，增加其对旅游产品品牌的忠诚度。消费心理学家认为，消费者的态度更多的是在试用之后形成的，而不是在试用之前形成的。旅游广告中有一种特别的现象是：旅游广告的热心读者是准备决定外出的人和刚从宣传的目的地回来的旅游者，对于前者，我们可以预料他们对旅游信息的需求；对于后者，我们可以这样认为：从旅游地回来的旅游者需要重新评价对该地的看法，旅游广告强化了旅游者旅游经历的感觉，增加了对旅游产品品牌的忠诚度，如果旅游者对自己的旅游表示满意、认为旅游产品的购买是划算的，他们可以成为宣传者，他们亲身经历对其他人是具有说服力的。

二、旅游广告类型

旅游广告的类型是随着社会的进步而不断出现新的旅游广告类型和广告发布形式。传统的广告形式有报刊广告、电台和电视广告、室外广告牌和宣传画、印刷品广告（含挂历、明信片、旅游手册、活页宣传册等）。随着社会经济和文化水平的发展，广告的形式也不断创新，出现新的广告形式并取得了令人瞩目的效果。例如有些旅游企业运用 Internet 网络发布自己的广告，就取得了一些意想不到的效果。

（一）报刊广告

报刊和杂志中的广告，统称报刊广告。它们是印刷广告中最主要的广告形式，因为报刊印刷的数量比较多，读者的覆盖面相当广泛。它们均以文字和图片为主要的视觉刺激。报刊广告不像电台广告和电视广告那样受时间和地点的限制，读者可以反复阅读，并可以长久保存。

调查资料表明：人们在阅读报刊广告所介绍的旅游广告时，一般首先关注里面的插图，然后才会阅读文字内容。因此，旅游广告必须设计出有吸引力的图片，或者先提出某一个问题，吸引读者去阅读内容。而对于文字内容的阅读，读者也并非从第一行开始读起，而是先停留于大号字或黑体字上，只有出现他们感兴趣的内容时，人们才会进一步阅读其具体内容。这就要求旅游广告的标题必须醒目、新颖，字体的型号选择恰当。在旅游广告中对于美术字的运用必须合适，以利于对广告内容的理解为原则，防止出现为了单纯地追求字体美而造成识别上的困难。此外，报刊中的旅游广告还必须注意版面的安排要协调，考虑留出一定的空白，给潜在的旅游者一个自由想像的空间。

对于报纸广告和杂志广告，两者有一些区别。报纸的覆盖面要比杂志的覆盖面广，信息传递要快一些。但是，鉴于纸质和印刷质量的原因，报纸广告的外观形象不能理想地反映出旅游地的美好景色，势必影响其广告效果。报纸广告更适合于刊登有关旅游报价、旅游行程等有关内容；而杂志广告一般都有高质量的彩色印刷，在旅游风光、风土人情的介绍方面具有报纸广告所无法比拟的优势，而且可以用更多的篇幅来传递有关旅游的一切信息。这样既有利于理解，又有利于记忆或保存。其缺点是影响的范围相对较小和出版周期较长，旅游信息难于及时传递给潜在的旅游者。

（二）电台广告

无线电广播播放的信息可以传递到工厂车间、商店广场、居民家庭等四面八方，电台广告在经历了电视广告的巨大冲击后又重新在逐步影响着现代人的消费观念。广播广告是以语言、音乐为传播媒体来反映相关的旅游信息，其信息传递的效果如何，在很多时候取决于听众对广告内容的理解程度。为此，通过电台播放的旅游广告首先要求语言清晰、明了，能准确传达有关的旅游资讯，在重要的内容如电话号码、联系方式等的播报时，语速要慢，并加以重复，以增强听觉效果。因为旅游活动本身一般给人以轻松、愉悦等印象，所以在旅游广告中配以和谐、轻松的背景音乐往往能取得较为理想的广告效果。

一首好的旅游广告歌曲，极有可能成为一首流行歌曲，为众人所知，为众人传唱。一旦如此，对旅游地或某一旅游企业的形象确立将起到不可估量的作用。好的旅游广告可以调动听众对旅游活动、旅游景点进行充分的想像，取得较好的效果。

广播广告传播迅速、覆盖面较大是其优点，并且广播的收听不影响人们完成其他的工作，不过其缺点也很明显，主要在于声音的传播转瞬即逝，又没有视觉形象，所以留在记忆中的印象往往消退得非常快。人们又不可能随意听取，要保留就更难了。

（三）电视广告

现在电视机已经非常普遍，观看电视节目已经成为不少人的一种生活方式和生活习惯。据调查，电视是很多人获得旅游信息的主要来源之一，所以在电视节目中播放旅游广告、旅游风光片一般能取得良好的传播效果。

电视广告是一种将印刷、绘画、电影、摄影和声音等诸多广告形式融于一体、给观看者以视觉和听觉的同时刺激的广告形式。正因为如此，电视广告的效果是目前旅游广告的一种理想选择。形式多样、生动活泼是电视广告的最大特点，传递旅游信息能够给旅游者带来身临其境的感觉。各个旅游景点的秀丽风景、服务设施很难用文字给人留下深刻的印象，而电视广告的多重感观效果、大容量的信息、视听震撼力都能达到良好的宣传效果。在必要的时候，我们可以拍摄一些以旅游者在旅途中的游览活动等内容的广告宣传片，由于存在示范效应，一般很容易引起潜在旅游者的购买冲动，导致外出旅游或购买相应的旅游产品。

就目前而言，电视旅游广告还可以对旅游地通过一种潜在的、隐性的宣传而取得一些特殊的效果，例如前不久在中国中央电视台推出了一套名为"城市平台"的节目，采取由现场观众答题的方式来介绍国内一些城市的自然风景、人文历史、风物特产等内容。在中央电视台的"正大综艺"节目中也有介绍我国一些旅游城市的风光片。近年来，中国的一些省、区和城市也在央视做广告，例如旅游大省云南，在国内较早地介入了荧屏广告，通过西双版纳的热带雨林风情，通过昆明世博会打造云南"旅游大省"的名片。中央电视台的国际频道电视广告更多，河南省强调其"中华文明，中原之源"，黑龙江省做冰雪广告，山东的威海、青岛、烟台、蓬莱、聊城也各自为自己的城市形象做广告。一夜之间，广告"千树万树梨花开"。据央视有关人士统计：目前第4套节目每天轮番播出的城市形象广告不下20个；旅游黄金期，广告投放量更是成倍增加。哈尔滨市旅游局就声称，他们在央视两年投下的300多万元，换来的是"冰雪节"5个亿的收入净增长。电视广告的主要不足之处在于缺乏保存性，为了弥补其缺点，大多数旅游企业都求助于重播。另外，电视广告的制作成本和播出成本一般也比较高，容易制约旅游企业对电视广告的选用。

（四）网络广告

与传统媒体比较，网络广告具有传播范围广、灵活性强、交互性强、信息量大、广告效果可评估等优点（如表7-1所示）。

首先，网络广告的传播范围广泛，可以通过国际互联网络把旅游广告信息全天候（无论刮风下雨都不影响效果）、不间断地传播到世界各地。这些网民一般都具有较高的消费能力，一般都比较热衷于旅游活动，是网络广告的受众，他们可以在世界任何地方的 Internet 上随时随意浏览旅游广告的信息。这些效果，传统媒体是无法达到的。

表 7-1　　　　　　　　　网络广告与传统媒体广告的区别

	网络广告	传统媒体广告
信息储存量	信息量大	信息量受版位、时间限制
信息的互动性	强	不存在互动性
信息的及时性	强、更新、更方便	受时间、地域限制
信息接受的主动性	主动性强	被动接受
信息的传播氛围	广泛、无地域的限制	受地域限制
信息的传播对象	明确，可达到一对一的传达	不十分明确
广告画面	生动，有多媒体动画，强烈感官冲击	只有电视广告最直观
广告价格	便宜	昂贵

其次，网络旅游广告的受众数量可准确统计，利用传统媒体做旅游广告，很难准确地知道有多少人接受到旅游广告的信息。以报纸为例，虽然报纸的读者是可以统计的，但是刊登在报纸上的旅游广告有多少人阅读过，却只能推测而不能精确统计，至于利用电视、广播和路牌等媒介的旅游广告的观众人数就更难估计。而在 Internet 上可通过权威公正的访客流量统计系统精确统计出每个旅游企业或旅游目的地的广告被多少人看过，以及这些用户查阅的时间分布和地域分布，从而有助于旅游企业正确评估广告效果，审定旅游广告投放策略。

再次，网络旅游广告具有灵活的实时性，在传统媒体上做旅游广告发版后很难更改，即使可改动，往往也需付出很大的经济代价。而在 Internet 上做旅游广告能按照需要，及时变更广告内容。这样，旅游企业经营决策的变化能及时实施和推广。

最后，网络旅游广告具有强烈的交互性与感官性，网络广告的载体基本上是多媒体、超文本格式文件，只要观众对该旅游地或旅游产品感兴趣，仅需轻按鼠标就能进一步了解更多、更详细的相关旅游信息，从而使潜在的旅游者能亲身"体验"旅游产品，形成对旅游地或旅游企业品牌的认知。如能将虚拟现实等新技术应用到旅游网络广告之中，让潜在游客如身临其境般感受到旅游地的美好风景、有趣的旅游活动，并能在网上预订客房、车船票等，将大大增强旅游网络广告的实效性。

网络旅游广告的缺点是观众面比较狭小，同其他的传统广告媒体相比，电脑网络的普及程度远远低于报纸、广播和电视，特别是对于像中国这样拥有巨大的农村市场的实际状况而言，差别就更大。

三、旅游广告传播的心理策略

要激起旅游者动机，必须注意旅游广告的效果。纵观国内目前所发布的旅游广告，大多存在创意不新、千篇一律、形式雷同等问题。在广告铺天盖地地涌向消费者时，人们总是习惯于加以选择和过滤，每一家旅游企业为了让自己的旅游广告不被"过滤"而能够进入旅游者的视线，就必须注重旅游广告传播的效率，为了达到良好的旅游广告传播效率，心理策略是重点。

旅游广告能在五花八门的广告海洋中凸现，引起消费者的注意，国内外有许多成功的范例。我们分析了一些取得比较好的宣传效果的旅游广告后发现，除了要坚持一般的广告传播原则之外，尤其应该重视以下几点：

（一）找准心理诉求点

找准了心理诉求点，你的广告就成功了一半。人们在阅读各种广告时，一般都是具有某些心理需求的，这些需求也许并不为自己所知道，但会在潜意识里影响着人们对所宣传的对象的认知，如果旅游广告拨动了消费者心里敏感的"弦"，一定会引起极大的"共鸣"。我国台湾省一家报纸刊登了"江南春别墅"旅馆的广告，标题是："中国人忘不掉江南风味"，广告引用了南唐后主李煜的《虞美人》词："春花秋月何时了，往事知多少。小楼昨夜又东风，故国不堪回首月明中。雕栏玉砌应犹在，只是朱颜改。问君能有几多愁，恰似一江春水向东流。"词的下面写着："中国人忘不掉江南风味，中国人应该享受最具江南风味的生活。"接着又描述了"江南春别墅"迷人的园林景色，使"人们仿佛回到故国的江南园林、二十四桥、西子湖、苏杭……"这条广告抓住了羁旅台湾省的同胞怀念祖国大陆，眷恋江南，回忆故国景物，满怀离愁的心境。此广告把怀念故土的情怀作为诉求点来吸引宾客，此情此景，感人心脾，取得了名噪一时的效果。

此后，各国的旅游广告纷纷在中央电视台露面，例如澳大利亚，用大堡礁来显示"最真的一面，在澳大利亚见"；日本用一个漂亮女子隔着海深情款款地说："中国的朋友们，到日本来玩吧！"；新西兰、马来西亚、泰国和韩国等都在央视做过广告，这些广告均用异国风情来表达旅游诉求。

（二）抓住有利的、恰当的时机

能抓住有利的、恰当的时机，是旅游广告取得骄人战绩的又一法宝。有利的时机并不会随时都有，其出现往往是在预先的计划或预料之外的，所以要想抓住稍纵即逝的机会，需要旅游广告策划人具有敏锐的眼光和灵活的头脑。

（1）美国夏威夷旅游组织在得知某地遇到大风暴时，即在当地的电视台每天广播一次，劝当地的居民："你们已经受够风暴的困扰了，快到夏威夷来吧！这里的阳光灿烂。"

（2）1986年7月，英国王子安德鲁结婚大典，英国旅游组织即时推出旅游广告："皇家结婚只一天，英国365天欢迎您。"

此两则旅游广告均抓住了有利时机，见缝插针，用意独到，收到了良好的效果。

（三）旅游广告手段和形式多样化

好的旅游广告没有定式。一般而言，要让潜在的旅游者首先意识到旅游景点或旅游企业的存在，这是旅游广告的第一目标，也是最初的广告目标，从而使人们认识到旅游广告所宣传的对象的独特性，甚至将其和正面的、优雅的印象联系起来，并且在购买相关的旅游产品时，首先想到该旅游目的地或旅游公司，就是非常高的旅游广告目标了。因此，我们必须注意旅游广告手段和形式的多样化。

一般的旅游广告形式和效果及其优缺点我们已经在前文有所论述，此处主要介绍几种特殊的旅游广告手法。

1．"逆反广告"

例如菲律宾旅游业的广告，渲染到该国观光有令人开心的"十大危险"：小心购物太多，因为这里的货物便宜；小心吃得过饱，因为这里的食品物美价廉；小心被晒得一身古铜色，因为这里阳光充足；小心潜入海底太久，记住勤出水换气，因为这里的海底世界特别瑰丽；小心胶卷不够用，因为名胜古迹太多；小心上山下山，因为这里的山光云影常使人顾不了脚下；小心爱上友善好客的菲律宾人；小心坠入爱河，因为菲律宾的姑娘实在热情美丽；小心被亚洲最好的餐馆宠坏；小心对菲律宾着了迷而舍不得离去。

这样的旅游广告可谓出奇制胜，巧妙地利用了人们的逆反心理，取得了特殊的广告效果。

2．侧重式广告

世界各国由于民族、语言、文化背景的不同，游客的旅游需求也不尽相同，这就要求旅游广告要有侧重性。香港的旅游业针对不同地区的游客，广告宣传的策略也不一样。比如对日本人而言，宣称游客只要付出能力之内的花费，便可拥有一流的享受和旅游乐趣；对北美人和欧洲人而言，则强调香港的东方神秘色彩，以及其现代化社会里的中国传统生活方式；在亚洲地区，就突出香港国际大都会的优越环境，称其饮食、休闲、购物和观光多姿多彩，是个非常适合举家同游的好去处。众所周知，香港不过是"弹丸之地"，但海外游客却接踵而至，旅游业收入已成为三大创汇行业之一，其有侧重点的广告宣传手段，功不可没。

3. 幽默化广告

世界各国有许多令人叫绝的幽默化旅游广告，比如荷兰一家旅行社采用直截了当而富于幽默感的技巧广告，对开辟靠近北极地区旅游的广告语是："请飞往北极度蜜月吧！当地夜晚长达 24 小时"。

4. 感情诱导式广告

即以娓娓动听的语言和诱人的形象，唤起游客的注意和兴趣，打动旅游者的心理。如澳洲观光协会把当地景色概括为一句话："澳洲给人的感觉就是神奇美妙"。短短一语，使人心驰神往。

5. 名人广告

韩国前总统金大中为促进韩国旅游业，放下总统架子，亲自参加拍摄宣传风景名胜的广告片，反响良好。

另外，新闻效应广告也是现代旅游业出奇制胜的一招。1996 年，福州市鼓山涌泉寺方丈普法大师斥资 20 万元人民币，买断福建电视台早晨 8 点整报时特别段位的广告权，在社会上引起强烈反响。对此大师直言不讳：为了弘扬我宝刹的法名！同时，涌泉寺被人们深深地记住了。

（四）旅游广告形式与内容的有机统一

旅游广告的形式要为内容服务，要避免为了旅游广告形式的完美而忘掉要宣传的主题内容，形式应该是为内容服务的，而不是内容为形式服务，我们应该关心旅游广告形式与内容的有机统一。

要使旅游广告起到事半功倍的效果，需要旅游业和广告业内人士联合起来，多动脑子、多想法子、多出点子、多用奇招，否则再美的风景、再好的宫观圣庙也只能"藏在深山人不识"。

第二节　旅游营销人员心理素质培训

在旅游企业的市场营销部我们经常会听到大家公认某人比较能干，能够比其他人招徕更多的客源、更能开拓新的市场。我们在这里所说的能干，实际上就是指一个人在市场营销活动中的能力和心理素质比较好。一个人具有优良的职业心理素质和能力，才能适应旅游市场营销工作的需求。

一、职业心理素质和能力

在心理学上职业心理素质是指一个人能够从事一项特定的工作所必需的

各种心理品质的总和，既包括其在神经系统和感觉器官上的先天的特点，也包括通过后天的学习和实践所获得的能力。能力是指直接影响活动效率，使活动顺利完成的个性心理特征。能力总是和人的具体活动相联系，并通过实践活动得以发展。

职业心理素质和能力实际上是以上二者的结合，对于不同的职业岗位，既有相同的心理素质和能力的要求，同时对从业人员的要求也存在很大的差别，例如同是旅游从业人员，对饭店的员工要求和对旅行社导游的要求就有较大的差异。我们对职业心理素质和能力的研究一方面是为了方便我们的旅游企业在挑选新的员工时作为参考，另一方面是为了我们现有的旅游营销人员能够对照相应的标准查看自己的不足之处，以求更好地适应现有的工作岗位。

二、旅游营销人员的综合素质和能力结构

旅游营销是一项极具开拓性的工作。在目前激烈的旅游市场竞争中，旅游企业面临的竞争和压力极其严峻，对旅游营销人员提出了很高的要求，除了具备良好的业务素质和明确的职业规范外，还需特别健康的心理素质、坚强的意志，敢于进取、冒险、创新的精神和良好的人际关系、团队意识及组织协调能力，而这些都需要从实践中学习和强化培训。

（一）强烈的进取心和上进心

要成为一名优秀的旅游营销人员，必须具有很强的进取心和上进心。即敢于进取，富有冒险、创新的精神，在性格上主动进取而不是消极防守。

旅游市场营销工作的特殊性决定了它比其他任何工作更有赖于个人的主动精神，而在比较成功的旅游市场营销人员身上，经常表现出一种想要获取成就的强烈愿望。从一定的意义上讲，旅游市场营销工作永远是积极进攻，而不是消极防守，面对竞争对手的攻势进行积极的反击实际上也是一种进攻。

强烈的进取心和上进心的形成有赖于一个人的信心和自我激励能力。旅游营销人员的信心应包括三个方面，首先是对自己的信心，要相信自己能干好，是一位敬业的、优秀的旅游营销人员，那么就能克服一切困难，干好自己的工作。"事在人为"，只要自己想干好，就一定能干好。其次是对企业的信心，相信企业能提供好的旅游产品，能提供发挥自己才能和实现自我价值的机会。旅游营销人员要把自己的一切活动完全纳入企业行为中，并以自己是该企业的一员而骄傲，本质上是一种企业自豪感和认同感。最后，要对自己推销的旅游产品充满信心，相信自己所推销的旅游产品是优秀的，自己是

在用该产品向潜在的旅游者提供优质的服务，会让对方幸福、快乐，有成就感。而所谓自我激励能力，就是旅游市场营销人员应该以"事业"为达成推销的目的，而非仅以赚钱为着眼点，具有强烈的"把产品卖出去"的愿望。成功的旅游营销人员的感觉是：非达成这笔交易不可，顾客可以帮助他满足自己的心理需要。事实上，对最优秀的旅游推销员而言，推销——征服是一种升华自我的有力手段。其进取心和上进心会随着对旅游市场的开拓和征服而戏剧性地增长。

成功的旅游市场营销人员都认识到：要达成并签署一项旅游协议，并不是一帆风顺的，会遇到许多问题与障碍。这时就要我们对所遇到的问题想办法解决，一定要有韧性、耐心和百折不挠的精神。

（二）乐于与人合作的精神

在目前市场经济竞争非常激烈的环境下，要想凭一个人的微薄力量取得成功的可能性是有限的。所以，一名好的市场营销人员必定是具有团队意识、善于并乐于同他人合作的人。应该引起我们注意的是，在现代的市场竞争中，很少有完全的"胜利者"和"失败者"，因而我们所说的与人合作绝不仅仅是同自己的同事、朋友的合作，在部门内和部门间的合作，而且也包含了和竞争对手的合作。

乐于与人合作的精神主要体现在能够容忍他人自由发表个人的看法、接受他人的一些观点，善于发现各种观点或方案之间的共同点，简而言之，就是要会"求同存异"。在一个由许多不同兴趣爱好、气质、性格的员工组成的营销集体里，每个人都应该更加宽容。心理学的研究表明，人与人合作的前提是相互的理解和信任、相互的肯定性评价，很难想像在一个争吵不休的营销团队里会有良好的工作业绩。

（三）豁达的生活态度

因为旅游营销工作充满酸甜苦辣，可以说挫折是旅游营销人员的家常便饭，没有开阔的胸怀，没有开朗的性格和豁达的生活态度是干不下去的。有许多旅游营销人员受到一些挫折后，就掉队转行，"不经历风雨，哪能见彩虹"，旅游营销人员必须具备胜不骄、败不馁的顽强精神。

旅游市场营销工作是富有挑战性、开拓性的工作，必须要有百折不挠的精神。具有坚强的意志和强大的挫折容忍力，在碰到一些问题和困境时能依靠自己豁达的生活态度来克服和解决这些问题。

保持豁达的生活态度、拥有一颗平常心的关键在于对自己的成功或失败进行合理的归因。美国心理学家维纳的研究结果表明：在现实中，一般人在对自己的成功或失败进行分析时常做四种归因：一是个人努力程度的大小，二是个人能力的大小，三是任务（事业）难度的大小，四是机遇状况的好坏，这四种归因中可以分为稳定与否和内外两个维度。具体而言，如果一个人将自己的成绩或不如意归结为内部不稳定因素（个人努力程度），会增强行动者今后的努力和持续性行为；如果一个人将自己的成功或失败归结为内部稳定因素（个人能力的大小），就会降低今后的努力大小和持续性行为；如果一个人将自己的成就或不如意归结为外部稳定因素（任务的难度），就会降低行动者的自信心、成就动机和努力的程度；如果一个人将自己的成绩或不如意归结为外部不稳定因素（机遇状况的好坏），就不会影响一个人的积极性，有可能会增强其今后的努力程度。

根据该理论，一名好的旅游营销人员在遇到营销成绩不如意或者人际关系的矛盾时，归因于不稳定因素对于平衡自己的心态、保持良好的精神面貌相当有效。在有出色的营销战绩时多归因于稳定性因素，可以增强自己的自信心，支持自己进一步的成功；若同时归因于不稳定性因素则会使自己保持冷静、谦虚状态，对自己有准确的认识。

针对自己的成功或是失败做何种归因，要视具体的情况和个人的性格特征而定。但是，无论做何种归因，其重要的目的都是在于保持一颗平静的心，拥有豁达而自信的精神状态，这是一名成功的旅游营销人员的必备精神面貌。

（四）说服他人的能力

如果旅游企业营销人员具有较强的说服他人的能力，则旅游者能很快接受旅游企业所推出的旅游产品。旅游营销人员站在企业与社会接触的最前沿，是向社会反映企业的一面镜子，社会大众通过对旅游营销工作的认可在心理上接受旅游企业及其相关的旅游产品。

说服他人的能力实际上是组织协调能力的体现，因为旅游营销人员在对外工作中是本企业利益的代言人，是旅游企业和市场连接的纽带。无论在同其他企业进行谈判，还是在公共场合介绍本企业的产品，旅游营销人员都必须说服他人，使其接受自己的宣传和主张。旅游营销人员的语言能力和表达技巧在很大程度上决定了旅游中间商或潜在的旅游者是否对你所推销的旅游产品感兴趣和关注的程度。

优秀的旅游市场营销人员能感觉到顾客的反应，并能随着这种反应调整自己的推销行为。他绝不会墨守一套固定的推销方式，而会根据自己与顾客间的反应行事，达到推销的目的。

因为在大多数情况下，人们总是习惯于将真实的自我、动机等隐藏起来，所以具有良好的说服他人的能力的关键点：在于能够通过对谈话细节的观察和分析，能够仔细倾听对方表述自己的观点，注意到客户的心理需求，找到客人真正需要的东西。好的旅游市场营销人员是一个有心人，能捕捉到顾客的每一个细小变化，做出迅速反应，能捕捉住每一条信息。如此这般才能改进我们的工作方法，才能做得更好。

一名旅游营销人员的敏锐的观察力取决于其对工作的兴趣、注意力，同时也决定于其掌握观察知识的多少和方法，为了提高旅游市场营销人员的观察力，我们可以从以下几个方面入手：

（1）仔细倾听。听清楚对方说什么，怎么说，话中的含义是什么。

（2）仔细观察。关注对方的身体语言、姿势，因为受到社会文化的影响，一般人都已经学会了如何控制自己的面部表情，但并未注意控制自己的身体姿态，一个有经验的人比较容易通过观察对方的各种不同的身体语言而了解对方是否在说谎。

（3）尽量多提问题，要避免说错话。

（4）不要把对方给自己的第一印象当做信条加以肯定，因为第一印象往往和实际情况并不相符。

（5）事先做好准备。在会见自己的客户之前，先了解对方的习惯和期望，考虑在自己的观点或意见提出后其可能会有何反应，确定自己下一步该如何做，怎么做才能达到自己的营销目的。

三、旅游营销人员综合素质和能力的形成与发展

我们认为：一个人的能力和综合素质的提高是一个渐进的过程，需要在实际的营销实践中得到不断的提高和加强。没有实际经验的积累和时间的磨炼，只有纸上谈兵的理论，在激烈的市场竞争中是注定要一败涂地的。尽管如此，我们也不应当忽略一些短期的、实际有效的培训，目前旅游营销人员都在提倡建立学习型组织和团体。旅游营销人员在培训中也可以感到有成长的愉悦感，增强对旅游企业的认同感。

现在旅游企业针对旅游营销人员的学习、培训活动不少，在方法上绝大多数是传统授课式的、灌输式的教育，可以说这样的培训对目前最需要培养实际经验的营销能力、人际沟通能力的旅游营销人员来说成效并不显著，因此，以体验、经验分享为教学形式的培训的出现就会让人更为振奋。

旅游市场营销是以团队形式工作的，在条件允许的情况下，最好基层员工、部门经理与主管、领导者团队整体参加，有利于旅游营销人员综合素质和能力的形成与发展。具体而言，有以下几种培训方式可供选择：

1．专题研讨班

针对旅游企业经营和推销中遇到的热点问题，选择若干专题，聘请旅游营销界的专职讲师以及高校、政府部门的权威人士共同组成讲师团，针对每一个专题，由一位主题报告人做主题演讲并与听众沟通交流，使大家一方面获得相关的知识要点、最新的观念，同时也获得旅游市场营销中具体的操作思路和受到启发。

2. 参加由企业管理培训公司组织的公开课

现在国内已经出现了一些专门的企业管理培训公司，他们会针对某个具体工作岗位、某项具体的工作、某项特殊的技能举办一些培训班，旅游企业可以组织本企业的旅游营销人员报名，此类课程的教学内容一般是在简单介绍相关原理与框架结构的基础上，注重操作上的训练。这种公开课对于旅游营销人员的基础能力的提高是有帮助的，但在短期内是不易见到明显的效果的。

3. 旅游企业内部培训

企业内部培训始终是旅游企业的最佳选择。旅游企业也可以依据自己的需求与专业的咨询公司共同商定企业内部的培训主题。这应该是今后旅游市场营销培训的一个大的方向和趋势。经过双方沟通后确定培训主题和培训方式等相关事项，由专业培训公司依据旅游市场营销的特点、人员水平等各方面因素，开发具有个性化的培训课程，到旅游企业内部开展培训，与专业培训公司合作的培训最大的缺点就是运作成本高，但确实能取得比较好的效果。

4. 旅游市场营销实战模拟训练

现在有不少的企业管理培训公司引进国外市场营销实战模拟系统，参加的学员通过系统的模拟测评，确定各人的经营、市场销售模拟岗位，共同参与几个企业团队之间的市场开发与推销的模拟游戏，经过几个循环以后，由系统自动评价各个团队的推销、经营业绩，从而达到训练参与人员市场推销水平的目的。训练过程中由专业咨询公司的咨询师现场辅导讲解配合，可以使学员在较短的时间内能够对目标市场中的推销技巧、手段以及旅游市场营销的计划、决策、执行、控制、反馈等主要环节获得一个全方位的亲身体验，从而产生最佳的训练效果。

5. 其他培训方式

企业也可以在研讨班与公开课的基础上，结合企业实际，通过选择、组合其中一些主题来确定企业内部培训的主要内容。

潜在的旅游者要变成现实的旅游者，必须是在前提条件（闲暇时间、可自由支配收入、健康的身体条件）具备的情况下，在一定的外界刺激下，才会产生外出旅游的欲望和动机，然后才会有实际的旅游行为的出现。但是，在大部分的时间里，人们并不是都能具备这些条件，因此，潜在的旅游者具有相当大的不确定性。旅游营销的目的就在于更加有效地刺激人们的心理需求，激发其旅游的愿望，使潜在的旅游者变为现实的旅游者。抓住潜在旅游者的心理需求，提供有针对性的营销方案，我们不仅要关心旅游广告的设计、发布，用以打动旅游者的心，而且还要有一支训练有素的旅游市场营销队伍。

思考题

1."一对一"服务的含义。

2.课后阅读，吴长文《营销观念的发展与博弈均衡》，见《商业经济与管理》，1997年第3期第56～58页。

3.如何做到旅游广告的形式与内容的统一？

4.旅游营销人员的综合素质有哪些？

课后学习材料

结合旅游营销心理学的知识的学习，了解传媒中旅游广告的作用。

1.跟踪抽样调研方法

旅游咨询者跟踪抽样调研（以下简称跟踪调研）是近年来西方国家许多旅游目的地在市场营销中为了测定旅游广告实际效果所采取的一种有效评估工具。旅游目的地实施一次广告战役的主要目的是为了引起广告受众对旅游目的地的兴趣，从而促使其发出旅游信息咨询，并最终对旅游目的地进行访问。跟踪调研，即通过对旅游广告接收者进行一系列的抽样调查、计算并汇总调查结果，可以使旅游目的地获得下列有价值的信息：（1）一次旅游广告战役之后，有多少人对广告感兴趣从而进一步发出旅游信息咨询；（2）在发出咨询的人当中，又有多少人真正成为旅游目的地的现实游客；（3）广告发出数量、发出咨询者数量和成为现实游客数量之间的转变率；（4）比较两种以上内容相同，但传播媒体不同、反馈渠道不同的旅游广告的效果；（5）提供"广告效率比率"和"广告经济比率"：广告效率比率包括"单位咨询成本"和"单位访问成本"，广告经济比率包括"单位访问收入"和"投资回收率"；（6）掌握旅游目的地潜在的和现实的游客的社会经济特征与需求特征。上述信息的获得，可为下一步旅游市场营销决策提供科学依据。

　　跟踪调研作为一种有效的评估工具，也存在着一定缺陷。其中一个主要问题是使用这种方法时会产生"无反映偏差"，即那些对跟踪调研做出反映的咨询者与未做出反映的咨询者之间，可能在某些重要的特征上存在着显著的差异，这样会导致对发出咨询的人数与其中转变为现实游客人数之间的"转变率"的估计出现偏差。这种偏差对于发出咨询的有反映群体通常是上升的，而对于未发出咨询的无反映群体是下降的。"无反映偏差"问题可以通过对无反映群体进行随机抽样调查，并将其特征与有反映群体进行比较的方法来解决。

　　跟踪调研需要在某一广告的预期效果已经产生后方可进行。这项广告的媒体可以是报纸杂志、邮寄印刷品、广播或各种户外广告。在广告发出的同时，必须为广告受众提供某种咨询方法和渠道，并将其作为广告的内容设计进去。例如，可以在杂志的广告页中插入一张邮资已付的读者卡片，如果读者对广告内容产生了兴趣，可以很简便地填写卡片，然后将它寄回以索要更详细的宣传资料；也可以在广告最显眼之处印上免费咨询电话号码，读者可以通过电话要求邮寄更详细的材料。

　　在受理游客发来的咨询时，要详细跟踪记录所有的咨询者信息。包括：咨询者的姓名、地址和电话号码；广告信息来源，例如刊登广告的报纸杂志名称及其期号；发出咨询的时间；索取哪些方面的资料等。这些信息都是进行跟踪调研的基础。之外，还需要准确地记录全部广告成本以及一切与广告相关的费用数据，即广告费和广告的后继开支。广告费是指支付给广告设计者的费用和媒体刊发广告的费用；后继开支是指用于对旅游咨询者进行答复所需要的费用，包括咨询者索取资料所需的设计、印刷、邮寄费和记录、回答咨询的人工费用。成本费用数据记录的精确、完整程度，直接关系到对广告效率比率和广告经济比率的分析结果。

　　2.结合旅游营销的知识，阅读旅游"品牌营销"、"定制营销"两段文字

　　(1)品牌的实质到底是什么？

　　品牌是产品和服务与消费者各种关系的总和。它首先是某种标志、符号；其次，是消费者使用某种产品的体验和感受。每个品牌的背后都有一种产品或服务支撑它，但同时品牌又必须超越这种产品或服务，而相对独立存在。不同的国家、不同的文化，对品牌的理解也有所不同，比如日本就把品牌理解成诚信的、可靠的东西。品牌要历经两次惊险的跳跃，一次是从产品名变为商品名，另一次是通过不断传播积累使牌子成为资产，品牌的终极形

态是无形资产。对旅游业而言，旅游是体验商品，是生产和消费都同步的不可逆商品，旅游的实质是服务，服务是建立在人与人关系上的有偿劳动。品牌的实质是关系，是产品及其名称与消费者发生的各种关系的总和，品牌的价值是建立在消费者对品牌的综合体验感受评价上的，品牌不仅仅是一个名称，它更是在满足市场需求过程中升华出来的一种资产。

（2）亚细亚旅游品牌命名的空洞化现象。

在最近召开的亚细亚（东盟）旅游会议上，北伦敦大学米歇尔·西特库克教授提出了旅游品牌命名存在空洞化的问题。他认为，"亚细亚"作为旅游品牌，其名称空洞而无意义，旅游目的地针对潜在的顾客，宣传其真正的、具有特色的与众不同之处才是非常必要的。他提出了"应促销旅游概念而不是国家或民族主义，应宣传这一地区的真正的文化现象"。他说："像印度尼西亚或亚细亚这样的字词出现在旅游宣传中，对英国的最终消费者来说没有什么作用，他们不会有什么反映。"在这种情况下，最好还是促销某一个特定地点或一种经历，而不是宣传国家或民族主义、国际组织等概念。他认为，在东南亚地区，对潜在旅游者令人着迷的旅游目的地有跨国界的"马来世界"、"湄公河地区"以及巴厘岛和澳大利亚北部的"动物边界地带"；东南亚的"蜡染布制作"和"古老的香料之旅"以及"东南亚音乐之旅"都会成为开拓市场的潜在机会。"亚细亚"一词对学者和政治家来说很重要，但对旅游者或消费者来说则不同，比如，打算到欧洲度假的人谁会想到"欧盟"或"欧共体"呢。但在欧洲确实有中南欧的提法，这一地区包括意大利和奥地利，这时旅游者不特别介意他们身处何国。而去东南亚各国旅游的欧洲潜在消费者却不明白"亚细亚"这一概念，也不了解哪些国家是亚细亚成员国。

（3）旅游定制营销。

旅游定制营销是将现代信息技术注入旅游企业经营过程而引发的一种全新的营销理念和方式，与传统的手工订做不同，现代旅游定制营销具有以下重要特征：

①以个性化需求为基础。定制营销以满足旅游者的个性化需求为前提和存在条件，由旅游需求的特殊性质决定。随着社会的发展和收入水平的提高，旅游者之间需求的同质性将趋于减少、弱化，而异质性或差异性会不断增强、扩大。

②市场细分极限化。由于旅游者个性化需求的相异性，旅游营销者必须打破按需求类别对旅游者进行群体分割、集聚的传统细分方式，将市场细分到终极限度，即把每个具有独特个性的旅游者视为一个细分市场，并将其作

为企业的目标市场。

　　③合理的经营规模和新的赢利模式。定制营销在战略理念上强调给每个旅游者以充分的关注和满足，而在实际操作中仍需通过生产方式的构造和重组来实现预期的赢利目标。为此，旅游企业实行定制化营销仍需一定的经营规模来保证。

　　④信息沟通和数据库系统的建立。旅游定制营销的实现必须建立在对旅游者充分了解、实现"一对一"沟通的基础上。为此，旅游企业要运用现代化信息和网络技术与目标旅游者进行互动式信息交流，并以数据库方式建立顾客个人档案，以便在顾客生涯的全过程中，持续追踪其需求的发展变化，为其提供终身化的定制服务。

　　⑤解决方案的提供。在定制营销条件下，旅游企业还要通过电子商务手段形成完备的咨询服务功能，按照旅游者给定的初始条件如旅游目的地、停留天数、预期花费等，自动生成多种建议和解决方案，供旅游者任意选择。

　　⑥旅游者的参与。由旅游者亲自参与旅游产品的设计。客户可以将各种旅游产品模块任意拆拼、组合，甚至完全抛弃现有模块，提出纯个人的、全新的设计意愿和要求（包括价格要求），然后由旅游营销者加以实现。

第八章
其他部门旅游服务心理

第一节　旅游交通部门服务心理

旅游交通是旅游业的一个重要方面，现代旅游业的飞速发展很大程度上取决于交通运输业的不断更新与发展。无论是国际旅游还是国内旅游，交通条件已经成为制约性的瓶颈因素，现代旅游必须拥有良好的旅游交通条件、合理的交通线路、先进的交通工具、配套的服务设施、高素质的员工和有人情味的服务。本节就旅游者在交通途中的心理特征和行为需求进行分析，以提高旅游交通部门的服务质量。

一、旅游者对交通的心理需求

（一）安全知觉

旅游本是人们物质生活满足以后对精神生活的一种需求，没有人愿意在旅游过程中发生安全问题，因此满足旅游者的安全需求是交通服务的基本前提。旅游交通安全包括三个部分：无意外事故、方便和舒适，这三者之间的关系也是逐渐推进的。

1. 无意外事故

旅游者在交通途中最起码的安全就是没有交通意外事故的发生，这种意外事故包括人身和财产的安全。

2. 方便因素

是指旅游者能否顺利购票、乘坐，旅行手续是否简便，行李托运是否方便等。

3. 舒适

旅游是一种高层次的精神活动，因此，在经济条件许可的情况下，旅游者对交通的需求总是追求舒适，希望提供设备齐全、舒适平稳、便于休息和游览的交通工具。例如，豪华型的公共汽车、高速的火车卧铺；还希望提供环境优美的候机（车、船）场所等。精神方面，希望得到文明礼貌、热情周到的旅行服务。舒适是在无意外事故和方便都得到满足以后才考虑的安全因素，它是旅游者最高层次的安全需求。

（二）时间知觉

时间是一种宝贵的资源，它反映事物运动和变化的顺序和延续性。旅游者的时间知觉是旅游者对时间这种客观事物的主观印象，它主要取决于旅游过程中的活动内容，旅游者的情绪和旅游者对时间的评判等因素。

旅游者的时间知觉主要考虑两个方面的内容：第一是速度问题。旅游交通服务包括旅游者离开家到达目的地的服务和在旅游地游览时的交通服务两部分。在前一部分旅游者对车速要求快，而后一部分要求车速较慢，因为旅只是条件，游才是目的，旅游者都希望有充足的时间观光游览。第二是准时的问题，旅游者都希望交通服务能按计划准时运行，不要提前或推后，这样一来会打乱旅游者的心理平衡，引起他们的不安和反感。

1．价格因素

旅游者无论其收入高或低，都希望得到更多可供选择的交通工具和价格。对不同种类的交通工具，他们要把其舒适度与价格进行对比，选择相对划算的一种；同一种类的交通工具，也要选择价格低廉的，以节省旅游交通费用。

2．人情知觉

人是有感情的动物，人的感情是各种各样的且又是不断发展变化的，因此，旅游交通服务最重要的是要有人情味。人情味就是要了解人、关心人、体贴人，一切以旅游者为中心，千方百计为他们提供多方面的服务，满足他们旅行途中生理和心理的需求，使他们处处感到方便、舒适和亲切，让他们体验到旅游的乐趣。例如，挪威游船"皇家之海"的公共场所，陈列着各国的艺术品，供游客观赏，被称为"世界画廊"。

二、旅游交通服务的心理对策

（一）不断提高旅游交通条件

为了确保旅游者对安全、时间知觉的满足，必须不断提高区际、区内的旅游交通硬件条件。这里谈的交通条件包括道路、基础设施和交通工具三个方面。

1. 道路条件

首先应对区域内道路网络进行科学的规划，包括道路网络的密度、交通线路的选择、路面的等级状况等。道路网络密度应根据区域内的人口、经济状况、旅游点的数量和分布进行设计。选择交通线路时考虑到旅游者的安全因素就要尽量避免险峻的地方，同时又要尽量缩短里程，这样也就缩短了旅游者在旅游途中的时间，而路面状况的好坏却直接关系到旅游者在旅行途中的舒适度，因此，在经济允许的情况下，应尽可能地提高路面等级。

2. 基础设施条件

基础设施指的是机场、车站、码头等设施。首先在地理位置上应对其进行科学的规划与布局；其次，在各种设施上应做到现代化，既与各种交通工具相匹配，又考虑到旅游者的方便因素，例如，我国首都机场设有银行、电报室、商店、餐厅、出租汽车站、画廊等，使旅游者不仅得到了休息，而且得到了美的享受，当然这些地方的服务一定要做到文明礼貌、热情大方，一切为旅游者考虑，因为这些地方可以说是旅游交通的窗口，其服务质量的好坏直接反映整个部门的服务情况。

3. 交通工具

现代化的交通工具是现代旅游业发展的主要原因，它不仅大大缩短了时空距离，而且还给旅游者的安全、方便、快捷、舒适提供了条件。例如，现代化的交通工具都应提供减音装置和空调设备，满足旅游者在旅行途中对噪声、空气污染、温度异常等的适应度。

（二）旅游交通应确保旅游者安全的心理需要

安全是旅游活动的前提条件，旅游交通必须满足旅游者的安全需要。任何一起交通事故都严重地影响旅游者对交通安全方面的信赖，旅游交通部门应采取一切有效措施防止交通事故的发生。第一，旅游交通部门应满足旅游者对交通的不同需求，选择与旅游地相适应的旅行交通工具；第二，交通工具在运行过程中受机械故障的影响，有发生事故的可能性，因此在旅行开始以前，必须先对交通工具进行认真的检查；第三，对司乘人员进行安全方面的教育，尽量避免技术事故的发生。

（三）旅游交通服务应尽可能全面化

现代化的交通工具已经使交通事故降低到很小的程度，因此，全方位的服务才是现代旅游交通的核心内容。

1. 旅游交通部门应建立一系列的服务体系

为了使旅游者感到更方便，应建立"一条龙"的服务体系。"一条龙"的服务体系是在联合运输的基础上延伸和发展起来的，使单一化的服务向多层次、多功能、全方位发展，由场所内向场所外的联网发展，由中间环节服务向两端延伸的服务发展。这种服务体系具有很强的系统性和依托性，其中任何一个环节出现问题，都会产生一系列的连锁反应。旅游交通部门应和气象部门取得联系，为旅游者播报旅行途中和旅游目的地的气象情况，使旅游者提前做好各项准备工作。例如，美国泛美航空公司向旅游者提供机场——旅馆一条龙的服务体系等，这些服务都深受旅游者的好评。

2. 加强旅游交通服务的软件建设

旅游交通服务工作是复杂而又艰苦的，这就要求其工作人员具有良好的心理品质，如高尚的情感、顽强的毅力、敏锐的观察力、分析判断能力及组织应变能力等。特别是能处处以旅游者为中心，为旅游者着想，关心体贴地去工作，如在距离较长的旅行途中，为了打发这段枯燥乏味的时间，工作人员应该放放音乐或者录像，事先提醒晕车的旅游者准备晕车药等。这些看似很简单的小事，却很能拉近旅游者与服务员工的距离。

第二节　其他部门旅游服务心理

一、政府旅游部门服务心理

政府旅游部门如何在不断变化的国际国内形势下，根据各旅游企业的实际情况，为他们提供各种类型的服务，对他们进行严格的管理，充分发挥各企业的积极性，这是旅游事业发达与否的关键因素之一。因此，本节分析旅游企业对相关政府的社会心理方面的需求，以帮助政府实现本地旅游产业健康发展、成功地实施对旅游行业管理的目标。

（一）旅游企业对其领导部门的心理需求

旅游企业对其领导部门的需求总的来说分为两大类：一是需要领导部门对其提供各种各样的服务，如信息服务、投资服务、宣传服务、市场导向服务等；二是要领导部门对其进行监督与管理。

1. 服务需求

（1）投资服务。

区域内旅游资源再好再丰富，如果没有得到开发，资源就不能产生效益，因此，旅游资源的开发是旅游业发展的第一步。那么，由谁来开发，怎样开发？这就需要政府旅游部门给予投资开发方面的服务。这不仅仅需要给予政策上的倾斜，还要有实际的指导和帮助。如为了鼓励居民扩大消费，中国将加强重点旅游景区基础设施建设，发展适应不同消费层次的旅游方式，促进旅游消费。

(2) 宣传服务。

旅游企业要想获得最大的效益，必须使自己的旅游产品从众多的产品中脱颖而出，获得更多的注意力，这就必须通过旅游广告宣传服务活动。旅游广告是指旅游企业通过各种媒体将旅游产品、旅游服务、旅游理念传递给广大消费者。它包括旅游机构广告、旅游品牌广告、旅游服务广告和旅游观点广告等。其中最主要的是旅游品牌广告，因为它能代表旅游企业在公众中的形象。政府旅游部门作为一个地区的旅游代言人，更应该把整个地区看做一个整体进行宣传活动，为各个旅游企业提供宣传服务。如湖北省神农架林区旅游局举办的"神农架国际旅游杜鹃花节"，为神农架创办了一种生态休闲游的国际旅游形象，树立了自己的品牌。

(3) 提供信息。

信息是开展事业的前提条件，而现代旅游业特别是国际旅游的发展和旅游者对各项专门旅游活动的新的需求等特点，就要求旅游企业应掌握各种各样的信息，为旅游市场的拓展和经济效益的提高提供基础。如现代的旅游者崇尚滑雪、攀岩、漂流等探险类的旅游项目，旅游企业应根据这些信息，在有条件的情况下，开发这些旅游资源，吸引旅游者来参与。

2．管理需求

各旅游企业要发展离不开政府部门的管理，这种管理包括行风的监督、人员的管理两个方面。

(1) 行风的监督。

近年来，随着生活水平的不断提高，旅游越来越接近人们的生活，旅游业得以迅速发展。由于发展旅游业能带来一定的经济效益，使得一部分旅游企业在经济利益的驱使下，搞一些不正当竞争，违反旅游业的各种规定，因此，政府旅游部门必须对各旅游企业进行行风的监督与管理。例如导游索取小费、在旅游者购买纪念品时收取一定的回扣等不良现象，旅游领导部门都应该对其进行说服教育，让他们认识到事情的危害性并督促改正。

(2) 人员的管理。

旅游企业员工素质的好坏直接影响该企业的形象与效益，是旅游业成败的关键因素之一。旅游业员工应具有智慧的头脑、较强的敬业精神和高尚的道德情操。因此政府领导部门应创造一定的条件，让旅游业员工有培训和学习的环境，不断提高他们的素质。另外，政府旅游部门还应采取一系列的激励措施，充分调动各旅游员工的积极性。

(二) 政府领导部门的服务心理对策

根据各级旅游企业的心理服务需求，为政府旅游管理部门提出相应的服务心理对策：

1．合理的领导班子结构

领导班子的合理结构包括年龄结构、知识结构、素质结构及专业结构，它是一个多维的动态的综合体。由于各年龄阶段都有自己的优势与不足，因此，首先领导班子内要求有各年龄阶段的人员，而且要充分发挥年轻干部的优势，顺应干部年轻化的时代潮流。在不同领导层次中，对年龄结构、年轻化的程度要求也有所不同。其次，政府旅游部门的成员必须具有足够的知识水平。因为在科技教育不断发展的今天，旅游部门的普通工作人员都具有较高的文化水平，而作为其领导成员应具有更高的知识水平。最后，合理的素质结构和专业结构也很重要，这样可以提高领导班子的战斗力，可以提高工作效率和服务质量。

2．政府旅游部门的决策心理

领导工作的三大环节：决策、组织和管理。进行决策是领导者的基本职能，它包括确定目标及达到目标的途径和手段。各级政府旅游部门应根据自身的情况，制定出相应的旅游发展计划，然后再采取相应的手段：区域内旅游资源的调查分析和评价、本区旅游业的发展战略与规划、旅游资源的开发、旅游客源市场分析、旅游广告宣传服务等。在上面不同的决策阶段，领导者面临的情况不一样，所承受的心理压力也不一样，因此要求领导者有良好的决策心理品质。良好的决策心理品质有以下一些要求：

（1）客观灵活性：要能客观地去寻求正确的决策，避免个人偏见的影响，同时还准备随时修正自己的意见；

（2）逻辑思维能力：能意识到矛盾，善于在各种错综复杂的意见中作出合乎逻辑的结论；

（3）判断分析能力：在情况含糊、信息不足或有矛盾的条件下，能适当作出判断；

（4）成熟与耐心：要有广泛的经验和稳定的情绪；要有耐心，即使花费很多的时间也要把每个细节都做好。

3．政府旅游部门的组织管理心理

为增强组织的活力，协调好各方面的关系，充分发挥员工的积极性，在组织管理中必须坚持以下原则：

（1）目标认同原则：组织的构建是为了完成一定的目标，因此，制定的目标必须具体，难度适中，各级目标应该一致，而且要让群众参与到目标的制定中来。

（2）合理授权原则：授权不仅能为组织和上级分忧，而且能激发下级的工作热情，增强其主人翁的责任感，因此，合理的授权在组织管理中很重要。授权时要注意职权相称，职大权小，任务难以完成，职小权大，会出现失控。要注意自上而下逐级授权，越到下面，授权应越小。领导在授权时不要忌才，既要采取信任的态度，又要进行相应的管理。

（3）信息沟通的原则：信息的沟通包括两个方面，一方面是上级向下级传达各种信息；另一方面要注意自下而上地搜集各种反馈信息，这不仅能避免官僚主义而且可以解决实际问题。

（4）隐结构与显结构相一致的原则：隐结构是指人的个性、情感、能力、气质等方面的相互关系；显结构是人在组织中的角色关系。也就是说，每个人所担任的职务角色应与他的心理因素相协调。例如，工作安排时应将气质不同的人搭配在一起，刚柔相济，才能产生相辅相成的作用。

二、旅游问讯处服务心理

旅游问讯处是指设立在车站、机场、港口、码头等地方的一种旅游接待服务公共设施，主要为旅游者提供相应的旅游信息并且回答旅游者的各种咨询的一种接待设施。旅游问讯处是展示旅游业发展状况的一个窗口，直接反映本区旅游业的服务质量和发展状况，因此，问讯处的服务心理分析是重要环节。

（一）旅游问讯处服务的性质

旅游问讯处具有以下属性：

（1）社会性。

旅游活动本身就是一种社会活动，具有社会性。一方面它是经济发展到一定阶段的产物；另一方面，它的发展又涉及其他的许多方面，诸如吃、住、行、娱、购、游等。所以，旅游问讯处的工作人员不仅要和游客接触，而且要同社会的其他许多方面发生社会关系，这样才能进行更好的服务。

（2）服务性。

旅游问讯处本身就是一种服务工作，服务性是它的主要特性。它的这种服务具有双向性：一方面它为旅游者提供各种服务；另一方面它是旅游业的服务机构，又为旅游业的其他部门提供服务。前者是它工作的对象和内容，后者是它工作的目的。

（二）旅游问讯处的服务心理

（1）旅游者的心理需求。

①准确性。问讯者希望从问讯处得到准确的信息，如本区域的气象、气

候条件，交通条件，旅游资源的数量、质量和分布概况，旅行社的价格及服务内容等。这些信息的准确性不仅可能激发问讯者的旅游动机，而且对其旅行社的选取、旅游路线的安排方面都能起到很大的作用。

②服务热情。旅游者在进行咨询服务时都希望得到热情的服务，这是旅游者普遍存在的一种心理需求。他们要求工作人员面带微笑，轻言细语，处处从问讯者的角度出发，为他们设身处地的着想，详细地回答他们所提出的各种问题。

（2）旅游问讯处的服务心理对策。

根据问讯者的心理需求，应采取相应的服务心理对策：第一，要热爱自己的工作。第二，掌握服务区内的各项相关资源，准确地回答问讯者的各种咨询，满足游客对信息准确性的需求。这就要求员工不断地学习，积累经验，准确回答。第三，热情服务。热情服务对问讯处尤其重要，因为问讯者到问讯处进行咨询服务，是开展整个旅游活动的首要环节，首要环节服务的好坏直接关系到旅游活动的进一步开展。

三、青春后期旅游员工的心理承受力

旅游企业大多数职工是青年人，处于青春后期的旅游员工的危机感特别强，因此，分析和研究青春后期旅游员工的心理承受力，提高他们的工作积极性，也关系到整个旅游业的发展。

（一）青春后期旅游员工的心理特征

青春期一般指从 18～28 岁这一段时期，青春后期就是 28 岁以后的时期。首先，处于青春后期的员工具有遇事沉稳、不贸然激进的特点，求稳定是他们比较突出的心理，稳定的工作、稳定的收入、稳定的家庭是他们所追求的。其次，处于青春后期的员工具有经验丰富、思维成熟、能力较强的特点，他们都希望通过自己的努力得到不断的提高与发展，稳定中求发展是他们最明显的心理需求，而这些都是企业的宝贵财富。第三，由于生理上已经不再精力充沛、体力旺盛，所以处于这段时期的员工有很强的危机感，这种危机感使得他们心理上有很大的压力。旅游企业要考虑如何减少员工的这种压力。

（二）青春后期旅游员工的心理承受能力

心理承受能力是指在社会变革过程中人们对事物的心理适应和反映能力，是人们的认识能力、应变能力、心理平衡能力的综合体现。与其他的心理能力相比，心理承受能力更具有后天的习得性，它必须通过后天的学习和训练才能提高。心理承受能力可以通过下面几种方法得到提高。第一，提高

社会的认识水平。人们对社会的认识、理解水平越强，其心理承受能力就越大。而认识受环境的影响很大，因此必须克服环境带来的影响，不断的学习，提高自己的认识水平。第二，增强突变应付能力。对事物不仅仅认识它的发展规律、变化规律，还要预测它的未来，这是成功应付变化的基础，也是提高心理承受能力的前提。第三，培养适度耐压能力。一定的压力可以变为前进的动力，但压力过大或者时间过长，人的心理承受能力反而会降低。因此，维持适当的压力，培养人们的耐压力，是提高心理承受能力的重要内容之一。第四，寻求理性情感互补，提高综合平衡能力。在社会发展规律变化中，人们在理性上接受不了，可以从情感中得到安慰；反之如果陷入了情感的束缚，可以用理性行为进行互补，所以寻求理性、情感、反映的互补对提高心理承受能力有重要意义。

青春后期的旅游员工有心理压力，这种心理压力既可以引起他们的消极反映，诸如焦虑、惊恐、抑郁等情绪，或者直接影响到生理方面，如产生头痛、无力等病症；又能够产生积极反映，诸如激发勇气、增强斗志等。其中的关键就是如何进行心理应付，而这种心理应付也就是一种心理承受能力。下面我们对如何提高青春后期旅游员工的心理承受能力提出相应的对策。

（1）首先，处于青春后期的旅游员工应对社会有一个充分的认识。这就要求不仅认识整个国际和国内的形势，还包括本行业的发展变化趋势和特点，如市场经济条件下的人才观、就业观、我国加入 WTO 对旅游业的影响、现代旅游业的特点、旅游者对旅游产品的消费需求等。

（2）不断提高自己各方面的能力，这一点对处于青春后期的旅游员工相当重要。因为青年员工有精力充沛、体力旺盛、思维活跃等优势，但在经验和能力方面比不上年长的员工，所以处于青春后期的员工应该扬长避短，充分发挥自己的才能。这里谈的能力主要包括观察力、语言表达能力、判断分析能力、组织应变能力等。通过提高自己的能力，来提高工作的满意度。

（3）保持心理平衡，也就是用一种平和的心态对待事物。要认清自己的角色关系，与青年职工相处，要发挥自己成熟、稳重的心理特征，对他们有一定的指导、榜样的作用；与游客相处，要认清这种服务与被服务的关系，热情友好地进行服务。

思考题

1. 加入 WTO 后，旅游管理部门如何搞好涉外服务工作？

2. 在中国西部乘火车、汽车旅行，如何让旅客保持愉快的心情？

3. 青春后期的职工如何减轻工作上的压力？

课后学习材料

一、结合自己和他人乘坐各种交通工具旅行的感受，阅读下列文字

1．最寂寞的公路

内华达州内的那段 50 号公路，横着穿越一系列山脉，有个绰号叫"美国最寂寞的公路"。据说是因为加油站间隔长达 100 英里，而且周围没有人家，全是荒原。其实，这绰号里含着一种旅人自诩，夸张地体会游神骋怀，而离开那地方再和别人谈论此番感受，就变了味。

50 号公路属于老一代的国道系统，现在已成了怀旧的布条，常有人在网上津津乐道。没人提及这条"寂寞公路"时带任何伤感的意味，一丁点都没有。相反，倒是有人争风吃醋，说别处某条路的加油站的间隔更大，应该获此殊荣，云云。

和慕名而来的人不同，我原先从没听说过这段绰号的故事，我是事后才知道的。一个温暖的冬日，我横穿内华达，纯粹偶然地走上 50 号公路，前往卡森城。100 多年前牛仔、匪盗、印第安武士横行的天地，今天还那么荒凉。我离开沉闷的高速公路，刚从战斗山小镇拐下来，立马就收到回报：平坦戈壁的乡路上横跨着半圈彩虹，没遮没拦的，整整半圈！拱门里的远处坐落着人烟。我形单影只，很渺小地站在拱门下看了许久。可惜当时相机包里还没装备上广角镜头。不过，半边湿漉半边阳光的画面印在脑子里，是永远的纪念了。

公路在下午的戈壁雾霭里射上山岭，百八十英里都不见对面来车。偶尔有个牧场，路边竖着蓝色的电话标志牌，好像很高地伸进蓝天，给荒凉添上人气，给未免发毛的过客心安。破烂的加油泵吱吱咯咯地跳数字，小店里黑咕隆咚，挂着旧画，纯粹就是老戏的布景。柜台后的黑大汉盯着我，无言无笑，说不上敌意也说不上好意，一转身的工夫他拔出刀枪来抑或捧出啤酒来我都不会吃惊。路口的鬼镇奥斯汀，破屋低檐不见人烟，当年枪客们排闼而出、骑马呼啸的热闹，就只剩下骆驼草给干风吹拂了。

人寻找寂寞，喜欢在没有什么的地方幻想可能有的事情。从这儿遥望卡森的方向，有点西望长安的那种感觉。要说是放逐也罢，在这种路上，没有抱怨，没有冲动，只有一个通向你心里的目标。卡森城在西部的历史上大名鼎鼎，供硬汉们拿玩剩下的命去玩乐享受。就是现在，有名的艳窟"月光兔牧场"仍然是 50 号公路的一大招牌。

其实，说孤道寡都是带对比的，是旅人的矫情。没有人神经兮兮地给北极的路命名为"寂寞"，因为那地方就应该那样。50 号公路之所以敢称"寂寞"且有人缘，因为南边有拉斯维加斯，东有盐湖城，西有卡森城，它穿过一片繁华包围的野地。身边有繁荣而不去取，或者缓缓去取，就好像插根美丽的草在帽子顶上游戏，弄出万种风情来。可真要是不能去取了，孤独就成了孤绝。

50 号公路就是旅人的游戏。

2. 屡试屡败却又屡败屡试的美国环球旅游气球探险者史蒂夫·福塞特

福塞特从 1997 年开始的前 5 次热气球环球旅行尝试都以坠落告终，其中 1998 年那次从 9 000 米高空坠入珊瑚海，险些夺走他的性命；而 2001 年 8 月那次则把他送到了巴西南部一座牧场上，但他仍以持续 12 天、行程 2 万多公里的成绩创下了单人热气球飞行的世界纪录。按照设计，福塞特可以借助于高空气流自西向东飞行，每天睡眠 4 个小时。他已经在平均 8 040 米的高度上累计飞行了 9 650 多公里，时速 45 公里。理想状况下，气球可以持续飞行大约 20 天。但福塞特希望 15 天结束至少 2.9 万公里的航程，返回澳大利亚。暂离在美国第三大城市芝加哥充任投资商的职业生涯，选择在高 1.6 米、长宽各为 2.5 米的"自由精神"号座舱内一日三餐食用军用食品，福塞特的冒险经历其实不止于热气球。除了在热气球、帆船和驾驶飞机等领域持有多项世界纪录以外，他还曾经在 1985 年横渡英吉利海峡，1992 年在美国艾迪塔罗德狗拉雪橇比赛中排名第 47 位，1996 年参加了法国勒芒 24 小时汽车拉力赛。

3. "9·11"飞行恐惧：正在改变着美国人的旅行方式和出行习惯，让整个世界都陷入恐怖

"9·11"事件后，美国人的旅行方式和出行习惯正在慢慢改变，人们担心飞行安全，厌烦机场复杂繁琐的安全检查。美国"9·11"事件已经过去了，但是这次灾难带给美国人的阴影并没有完全消散。尽管许多美国人已经从最初不敢搭乘飞机到逐渐返回机场，但是对航空的顾虑却始终存在，很多美国人还改变了他们的休假方式，现在他们通常会缩短旅游时间，避免到太远的目的地。个人做短途旅行时，宁可乘坐美国铁路公司的火车，或者干脆自己驾车。对于旅游行业来说，需要关注的是过去喜欢出远门的美国人，主要趋势是在国内或者家门口度假。例如，今年美国新泽西州的旅游业有望获得强劲增长，因为邻近的纽约和费城等大城市的人现在更喜欢就近旅行，或

者在新泽西搭乘游轮，在大西洋中观光。综合考虑起来，新泽西州安逸的自然和人文景观以及便捷的交通条件最符合这个条件。

二、结合课文中关于问讯处的介绍，阅读下列文字

1. 游客咨询中心在美国

不管是大城市，还是中小城市；不管是辽阔的国家公园，还是小城市的植物园；不管是门票昂贵的主题游乐园，还是免费参观的博物馆；也不管是热闹的市区，还是人迹较少的高山深谷景点；甚至火车站、地铁和公共汽车总站总能看到标志醒目的游客咨询中心——美国是一个旅游业高度发达的国家，因此为游客服务的咨询中心到处都可以见到。

凡是来往游客较多的地方，一般都设有游客中心（Visitors' Centre），或者称游客咨询中心（Visitors' Information Center）。这些游客中心，规模有大有小，人员有多有少，但一般都免费提供导游资料，而且答复游客的各种问题。以加州的圣芭芭拉为例，这是一个人口只有9万多的小城市，但是它又是一个著名的旅游城市，其游客中心设在旅游者必到的海滨。一间小平房，面积不过十多平方米，中间设一张柜台，靠墙放着两个盛放各种彩色精印的免费导游资料的柜子：一份是介绍当地各景点的资料，另一份是介绍周边地区景点的资料。柜台里只有一两个人接待游客。柜台上放着一叠单色精印的《圣芭芭拉导游图》，游客可自由取阅。该导游图每个季度出版一次，内容包括行、游、购、娱四大要素，正面是一幅圣芭芭拉的简明地图，不仅标明市区的所有街道，而且标明近郊的主要道路，还有15处主要景点的简介，包括开放时间和门票价格；有一张市区免费区间游览车的线路图及徒步旅游的详细介绍，还有一张郊区葡萄酒厂的分布图；此外，还有介绍游客需要的关于文化艺术和剧场、古迹、公园和娱乐场所、公共服务、购物以及公共厕所的地址和电话等。背面介绍本季度即将举行的各项活动的内容、地点、时间和联系电话。这样的导游图对来访的游客是非常需要的，而印制的费用应该是很低的，因为其正面的内容基本上不会有多大变化，只是背面的内容需要不断更新。所以大多数来访者都会带走一张。如果游客想要了解某一个景点的情况，那么在靠墙的柜子里就可找到当地所有景点的资料。此外，游客提出的任何问题，都会从接待人员那里得到满意的答复。

除了免费提供各种导游资料和接待咨询外，游客咨询中心也出售旅游地图和书籍、风光明信片和画片以及纪念品等。

在所有的国家公园里当然都设有游客咨询中心，而且规模要比圣芭芭拉

的大得多，不过其提供的服务基本上是相同的；即使在小城市里的小小植物园，也有专人为游客提供导游资料和咨询。在一些免费参观的著名博物馆里，同样会免费提供精美的导游资料，如加州洛杉矶的盖蒂博物馆（中心），不仅提供英、法、德、西等语种的导游资料，而且提供中、日、俄等语种的资料。不仅有全面介绍博物馆的多种资料，如《地图与指南》、《浏览重点》、《建筑与花园》以及《盖蒂博物馆本月的活动安排》等，而且在一些展厅还提供专门介绍展出内容的资料，图文并茂，印制精良。在旅游城市设置游客中心自不待言，但在高山深谷，为满足游客需要也会建立游客中心。如在华盛顿州北部海拔较高与加拿大接壤的北喀斯喀特国家公园里就设有游客中心，而且在其西边的贝克山一处草地（Heather Meadows），这里海拔 1 445米，是 542 号公路的终点，人们都喜欢夏季来此徒步旅游和观赏雪景，当然这里同样设置了游客中心。在一些游客较少的景点，还设置了盛放导游资料的木箱，游客到此可自由取阅。不仅如此，在火车站、地铁和公共汽车总站也都有专人提供有关的资料和咨询。如在圣芭芭拉的公共汽车总站和公共汽车里都免费提供公共汽车的路线和时刻表，因为这里的乘客并不多，公共汽车一般为半个小时左右才开一班，而且都很准时，所以，乘客可以根据时刻表上的时间到站上车，非常方便。

2. 韩国的信息服务中心

在韩国的景区景点以及繁华的商业中心，如果你找不到路，或是想打听一些情况，找信息服务中心是最方便不过了。信息服务中心的工作人员会用中、英、日、韩语详细解答你提出的任何问题，如果碰巧工作人员不懂你说的语言，没有关系，他会打一个电话到信息服务中心的总台，那里总会有人会说你会讲的语言以及回答你的问题。笔者在韩国的不同地方使用过信息中心，感觉非常的方便。

汉城的信息服务中心大致属于三个不同的管理部门，有的属于汉城市政府，有的属于韩国观光公社，还有的属于一般的旅行协会。在一般的旅游景区都有信息服务中心，它一般规模不大，用隔热板做成的小棚子，里面一两个服务人员，放上一两张小办公桌椅、电脑、电话以及客人的坐椅，就显得十分拥挤了。小架子上放着各式各样的地图以及中、英、日、韩文的旅行社、酒店、博物馆、美术馆的介绍资料供客人免费抽取。在外国人比较集中的梨太院，街前和街尾就有两个信息中心。据在这里服务的工作人员介绍，她们每天要接待 80～150 名各国的游客。一天要工作 9 个小时左右，收入不高，约每天 4 万韩元，合人民币 280 元左右，但要求比较高，一般都要会一两门外语才有资格在信息服务中心工作。韩国的旅行社、饭店、博物馆等单位都可以在信息中心发放宣传材料。对于外国旅游者来说，这些信息服务中心无疑是十分有帮助的。

3. 日本人性化地铁设计

日本的地铁、新干线和 JR 线闻名于世。感觉最方便的是它的站台与车厢踏板几乎平行且紧挨在一起，车门宽大，上下车安全、快捷和舒适。在所有的车站内，各种相关的交通信息均为日、英文对照，表述正确详尽。一是车门的上下车扶手特别长，上至前排第一个座位，下到车门的最后一个台阶。二是座椅靠背后面的可放茶杯的小玩意儿，用不锈钢丝做成，折叠后像纸张一样被贴了前排靠背后面，小巧紧凑，让带茶杯的乘客感觉十分温馨和体贴。三是加座位子的设计与主座位浑然一体，这个设计的最大特点是把主座位的扶手适当做宽一点，然后，将折叠起来的加座位子藏于其下，靠近通道的侧面为同一个平面，而且扶手采用软性材料，再加上增加出来的宽度，靠着舒服。

第九章
旅游企业管理心理学基础

　　旅游企业的服务工作对象是旅游者，企业员工的工作态度和工作方法会直接影响旅游者的情绪，影响旅游企业的经济效益。旅游企业必经重视管理心理学的基础理论的学习，运用人力资源管理的知识，充分发挥企业人力资源的优势。

第一节　人性的假设

　　旅游企业管理者不仅要从企业行为和工作效益上了解员工，而且要从心理上关心他们。原因有四：第一，人的个体性和群体性的特性；第二，人的理性和情绪的特性；第三，人的社会角色和个体角色的特性；第四，人的主导性和他导性的特性。总之，对人的了解和管理是一个复杂过程，必须全面、客观、深入地加以调查和研究，必经慎重地采取有效的管理措施，才能最大限度地调动员工的积极性。在管理理论中，曾经有过"经济人"、"社会人"、"自我实现的人"、"复杂人"的种种假设，下面进行简要介绍。

一、理性——"经济人"又称"实利人"

　　这是美国麻省理工学院教授麦格雷戈（D.M.Megregre）在《工业中人的方面》一书中提出的观点。所谓"经济人"的观点，即认为人的一切行为都是最大限度地满足自己的私利，人都争取最大的经济利益，工作是为了获得经济报酬，这是遗传决定论的人性观。在企业管理中，多数采用下列措施：

　　（1）重要的是完成生产任务，忽视人的情感，把人看成是机器的一部分，机器生产过程的一部分；

　　（2）管理是管理者的事情；

　　（3）用金钱刺激超量完工的工人，严惩不按时按量完成任务的员工。

对"经济人"假设的评价：

（1）"经济人"的假设把人看成是天生懒惰的，实质上是早已被否定了的遗传决定论的人生观。它没有看到人的社会性一面；

（2）"经济人"的假设否认了人的主动性、自觉性、创造性与责任心，把人看做主要受金钱驱动的、被动地接受管理；

（3）把管理者与被管理者对立起来，实质上是为了实现少数人对多数人的剥削；

（4）它也含有部分合理成分，它改变了当时企业里放任自流的管理状态，提高了效率，减少了浪费，促进了科学管理体制的建立。如今，在发达国家，此理论已过时，但对于个别中小型企业，它仍有应用的价值；

（5）了解"经济人"假设，有助于提醒管理者改正错误的管理方式和方法。

二、"社会人"

这是梅约在一系列实验基础上出版《工业文明的人的问题》一书中有关人的行为科学的观点：即良好的人际关系是调动人的生产积极性的决定因素。后来一系列实验证明其卓有成效，如员工"参与管理"，参加讨论变革方案，参与决策，让他们与管理人员有平等的感觉，改善双方关系。成立劳资双方联合委员会，共同商讨企业降低成本，提高产量和质量，搞合理化建议，集体分红。"社会人"理论在管理上的措施主要有：

（1）关心人，满足人，不仅仅关注完成任务；

（2）重视职工之间的关系，培养归属感，不仅仅关注管理的五项职能；

（3）提倡集体奖励；

（4）管理人员要在上下级架设桥梁，上下沟通，反映情况。

对"社会人"假设的评价：

（1）从"经济人"到"社会人"的假设是管理思想与方法的一个进步。这是企业间竞争加剧和企业中劳资关系紧张，迫使企业所有者改变看法的结果；

（2）"参与管理"在一定程度上缓解了劳资双方的矛盾。例如，日本丰田汽车公司，组织工作俱乐部，鼓励工人提合理化建议，即使不采用，公司也象征性地给予工人奖励，给工人送生日礼物，与工人进行社交活动，采用"终身雇佣制"；

（3）"社会人"假设认为人际关系对于调动职工生产积极性是比物质奖励更为重要的因素，这一点对于我国企业制定奖励制度有参考意义。

三、"自我实现的人"

首先由马斯洛（Maslow）提出来，他概括这些人具有如下特征：敏锐的观察力、思想高度集中、有创造力、不受环境偶然因素影响、只跟少数志趣相投的人来往、喜欢独居。具有以上特质，才能完成自我实现，把自己的潜力、才能发挥出来。另外，美国的阿基里斯提出了"不成熟—成熟"理论。他认为一个健康的人是从不成熟向成熟发展的，这是一个自然的发展过程，但只有少数人能达到完全的成熟状态，这是因为环境条件、管理制度等限制了人的发展。从不成熟到成熟包括七个方面的发展：被动—主动；依赖—自立；只有少量动作—能做多种动作；兴趣浅薄—兴趣深刻；目光短浅—远见卓识；服从地位—平等地位或优越地位；缺乏自我意识—自我意识。麦格雷戈总结了马斯洛、阿基里斯等人的观点，结合他们的思想，认为"自我实现的人"理论在管理上的措施为：

（1）为员工创造适宜的工作环境、工作条件；

（2）管理者应是一个采访者，为员工在自我实现过程中减少和消除障碍；

（3）工作是为了获取知识、增长才干。

对"自我实现的人"假设的评价：

（1）"自我实现的人"假设是大工业发展到高度机械化的条件下提出的。以前工人在简单、重复的动作中，看不到自己与整个组织任务的联系，士气低落。"自我实现的人"假设及其管理措施，如工作扩大化、工作丰富化等，有利于提高职工的工作积极性。

（2）该假设的人性观有不合理的部分。人既非天生懒惰，也非天生勤奋；人的发展也不是自然成熟的过程，而是先天素质与后天的环境、教育、社会实践共同作用的结果；把不能达到"自我实现"的原因归为缺乏必要的条件，也是机械主义的观点，实际上人的发展主要受社会关系的影响。

（3）其中的一些管理措施值得借鉴。如创造适于个人才能发挥的条件，重视奖励，为职工提供学习与深造的机会，相信职工的独立性、创造性。

四、"复杂人"

（一）什么是"复杂人"

"复杂人"（Complex Man）假设是组织心理学家雷恩等提出来的。该假设的基本观点是：人的本质不是单纯的"经济人"或"社会人"或"自我实现的人"，人是很复杂的。不仅人的个性因人而异，而且同一个人在不同的年龄、不同的时间、不同的地点会有不同的表现。人的需要和潜力会随着年龄的增长、知识的增加、地位的改变，以及人与人之间关系的变化而各不相同。即人是因时、因地、因各种情况而采取不同的适当管理措施。

（二）超 Y 理论的基本观点

根据"复杂人"假设，提出了"应变理论"或"权变理论"（Contingent Theory），也称为超 Y 理论。它的观点有：

（1）人的需要是多种多样的，随个人的发展和生活条件的变化而变化，每个人的需要不同，需要的层次也因人而异；

（2）人在同一时间内有各种需要和动机，它们会发生相互作用并结合为一个统一的整体，形成错综复杂的动机模式（Motive Patterns）；

（3）在人生活的某一特定时期，动机模式的形成是内部需要与外界环境相互作用的结果，因为人在组织中的工作与生活条件是不断变化的，因此会产生新的需要与动机模式；

（4）一个人在不同的单位或同一单位的不同部门工作，会产生不同的需要；

（5）由于人的需要不同，能力各异，对于同一管理方式会有不同的反应，因此没有一套适合于任何时代、任何组织和任何个人的普遍的、行之有效的管理方法，要求管理者根据具体的人和情况采取灵活多样的管理方法。

（三）相应的管理措施

（1）采用不同的组织形式提高管理效率，如固定的或灵活、变化的组织形式；

（2）根据企业的不同情况，采取弹性、应变的领导方式，如严格控制的方式，或民主的、授权的方式；

（3）善于发现职工在需要、动机、能力、个性上的个别差异，因人、因时、因事、因地制宜地采取灵活多样的管理方式。

对"复杂人"假设的评价：

这是在系统原理理论和权变管理理论基础上的管理思想的一次突破，理论认为，人是怀着不同需要加入组织的，而且人们有不同的需要类型，不同的人对管理方式要求是不同的。它的管理范围是组织的整个投入——产出过程，涉及组织所有要素，在管理方法和手段上，采取管理态度、管理变革、管理信息等手段使组织的各项活动一体化，实现组织的目标。在管理目的上，它追求满意或适宜，并且是生产率与满意并重，利润与人的满意并重。

（1）"复杂人"假设和应变理论有辩证法的因素，强调根据不同的具体情况、针对不同的人，采取灵活机动的管理措施，这对管理工作有积极意义；

（2）理论假设过分强调个别差异，在某种程度上忽视了人的共性，不利于管理的稳定性。

第二节　激　励　理　论

激励在心理学的含义是：表示某种动机所产生的原因，即发生某种行为的动机是如何产生的，在什么环境中产生。激励在管理学的含义是：一种精神力量或状态，起加强、激发和推动作用，并且指导和引导行为指向目标。人的行为是由需求引起的，而行为的目的是为了满足需求。如果我们能够满足人的需求，并使人们看到满足需求的可能性，那么我们就可以采取激励行为；激励就是使人产生行为动机过程，激励既可以产生有目的的行为去实现目的，又可以减少防御性行为，增加建设性行为。如凯兹就指出，每个组织都得满足三项行为要求：一是不仅必须吸引人们参加组织，使他们留下来；二是必须完成雇佣他们来做本职工作；三是在工作中不只是例行公事，必须表现出创造性和革新精神。这就是对员工工作动机的激发。

激励理论分为两大类，一是认知派激励理论，包括内容激励理论、过程激励理论；另一个是非认知激励理论。

一、认知派激励理论

（一）内容激励理论，代表性人物如马斯洛、麦克利兰、赫茨伯格，以下介绍后两者的观点

1. 麦克利兰成就激励理论

他的研究比较明确，尤其是关于企业家的方面较有代表性。他认为一个人童年的经历、职业经历以及组织环境决定了这个人事业心的强弱。成就动机高的人有以下特点：第一，高成就者喜欢制定计划，设定奋斗目标，喜欢有所作为。第二，高成就者在选择目标时倾向于回避极端困难，喜欢选择中等难度目标，易于实现。第三，高成就者喜欢能不断有反馈任务。他们往往喜欢选择专业性职业或销售工作，往往对所作出的贡献评价过高，自信心比较强。

麦克里兰认为拥有大量需要高成就的人才，是一个企业乃至一个国家成功、兴盛的主要原因之一。他设计了一套心理测验来测量人的成就需要的高低。他认为可以通过教育、培养来提高人的成就需要，他组织了这方面的培训班，通过以下方法培养、增进人的成就需要：树立榜样，向榜样学习；制

定个人发展计划，不断检查、反馈执行情况；进行人生、价值等概念的学习，提高自我意识，改善自我形象；经常自我鼓励，与他人交流成败经验、互相帮助。经过实践，这些方法都取得了明显的效果。

2．赫茨伯格的双因素理论

他在匹兹堡地区11个工商业机构中，征询了200多个工程师、会计师的意见，积累了人们对工作感情的一些资料，发现激发动机因素有两大类：一类是保健因素，另一类是激励因素。保健因素是指那些防止对工作产生不满的因素，如公司政策和管理、技术监督、工资、工作条件以及人际关系，这些因素没有激励人的作用。激励因素既与对工作的积极感情相联系，又与工作本身的内容相关联，包括对工作成就的公认、提升和责任等。激励因素的改善可以提高职工的工作效率，如有资料显示，在一段时期内美国过半数男工认为，工作的首要条件是能提供成就感。赫茨伯格总结认为，真正激励职工的因素是：工作中的表现机会和工作带来的愉快，工作上的成就感，因良好的工作成绩受到奖励，对未来发展的期望，职务上的责任感。

在实际工作中，应该做到：

（1）注意处理好保健因素，创造良好的外部工作环境和条件，消除职工的不满意情绪与态度；

（2）在保健因素的基础上，利用各种激励因素去激发职工的工作热情，如"工作丰富化"，让职工承担更重要、更具挑战性的工作，又如"工作扩大化"，让职工具有更大的成就感，使工作本身成为一种强有力的激励因素；

（3）区别对待不同人的保健因素和激励因素；

（4）必须把奖金的发放与企业经营的好坏，与部门、组织、个人的工作业绩联系起来，使奖金成为激励因素而非保健因素，才会起到应有的激励作用。

以上激励理论，重点在探讨激励所包含的因素是什么，称为"内容型激励论"，内容型激励代表人物找出激励人们对工作抱有成就感、有感情的因素。

（二）过程型激励理论

过程型激励理论的代表性人物有亚当斯、洛克、佛隆、波特、劳勒。

1．佛隆期望理论

佛隆在《工作的激发》一书中认为并不是依靠一个人的努力就能获得一定的工作绩效，在努力与工作绩效之间还有一个期望值。取得工作绩效后，可能有多种报酬，从工作绩效到获取这些报酬的可能性大小会不同。另外在现实社会中，对某一个目标，由于各人需求不同，所处环境不同，从而对该目标的绩效价也不同，如提升主管对每个人来说绩效是不一样的，有人喜欢承担责任，有人不喜欢承担责任。一个人的动机是由努力到工作绩效的期望值、工作绩效到报酬的期望值、个人对他所要获得报酬重要性的估价这三者乘积决定的。

在管理中，需要处理好以下三种关系：

（1）努力与绩效的关系，要指导和帮助员工具备凭借努力达到目标的信心和决心，提高他们主观上对实现目标的期望值；

（2）绩效与奖励的关系，奖励必须根据个人的工作绩效而定，只要求职工作出贡献却不奖励，会降低人的积极性；在没有绩效的情况下受奖励会使人产生不公平感；

（3）奖励与满足个人需要的关系。人的需要有个别差异，对同一种奖励，不同的人体验到的绩效不一样。因此，管理者要根据人们的不同需要，采取多种形式的奖励，使之与职工的愿望相一致，才能最大限度地激励职工。

期望理论强调情境性，认为没有统一的、对任何人都有效的激励方式，并强调员工对自己的知觉在激励中的作用，虽然它是一个倾向于理想化的理论，但对于企业管理仍有实用价值。

2. 洛克目标设置理论

洛克强调目标在行为中的作用，他开创了目标管理法（MBO），根据对达到结果的评价，可采用奖励手段激发人们为完成更高目标而努力。

3. 亚当斯公平理论

这是由亚当斯提出关于人的动机与知觉方面的理论，公平理论是一个社会比较理论，即人需要保持一种分配上的公平感。在比较自己具备条件和取得报酬时，这是一种主观比较，很难客观计算。公平理论定义旨在探讨投入劳动与所获报酬之间的比值，即个人所作出的投入（即贡献）与他所取得的报酬（得到的结果）之间的平衡。亚当斯指出：一个人所得报酬的绝对值与其积极性高低并无直接的必然联系，只有所付出的劳动与其所获得的报酬的比值与同等情况下的其他人相比较，主观上感到是否公平、合理，这才真正影响人的积极性。当企业员工主观上感到公平时，会带来激励作用。在管理中采取的措施有：

（1）管理者要关注企业员工的社会比较需要，尽量使奖酬公开化、制度化，并给员工适当流动的自由；

（2）管理者应从员工的角度去考虑问题，理解不同员工的公平感产生的依据；

（3）分配报酬的原则应尽量合理，如按贡献付酬，金钱作为报酬易于比较。

二、非认知激励理论

主要指行为主义激励理论，它的理论基础是建立在斯金纳的操作条件反射原理基础上，根据人的外部行为特征对其内在的行为原因进行解释的过程，即"归因理论"。归因理论是探讨人们是如何解释自己或他人的行为原因的理论。因此，通过改变人的自我感觉、自我认识可以达到改变人行为的目的。

代表人物有亚当斯、斯金纳和海德等。

下面仅介绍海德的"归因理论"。"归因理论"是由海德在社会知觉的实验研究室中总结出来的。主要内容是关于人的某种行为与其动机、目的和价值取向等属性之间的逻辑结合的理论。

归因包括情境归因和个性倾向归因。前者有环境条件、社会舆论、企业的设备、工作任务、机遇、天气的变化；后者有能力、兴趣、性格、习惯、信仰、努力程度。任何人的行为都是有原因的，都受一定的动机驱使。管理者要想在管理工作中作出正确决策，必定要了解人们行为的真正原因。管理者要帮助职工正确认识和分析自己成功或失败的原因，改变自己的认识，从而改变行为，达到改造职工行为的目的。

思考题

1．美国、日本企业对员工管理的区别在哪些方面？

2．课后阅读，王永忠《旅游企业的人本主义管理》，见《商业经济与管理》，1997 年第 3 期第 59～62 页。

3．各种"人性假设"理论有哪些不足？

课后学习材料

结合管理心理学的基础知识，阅读"温泉别墅预订中心激励员工措施"材料。

罗伯特·夏普坐在办公桌前陷入了沉思，他回想起得到公司董事长的批准，由他主持在公司总部新组建一个设备先进、人员精干的统一预订中心的情景。当时，他是多么激动而兴奋。而现在连他自己都怀疑，成立这个预订中心是不是办了一件错事。

温泉别墅是当地一家有名的房地产集团公司所拥有的一所综合性园林住宅，这个房地产集团公司下辖 30 多处乡村庄园和别墅，并与一家大的广告促销公司联手经营。在过去两年中，由于集团公司把市场营销的重点放在吸引客人来别墅和庄园举行婚礼，进行体育比赛、文化娱乐、花园聚会、度假等方面，公司的经营十分成功，收入可观，实力也越来越强。18 个月前，集团公司决定集中力量开辟会议商务市场，向国内外大的商业公司和厂矿推销公司提供的综合性会议设施及其他服务项目。由于市场推销得力，顾客对上述项目的需求量不断增加。然而，在过去的 14 个月中，由于公司下属的各部门和各庄园、别墅之间在预订控制上缺乏协调，常常出现重复预订、遗漏预订和超额预订的情况，因而引起客人的不满，影响了集团公司的经营和声誉。

罗伯特·夏普作为公司的销售总监，向集团公司董事会提出建议，在温泉别墅建立一个统一的预订中心。这个统一预订中心的优势是：

①最大限度地利用和调整本集团公司内所有庄园和别墅的设备、设施；

②向客人和潜在的客人提供更优质的服务和更快的信息；

③使集团公司的产品价格更加合理并富有吸引力；

④能够使用新的技术对团体客人和散客进行市场调研分析。

经过董事会研究，批准了罗伯特的建议，并决定由罗伯特与集团公司人事部经理玛丽娜·拉曼女士负责，在集团公司本部温泉别墅组建预订中心，对预订中心的主要工作人员进行严格选聘。

罗伯特和玛丽娜几经研究，决定在报纸上登广告招聘 3 名负责预订业务的高级职员和 1 名中心主任。3 名高级职员的基本年薪为 2～2.5 万美元，中心主任的基本年薪是 3～3.5 万美元，根据每人的年龄和工作经历年薪略有浮动。

两个月后，预订中心组建就绪，4 名工作人员到任就职，他们是：

预订中心主任：女，39 岁，曾在一家有名的旅行社担任过 3 年预订经理职务，之前曾在一家饭店当过两年前厅接待主管。

高级预订职员Ⅰ：女，35 岁，从前未做过预订工作，受聘之前在当地一家广告公司当秘书。

高级预订职员Ⅱ：男，30 岁，从前未做过预订工作，受聘之前曾在一家地方报纸的分类广告部当编辑。

高级预订职员Ⅲ：男，22 岁，去年毕业的大学生，曾在一家餐饮公司实习管理半年，任实习部门经理。

中心的工作开始时，4 个人互相配合默契，工作开展得十分顺利。每个人对集团公司付给他们的报酬和其他福利都非常满意。在预订中心刚刚建立的那一段时间里，这个集体工作努力、积极、热情，给集团公司创造了很好的收益，带来了许多新的客户。但近来，有人反映他们的工作开始走下坡路，因此，罗伯特决定去调查出现问题的原因。调查之前，他通过计算机检查了近来集团公司的经营情况报告。

使罗伯特十分吃惊的是，今后6个月客人的预订数量不但没有上升，反而呈逐渐减少的趋势。他认为，前几个月客人预订数量上升缓慢是客观的，因为集团公司推出的新产品，需要一定的时间让客人发现和了解；在这之后，预订业务应该有一个大幅度的增长。然而，目前的实际情况却出乎他的预料，他感到疑惑不解。沉思中，玛丽娜走进了他的办公室，告诉他近来预订中心出现了人员严重缺勤的问题。这引起了罗伯特的注意，并立刻联想到公司预订业务下滑可能与此有直接关系。

罗伯特和玛丽娜就此进行了研究。玛丽娜感到问题的根源在于集团公司对预订中心的员工激励不够，致使他们缺少一种工作的自我满足感。开始，罗伯特很难相信这一点，他认为集团公司付给他们的报酬比在同类公司做同类工作的人高10%左右，本集团公司的员工福利待遇又是同行业中最好的，为什么他们仍然对自己的工作不满意？但玛丽娜认为对员工激励应该针对不同的对象，采取不同的手段，优厚的工资与福利条件对预订中心的人员究竟能起多大的激励作用？还有哪些激励手段适用于这样的团体和个人？后来，罗伯特和玛丽娜一致认为这是员工管理中非常值得探讨的问题。

假设你是公司人事部经理助理，玛丽娜要求你就预订中心员工出现的问题为她起草一份关于如何激励员工的报告，分析4名高级职员工作热情和积极性下降的原因，并提出解决预订中心问题的办法。

第十章
群体心理

　　群体规范是群体成员共同的行为准则，群体压力是群体成员形成难以违抗的心理约束。群体凝聚力和士气是群体实现目标不可缺少的条件，群体凝聚力越高，其成员的工作效率越高，也就越有利于群体目标的实现；高昂的士气是增强企业活力和内部团结的一个重要心理因素。群体竞争是企业发展的动力，如果企业内不存在竞争，就谈不上发展和创造。恰当的群体冲突有利于克服群体内的自满情绪，从而保证群体高绩效的运行。

第一节　群体动力

　　群体规范给成员形成的压力可以转化为群体动力的重要来源，群体凝聚力和高昂的士气是推动群体发展的不可缺少的条件，群体竞争和冲突从某种意义上说，是有利于企业实现目标的积极因素。

一、群体规范与压力

（一）群体规范

　　群体规范是群体成员共同建立的行为标准，每个群体都存在其成员共同遵循的规范，这些规范有成文的，也有不成文的，具有推动符合群体要求的行为和阻止不符合群体要求的行为的力量，因此，对旅游企业来说，建立起适合于企业的群体规范，对实现企业的目标有极其重要的意义。

　　群体规范的形成与建立，主要受以下因素的影响：

　　（1）群体构成。群体有同质群体与异质群体之分，同质群体因为有相同的利益、爱好和目标，容易形成群体规范；相形之下，异质群体由于在以上各方面少有共同之处，不易确认群体规范。

　　（2）物理环境。如果群体的工作条件相同，工作地点相近，环境相似，则容易形成群体规范；若群体的工作条件不同，工作地点相距甚远，环境也不同，则难以形成群体规范。

（3）群体成员的个体特征。群体成员的知识层次越高，就越难以形成和建立共同遵循的群体规范，因为知识层次高的人，更倾向于把自己看做具有独特价值观、人格和动机的个体，他们更强调自己个性的发挥，而不愿意受规范的约束。

旅游企业在标准规范建设过程中，应包括以下基本内容：

员工手册；各部门、各岗位、各项操作的服务程序与标准；企业管理制度；干部评审、考核与任免制度；奖惩制度；培训制度；质量管理制度；成本管理制度；利益分配制度；等等。

在建立群体规范的过程中，应注意以下问题：

（1）群体成员的参与性。在建立群体规范的过程中，吸收群体成员的广泛参与，在执行规范的过程中容易得到群体成员的普遍认同，从而有利于规范的执行。

（2）群体规范的科学性。群体规范作为群体成员遵循的共同的行动指南，直接影响到企业目标的实现，因此，在规范制定过程中必须把握规范的科学性。

（3）群体规范的可操作性。在制定群体规范时应注意规范的可操作性，这是因为群体规范是用以约束群体成员的行为准则，如果不具备可操作性，规范将形同虚设，失去了其原有的意义。

（二）群体压力

群体压力是指群体规范对其成员所具有的无形的约束力，这种约束力使得个体成员在心理上很难违抗，从而产生一种紧张甚至恐惧的心理状态。一般说来，在群体压力下，人们往往容易产生社会从众行为、社会顺从行为、社会标准化倾向和社会助长作用。其中，社会从众行为指个人在群体中的行为表现，往往受到群体的无形压力，而且在认识倾向与行为方式上与群体中的多数趋于一致；社会顺从行为则是在思想上保留自己的观点，而又不在行动上违背群众的意志；社会标准化倾向是指个体在群体环境中，易趋向于统一标准。

所谓社会助长作用是指个体独自做某一工作时，往往不如和一群人一起做同样的工作时的效率高，这种效率上的助长作用就称为社会助长作用。这主要是因为多数人在一起工作，可以减少单调的感觉，增加模仿的机会，增加竞争的倾向与动机，减少孤独造成的心理疲倦等。在群体环境中易产生竞争心理，提高工作效率。

任何群体都存在群体行为规范（包括成文和不成文的），这些行为规范要求每个成员共同遵守，这是群体存在的基础，群体对所属的群体成员都具有一定的行为约束力，从而给群体成员造成心理压力。旅游企业中同样也存在着群体压力，管理者应利用群体压力来做好管理工作，使全体员工朝着企业目标而共同努力。群体压力的运用有如下几个方面：

（1）理智压力，即以理服人，使成员明白在群体生活中该做什么和不该做什么；

（2）感情压力，即以情感人，深厚的真挚感情能打动人，促使其顺从群体；

（3）舆论压力，常言说"人言可畏"，群体的舆论对其成员易形成一种压力，正面的舆论能促使其成员坚持正确的行为，惩戒性的舆论使成员不敢再坚持错误的行为；

（4）心理隔离，即群体使用断绝其成员心理上的沟通和行为的接触，使之形影孤单，陷入完全被动的状态；

（5）"暴力"压力，即采用强制手段，如惩罚、开除等。

有研究表明，压力与工作绩效呈明显的曲线关系。在压力小的情况下，职工可能不警惕，没有挑战性，激不起职工的干劲，工作绩效达不到最高水平；当压力太大时，群体成员产生焦虑的情绪，易窒息职工的独创性，限制人的思维，影响人的独创能力的发挥，使工作绩效水平下降。当然，同样的压力在不同成员身上也可能产生不同的结果，一般来说，对期望值高的职工，在压力面前会持一种积极态度，有激励感；对期望值低的职工，在压力面前会持消极态度，甚至会感到苦恼。因此，企业管理者应该针对不同员工的情况，采取不同的管理策略。

二、群体凝聚力与士气

（一）群体凝聚力

在这里，群体凝聚力既包括群体内部具有的使其成员不轻易脱离的吸引力，又包括成员与成员之间的吸引力，也就是说它含有"向心力"和"内部团结"的双重含义。群体凝聚力是实现群体目标不可缺少的条件，群体凝聚力越高，其成员的工作效率越高，也就越有利于群体目标的实现；反之，若群体缺乏凝聚力，成员工作效率低，则不利于群体目标的实现。因此，管理者必须采取积极措施，增强群体凝聚力。

影响群体凝聚力的因素有许多，其中主要因素有：

1. 群体目标

群体目标是增强凝聚力的关键。在旅游企业里，如果有明确的企业目标，员工就有了努力的方向，企业就有"向心力"。员工有了共同的奋斗目标，就会团结协作，产生良好的人际关系，进一步加深感情，从而增强群体的凝聚力。

2. 群体的社会地位

在社会经济生活中，社会地位越高的群体，吸引力越大，就越容易形成向心力；反之，群体的社会地位越低，吸引力越小，凝聚力就越小。

3. 群体的领导方式

领导方式不同，对群体所产生的内聚力是不同的。将领导方式划分为"专制式"、"民主式"和"放任式"，这是最常见的划分方式，在这三种领导方式中，以"民主式"领导下的群体，凝聚力最高。

4. 群体的沟通方式

在群体内部，采用全方位沟通，凝聚力高；采用单向沟通，凝聚力低。只强调垂直等级管理的企业，员工怨气较大，人心不稳，凝聚力小。而同时辅以全方位沟通的企业（如实行管理者与员工谈心制度、接待日制度、民主生活会制度等），凝聚力较强。

5. 群体内部的奖励方式

以群体为单位的奖励方式有助于增强群体的内聚力。因为以群体为单位的奖励方式可以使成员们意识到个人的命运是与群体连在一起的，成绩的取得是靠大家共同努力的结果，而不是某个人的功劳，这样，有利于增强成员间的合作精神。

6. 群体的外部影响

当群体受到外部压力时，凝聚力增强。如当企业经营出现重大危机时，管理者利用压力并且化危机为契机，使员工产生与企业共荣辱的情感，从而增强凝聚力，带领企业走出困境。

（二）群体士气

士气是企业组织中群体成员的工作精神状态与相互认同、相互协作的群体意识。一个企业士气高昂，成员之间团结、合作，必然工作效率高，从而能更有效地实现企业目标，可见，高昂的士气是增强企业活力和内部团结的一个重要心理因素。一个企业能否有效地实现自己的目标，在很大程度上取决于全体群体成员的士气。

一个士气高昂的群体通常具备 7 种特征：

（1）群体的动力是来自凝聚力，而不是来自外部的压力；

（2）群体内人际关系状况良好，成员之间没有相互对立的倾向；

（3）群体能适应外部环境的变化，并能妥善处理内部的各种矛盾和

冲突;

（4）群体成员之间有强烈的认同感;

（5）群体目标非常明确,群体的各个成员有相应的具体的奋斗目标;

（6）群体成员对群体目标认同,对领导者支持;

（7）群体成员承认群体的存在价值,并具有维护该群体继续存在的意向。

在旅游企业管理中,管理者应意识到群体士气对企业目标的实现发挥着重要作用,要建立高效运转的企业,要激励士气,营造团结一致、共同奋斗的企业氛围,但是,需要注意的是高昂的士气是提高生产效率的必要条件,但不是全部条件,还要有对生产任务的高度关心,即只有同高度的生产性相结合,才能对提高生产效率、实现企业目标产生真正的价值和积极意义。因此,不要认为高士气必然有高效率。

三、群体竞争与冲突

（一）群体的竞争

当今社会,竞争几乎无所不在,群体竞争是指群体成员为达到有限的目标,力求超过别人取得优势地位的心理状态。群体竞争是企业发展的动力,如果企业内不存在竞争,就谈不上发展和进步。

竞争取决于以下因素:

（1）资源稀缺程度。引起竞争的根本原因是资源短缺。在资源有限的条件下,如果一方得到资源就意味着另一方失去资源,这样就必然引起为争夺资源的竞争。

（2）群体及成员的价值观。群体或个人,只有当认为某种资源或某种事情对自己有重大价值,才会去为之奋斗,彼此之间就可能展开竞争,否则,竞争是毫无意义的。

（3）目标与现实的差距。目标与现实差距太小,实现目标的可能性很大,会竞争不起来;相反,目标与现实差距大,即有相当的难度,实现目标要付出极大的努力,很可能会引起激烈的竞争。但如果差距大到高不可攀时,群体或个人很可能会放弃目标,竞争就难以发生。

旅游企业内部的群体竞争是普遍存在的,管理者要善于利用和引导企业内部存在的竞争,对有利于企业发展的良性竞争进行保护,同时,要反对恶性竞争,以消除由竞争而带来的不利于内部团结的消极影响。群体竞争运用得当,会对有关群体的内部关系产生积极的影响,这主要表现在:

（1）公平竞争的结果会使企业内部冲突减少,成员之间更加团结;

（2）因竞争而使成员对群体目标有了更清晰的认识，促使步调趋于一致；

（3）成员对集体荣誉更加关心，工作更加积极主动；

（4）群体成员上下一致、团结一心，使群体趋于高度组织化。

（二）群体冲突

群体冲突是指群体中人与人之间或群体与群体之间发生的分歧、争论和对抗。群体冲突的产生源于群体成员有各自的目标，而这些目标之间是互不相容或互相排斥的，从而导致群体成员在心理上或行为上的矛盾。冲突的产生不仅会使个人体验到一种过分紧张的情绪，而且还会干扰企业活动的正常进行，所以，旅游企业的管理者必须充分认识到群体冲突的存在以及它给管理工作带来的消极影响。

当然，从辩证的角度来看，群体冲突对企业的影响不一定都是消极的，在某些条件下甚至可能转化为好事，给企业的发展带来积极影响。群体冲突也可以从另一个角度说明群体成员的思想活跃，勇于创新。让群体保持在一个适宜的冲突水平上，会产生"鲶鱼效应"，从而有利于克服企业中所弥漫的骄傲自满情绪，促进企业的进一步发展。可见，群体冲突有时也是保证高绩效所需的动力。

群体冲突形成的原因主要有：

（1）沟通因素。如果在信息的交流与意见沟通过程中，某个环节出现了故障，会造成群体成员之间发生误解，造成冲突。

（2）结构因素。如果企业规模过于庞大，层次过多，结构太复杂，信息传递的渠道过长，那么信息在传递的过程中易被歪曲而造成冲突。

（3）个人行为因素。群体成员虽然在同一企业内工作，外部环境有许多相似之处，但由于个体之间存在差异，会造成冲突。如独断专行的人爱扩大事态以攻击别人，自尊心强的人容易先发制人，他们都是为了"自我防卫"而主动与他人发生冲突。

群体冲突的存在，会给群体的发展带来负面影响。这主要体现在：一方面，群体冲突会对企业的形象造成不良影响；另一方面会影响企业职工工作绩效的提高。所以，鉴于群体冲突的负面影响，管理者应积极采取应对措施，将冲突消灭在萌芽状态，控制事态的发展，减少冲突的产生。

一般说来，减少冲突的策略有以下几种：

（1）设置超级目标。超级目标即高水平的目标，为防止冲突发生，管理者可以为其设置超级目标，利用高水平的目标给冲突各方形成压力，使冲突各方把精力集中到超级目标的实现上，化干戈为玉帛，携手共进，为目标的实现而共同努力。

（2）采取行政手段。将冲突双方调离原工作岗位，使双方保持一定的物理距离，这样有利于使彼此在情绪上冷静下来，从而使冲突得以缓解，当然，这只是暂时的，问题的最终解决还需要耐心细致的工作。

（3）采用托马斯冲突处理模式。托马斯通过调查研究提出了在特定的情况之下处理冲突的最佳方式选择（如表 10-1 所示）。

表 10-1　　　　　　　　　　处理冲突的 5 种方式及应用

冲突的处理方式	适 合 的 情 况
强　制	1. 当情况紧急，要采取决定性行动时； 2. 在与企业的利益关系重大的问题上； 3. 在重要的纪律性问题上； 4. 当对方可以从非强制手段中获益时。
解 决 问 题	1. 当与利益都有重大关系时； 2. 当你的目标是向他人学习时； 3. 需要集思广益时； 4. 需要依赖他人时； 5. 出于感情关系的考虑时。
妥　协	1. 目标很重要，但不值得和对方闹翻时； 2. 当对方权力与自己相当时； 3. 使复杂的问题得到暂时的平息时； 4. 由于时间有限需要权宜之计时； 5. 当合作或竞争都未能成功时。
回　避	1. 在小事情上或面临更加重要的事情时； 2. 当认识到自己无法获益时； 3. 当付出的代价大于得到的报酬时； 4. 当其他人可以更有效地解决冲突时； 5. 当问题已经离题时。
克　制	1. 当发现自己错了时； 2. 当问题对于别人比自己更重要时，去满足他人，维持合作； 3. 为树立好的声誉时； 4. 当友好相处更重要时。

这里的强制是指不合作而且非常武断；回避是指合作与武断程度都很低，对一切缺少兴趣；妥协是指两个都取中间状态，是一种权宜的解决办法；克制是指合作程度高而武断程度低，有牺牲自己利益去满足他人利益的精神，解决问题是指通过坦诚的交谈，决定共享资源。

第二节　人际关系

　　群体生活中的每一个人都不是孤立存在的，总要和群体中的其他成员发生这样或那样的联系，也就是说，群体中的每个成员都会结成某种关系，由此而成为某种社会关系的节点，这种人与人之间的关系就是人际关系。

　　人际关系的状况，对旅游企业员工的积极性的发挥和工作效率的提高有着重要的影响。如果人际关系状况良好，员工之间感情融洽，职工的士气高涨，凝聚力就会增强；反之，如果人际关系状况较差，员工之间常发生摩擦，则会降低工作效率，削弱企业的凝聚力。

一、人际关系类型和要素

　　人们在心理上相互交往的关系，即在社会活动过程中所形成建立在个人情感基础上的联系就是人际关系。这是个体或团体彼此寻求满足需要的心理状态。它是社会关系的范畴，包含着认知、情感和行为这三个互相联系的重要成分，是人们进行社会交往的基础。

　　旅游业少不了要与各种客人打交道，一方面，企业内部的人际关系状况对于工作效率有极大的影响，直接关系到企业目标能否实现；另一方面，与顾客之间的关系处理是否得当关系到企业的成败。因此，旅游企业管理者应该重视和加强对人际关系的研究。

　　（一）人际关系类型

　　由于人们社会活动的复杂性和人们交往行为的多样性，使人际关系也呈现出多样性，心理学家雷维奇把这种关系归纳为如下8种类型：

　　（1）主从型：一方处于主要支配地位，另一方处于被支配或服从地位；

　　（2）合作型：双方有共同的目标，他们配合默契，互相忍耐让步，有分歧时能相互谦让；

　　（3）竞争型：这是种令人兴奋而又使人精疲力竭的不安定的关系，优点是有生气、有活力，缺点是由于长时间竞争，令人精疲力竭；

　　（4）主从—竞争型：属于一种难以相处的人际关系，双方在相互作用时，有时呈现为主从类型的人际关系，有时为竞争型的人际关系，这种不断的变化使双方不安宁，无所适从，这种关系常常是在忍无可忍时，不得不中断联系；

　　（5）主从—合作型：是一种互补和对称的混合型人际关系，双方能和谐共处，合作因素超过主从因素时，双方更显融洽；

(6) 竞争—合作型：是一种自相矛盾的混合型人际关系，维持这种关系需要有一定的距离以避免双方过于频繁的互动；

(7) 主从—合作—竞争型：属一种混合型人际关系，往往陷入困境，冲突较其他类型的关系要多；

(8) 无规则型：此种所占比例小，属这种关系的双方毫无组织能力，只需施加一点外力，就会转变成其他类型的人。

另外，心理学家舒兹以人际关系反映倾向的角度研究了以下几种人际关系类型（如表 10-2 所示）：

表 10-2

需求种类	主动型	被动型
包容需求	主动与人交往	期待别人接纳自己
控制需求	支配他人	期待别人支配自己
感情需求	对别人表示亲热	期待别人对自己表示亲热

(二) 人际关系的构成要素

人际关系的构成要素如下：

(1) 方对关系。每一种关系的存在都要有两个节点，也就是说人际关系的发生，至少需要由两个方面的人联结成对，才能发生关系，这就是方对关系。

(2) 联系媒介。方对之间的彼此联系，必须要通过一定的桥梁，即通过中间媒介，这就是联系媒介。

(3) 交往方式。人们在相互交往中，要采取一定的形式，这就是交往方式。

方对关系、联系媒介、交往方式是构成人际关系的三要素。在这三个要素中，方对关系是人际关系的基础，联系媒介是人际关系的桥梁，交往方式是人际关系的形式，三者互相结合才能形成关系。

二、人际关系的形成过程和条件

(一) 人际关系的形成过程

良好的人际关系是在人际交往过程中建立和发展起来的。人际关系的形成过程一般要经历 4 个阶段：

1. 定向阶段

这是良好的人际关系形成的最初阶段。在人际关系的初期，人们总是依据自己的意愿、审美观、价值观选择对自己最具吸引力的交往对象，并注意搜集对方的信息，以求深入地了解对方。同时，人们还可能展示自己，以求给对方一个良好的最初印象。

2．探索情感交换阶段

在搜寻对方信息的基础上，人们会有进一步向对方表露自己的思想情感的倾向，或扩展新的领域、增加新的内容，以探寻对方的情感倾向，此时，若对方也有继续交往的倾向，则会进入情感交换的阶段。反之，两者将不可能建立什么关系。

3．情感交换阶段

这是人际关系建立的关键阶段。人际关系能否建立，关键取决于情感这个联系纽带。在这个阶段，双方进一步向对方祖露自己的思想情感。

4．稳定情感交换阶段

经过前三个阶段的交往接触，彼此已形成良好的稳定情感，距离已达到相当接近和十分密切的程度，至此，良好的人际关系便告形成。

总之，在人际关系的形成过程中，情感程度是逐步上升的，前一阶段是后一阶段的基础，后一阶段是前一阶段发展的结果。在人际关系形成过程中，无论哪一个阶段出现障碍，都将意味着交往的中断或破裂，关系便不能建立和形成。

（二）良好的人际关系形成的条件

良好的人际关系的建立，除思想倾向外，还必须具备个人吸引力和心理相容度两方面的因素。

个人吸引力对人际关系状况的影响非常重要，决定个人吸引力大小的因素主要有以下3种：

（1）人品。人品是个人吸引力大小的根本因素。人际关系中最受欢迎的人品是：诚恳、诚实、理解、忠诚、可信、可靠、聪明、幽默、体谅、热情。

（2）仪表。仪表也是重要的吸引因素，尤其是在人际交往初期，人的容貌、体态、衣着和风度有不可忽视的作用，这是第一印象，又称首因效应，常常成为能否继续交往的基础。

（3）能力与专长。能力与专长是实践性和科学性因素，具有很强的影响力。能力强而且有专长的人，容易得到他人的信赖，能力强的人虽偶有小错仍让人喜欢，这是能力吸引。

心理相容度是影响人际关系状况的另一重要因素。决定心理相容度的因素主要有以下3种：

(1) 熟悉程度。越是相互熟悉，越可能建立较接近的人际关系。人们彼此之间交往频率越高，就越熟悉，也就越容易拥有共同的话题和情感，从而更容易建立起密切的关系。

(2) 相似程度。人与人之间相似的因素越多（如年龄、经历、性格、长相、兴趣、态度、家庭社会背景、经济条件、职业、文化素质、宗教信仰、价值观念等），越容易沟通，也就是相似性吸引。

(3) 需要的互补度。当某人的需要正好与对方的期望成互补关系时，彼此容易产生吸引力，结成良好的人际关系。

旅游企业中成员之间的关系是各种各样的，但归纳起来无非是两种：即公务关系（正式关系）和私人关系（非正式关系）。企业中成员之间的这种关系构成了群体成员之间的关系系统。在此关系系统中，私人关系受公务关系的决定和支配，公务关系以私人关系为基础，两者互为补充、相互制约。私人关系不融洽、出现感情紧张和摩擦时，难以保证公务关系的良性运行；而公务关系十分紧张的人，则相互之间的感情也不会和谐。因此，作为一个管理者要想在企业中建立融洽、和谐的人际关系，一定要协调好公务和私人之间的关系。

三、改善人际关系的途径

良好的人际关系有利于企业目标的实现，也有利于调动员工的积极性，发挥其主动性与创造性。因此，在群体中建立良好人际关系具有积极的意义。其途径主要有 4 个：

1. 树立正确选择管理者的理念

思想作风、工作作风和生活作风过硬的领导，在工作中就能表现出高度的事业心、正确的权力观、实事求是的态度，就会主动关心职工冷暖、广泛联系群众。这些作风能够使集体气氛融洽、和谐，形成良好的人际关系，因此，必须正确选择管理者。

2. 创立有利的群体环境和良好的交往气氛

情境因素是建立良好的人际关系的必备条件。管理者要有意识地利用组织的力量，创造适宜的群体气氛，如优美的工作环境，优越的工作条件，团结的集体，有竞争性的工作任务，和谐的上下级关系，实行适当的职工参与制，良好的意见沟通，就能促进成员间的相互交往，建立良好的人际关系。

3. 建立合理的组织机构和采取必要的组织措施

科学合理的组织机构是组织完成其特定目标与任务的基础，只有组织内部分工合理，组织的整体目标与任务明确而具体，并逐层分解到岗位与个人，辅之以责权利的机制，才能杜绝相互因责任不清而出现的推诿，甚至互相拆台等现象。可见，合理的组织机构设置是建立组织内良好人际关系的重要前提。

4．提高群体成员的自我修养

良好的人际关系的建立与群体成员的自我修养是密不可分的。为了建立良好的人际关系，群体成员必须树立正确的世界观，正确地对待集体和他人之间的关系；另外，良好的性格能改善与增进人际关系。心胸开阔、性情开朗就有利于搞好人际关系，反之，心胸狭隘、自私、处处斤斤计较，就难被群体中其他成员所接纳，在与他人的交往中遵守交互原则，宽容豁达，懂得尊重、理解、接纳与支持他人、持之以恒，以诚待人，并努力提高自身价值。为此，加强员工的自我修养，是搞好人际关系的一个很重要的方面。

第三节 意见沟通

意见沟通是指人与人之间或群体与群体之间传达思想和交流情报、信息的过程。该过程由三个基本要素构成：一是意见或消息的发送者；二是意见或消息，即传递的内容；三是意见或消息的接受者。

对旅游企业来说，意见沟通是非常重要的，它联结着企业的各个部门和员工，贯穿着企业每项活动的始终。企业对外可通过意见沟通获得有关外部环境各种变化的信息，对内可了解员工的需要、工作士气、各部门间的关系，改善本企业的人际关系等。

一、沟通类型

（一）以沟通媒介为标准划分，可将意见沟通分为书面沟通、口头沟通和非语言沟通

1．书面沟通

书面沟通是利用文字进行沟通，在企业内部，常用的书面沟通包括布告、通知、备忘录、简报、刊物、员工手册、便条等。书面沟通的优点是正式、信息清晰、准确、具有权威性，不容易在传递过程中被歪曲，可以使接受者反复阅读、永久保留。

2．口头沟通

口头沟通是借助于口语进行的沟通。口头沟通的形式对内有会谈，正式、非正式的会议，授课、演讲以及电话等，对外有街头宣传、口头调查、商务谈判、新闻发布会等。这种沟通形式的优点是双向沟通，能够充分、迅

速地交换意见，提高沟通效果；有亲切感，可以用表情、体态、语调等增加沟通效果，而不足之处是没有书面沟通准备得充分，也没有信息交流的记录，不利于保存。

3．非语言信息沟通

非语言信息沟通方式，是指诸如用动作、面部表情、说话声调、语气和身体姿势来加强或渲染语言的效果。例如，一个作风专断的主管一面拍桌子，一面宣称从现在开始实施参与式管理，这样的话可信性就有问题。显然，非语言沟通方式既能强化语言沟通的效果，也能起相反的作用。

（二）以沟通方式为标准划分，意见沟通可分为垂直沟通、平行沟通和斜向沟通

1．垂直沟通

可分为上行沟通和下行沟通两种。上行沟通是指自下而上的沟通，下级向上级汇报工作、提出建议等，这种沟通有利于调动员工的积极性，但沟通容易受到沟通环节上的主管人员的阻碍，他们把信息过滤并且不把所有信息，特别是不利的信息向上级传送。就控制的目的而言，客观地传送信息至关重要，因为这是上级人员掌握全面情况，做出符合实际的决策的前提。自下而上的信息沟通主要是启发式的，它通常存在于参与式的和民主的环境之中。有效地进行自下而上的信息沟通需要有一个使下属可以自由沟通的环境。组织气氛在很大程度上受上级管理部门的影响，因而，创造自下而上自由沟通这样一个环境的责任在很大程度上，也应由上层管理部门承担。下行沟通是指自上而下的沟通，是信息从高层次成员朝低层次成员的流动。上级将企业的组织目标、管理政策、工作程序等向下级传达，这是企业中最常见的形式，但容易出现独裁主义。主管人员把组织目标、规章制度、工作程序等向下传达，这是保证组织工作进行的重要沟通形式。遗憾的是，信息向下属传送时往往遭遗漏或被曲解。事实上，许多指示并未被下属所理解，甚至连看都没看过。因而，要知道接受者是否按照发送者的意图去理解信息，必须要有一个信息反馈系统。

2．平行沟通

即同级之间的沟通。这种横向的联系有利于消除部门间的隔阂，使企业形成一个整体。

3．斜向沟通

斜向沟通与部门沟通类似，不过这类沟通不是发生在同级别之间，而是与其他部门不同职位的人进行的沟通。这种沟通方式用来加速信息的流动，促进理解，并为实现组织的目标而协调各方面的行动。

（三）以意见沟通的渠道划分，意见沟通可分为正式沟通与非正式沟通

1. 正式沟通

正式沟通是利用组织规定的渠道进行信息传递和思想交流。这类沟通代表组织，比较慎重。如组织与其他组织之间的往来公函、洽商会谈等；如文件的传达、各项命令、定期会议、上级的指示按组织系统逐级下达，或下级的情况逐级上报等。

正式的沟通渠道中存在 5 种典型的沟通网络，即链式、圆周式、轮式、"Y" 式和全通道式（如图 10-1 所示）。

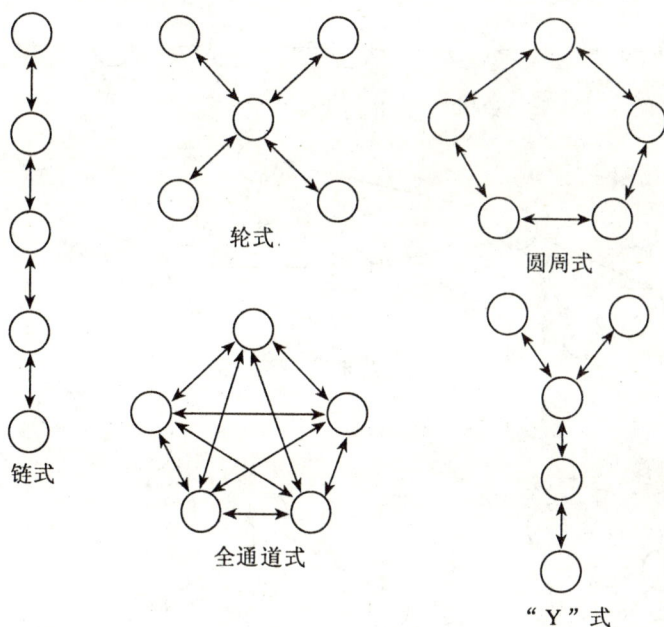

图 10-1　5 种不同的沟通网络示意图

链式沟通网络：管理者与部属间有中间管理者的纵向沟通网络。在这个网络中，意见和信息逐层传递，易造成信息失真。

圆周式沟通网络：不分上下的一个封闭式控制结构。这种结构有利于创造出一种高昂的士气，但不易产生团体作业的组织化。

轮式沟通网络：一个主管直接管理部属的结构。这种沟通网络集中化程度高，解决问题速度快，但士气非常低。

"Y" 式沟通网络：兼有轮式和链式的优缺点。

全通道式沟通网络：在这一网络中，任何人都与其他人直接沟通。在全

通道网络中，群体满意度很高，完成复杂任务的绩效也高，但在完成简单任务时费时较长，绩效只是中等。

2. 非正式沟通

非正式沟通是在正式沟通渠道之外进行的信息传递或交流。包括所有正式沟通系统以外的信息传达和意见交流，如"流言"。现代管理中很重视研究非正式沟通，因为人们的真实思想和动机往往是在非正式的沟通中表露出来的。这样的沟通，信息传递快而且也不受限制，它起着补充正式沟通的作用。非正式沟通主要有4种传播方式（见图10-2）。

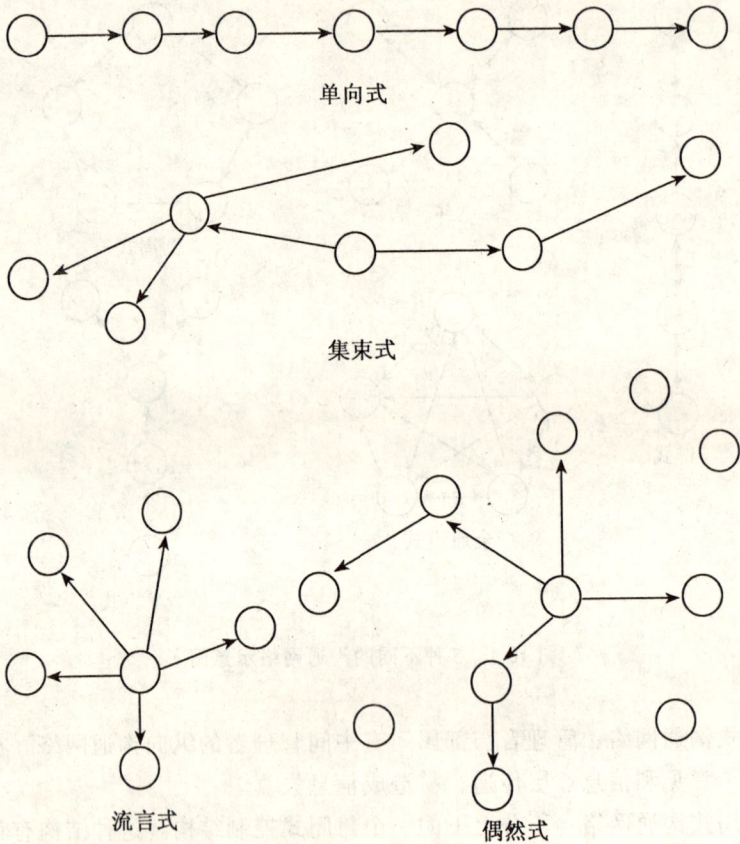

单向式

集束式

流言式　　　　　　　　　　　　偶然式

图 10-2　非正式沟通的 4 种传播方式

单向传播：该方式是通过一连串的传播人把小道消息传播给最终的接受者。

集束式传播：这种传播方式一般只在特定的范围内流传，它只传给与传播者有密切关系的人。

流言式传播：这种方式是指一个人主动地把小道消息传播给其他人。

偶然式传播：方式是随机将小道消息传播出去，并无一定的路线。

（四）以沟通方向的可逆性划分，意见沟通可以分为单向沟通和双向沟通

单向沟通是指信息朝一个方向进行，信息发送者与信息接受者之间的角色不发生变化，例如：作报告、发指示、作讲演等。这种沟通的特点是速度快、秩序好、无反馈、无逆向沟通，但接受率低，接受者容易产生挫折、埋怨和抗拒。双向沟通是指信息发送者与信息接受者的角色不断发生转换，信息在两者之间反复变换传达方向，例如：交谈、会谈等。这种沟通的特点是气氛活跃、有反馈、接受率高，接受者能表达意见，人际关系融洽，但信息发送者感到心理压力较大，因为随时都会受到信息接受者的批评或挑剔。

从严格意义上讲，单向沟通并不是真正的沟通，而只是一方把信息告诉另一方。双向沟通才是真正的沟通，但是不能因此否定单向沟通。一般说来，例行公事、有章可循、无甚争论的情况可采用单向沟通；事情复杂、底数不大，可采用双向沟通。重视速度维护表面威信可采用单向沟通，重视人际关系则可采用双向沟通。

群体规范是对群体成员共同的行为准则，群体凝聚力和士气是实现群体目标不可缺少的条件，群体竞争是企业发展的动力，适当的群体冲突有利于克服群体内的自满情绪，从而保证群体高绩效地运行。

人际关系的状况，对旅游企业员工的积极性的发挥和工作效率的提高有着重要的影响。良好的人际关系有利于企业目标的实现，也有利于调动员工的积极性，发挥其主动性与创造性。对旅游企业来说，意见沟通是非常重要的，它联结着企业的各个部门和员工，贯穿着企业每项活动的始终。企业对外可通过意见沟通获得有关外部环境各种变化的信息，对内可了解员工的需要、工作士气、各部门间的关系，改善本企业的人际关系。

思考题

1. 影响群体凝聚力的因素有哪些？

2. 减少冲突的作用有哪些？

3. 人际关系类型有哪些？

4. 改善人际关系的途径有哪些？

5. 研究群体动力对旅游企业有什么意义？

6. 如何利用意见沟通渠道管理旅游企业?

课后学习材料

结合群体心理学有关压力、沟通、士气的学习，阅读下列三段材料。

1. 员工职业压力管理

32 岁的陆帆是一家知名 IT 企业的高层主管，年纪轻轻的他能获得这么好的位置除了他的才华，更多的是靠他的勤奋，每天工作 20 个小时是常事。他一直认为自己年纪轻精力充沛，但忽然有一天他发觉身体上越来越多的困扰向他袭来，心悸、失眠、易怒、多疑、抑郁，以前 10 分钟就能解决的问题现在却要花费一个小时，他甚至对工作产生了极其厌倦的情绪。陆帆的情况发生在越来越多的公司白领身上，而这种困扰的原因是越来越沉重的职业压力。

据研究机构美国职业压力协会（American Institute of Stress）估计，压力及其所导致的疾病——缺勤、体力衰竭、神经健康问题——每年耗费美国企业界 3 000 多亿美元。目前在中国，虽然还没有专业机构对因职业压力为企业带来的损失进行统计，但北京易普斯企业咨询服务中心的调查发现，有超过 20％的员工声称"职业压力很大或极大"。据业内人士初步估计，中国每年因职业压力给企业带来的损失，至少上亿元人民币。

缓解职业压力延长企业生命周期。北京师范大学心理学院人力资源与管理心理研究所讲师张西超是国内较早提出职业压力管理者之一。在他看来，职业压力管理不一定能在短期内给企业带来效益，但潜在的、具有推动力的行为，将会在企业生命的延展方面得到淋漓的体现："很多老板并不认为职业压力管理与企业有着密切的关系，事实上这种想法是错误的。随着市场经济的发展，就业环境压力的加大，越来越多的员工感到了一种职业的压力。很多人认为职业压力不会直接影响到企业，事实上职业压力与员工的缺勤率、离职率、事故率、工作满意度等息息相关，而且对企业的影响将是潜在的、长期的。"形成压力的原因是多方面的，通常情况下是在工作中产生或形成的各种压力，即职业压力，包括工作任务过重、人际沟通、角色冲突、工作环境等，如果这种压力得不到释放或缓解，将会影响到员工的身心健康、情绪以至于影响到工作。张西超分析说，职业压力管理的目的并不是彻底消除这种压力，而是学会一套有效应对压力的方法，从而起到缓解、调节和分散作用，并使员工有一种积极、乐观向上的心态。这个管理体系当中更多的是运用心理学和医学的方法，对企业员工进行心理缓解。以专业的方式，从不同层次和角度来缓解压力，避免压力对企业、个人带来不良的影响。易普斯企业咨询服务中心金玉斌分析认为，职业压力管理表面上看起来和企业的效益并没有多大的关联性，但实质上起到了化解企业潜在风险的作用。员工因压力、情绪而影响到工作，企业如果频繁更换员工也不利于企业的成长，而且还有一个成本问题。若进行职业压力管理，科学合理地缓解、弱化这个问题，企业的风险将会降到最低。

在国外，职业压力管理得到了相当多成熟企业的重视，这些企业都有专业人士为企业的压力管理进行"把脉"。这种方式为企业减轻了负担，增加了凝聚力、核心力，同时这套管理体系也把员工和企业之间的距离拉近了，因为职业压力管理的核心就是减轻员工的压力和心理负担对其造成的不良影响。企业在知悉员工压力并以管理的方式进行疏导时，对于员工的内心感受、压力源、见解甚至意见，都会采取正确的态度来审视。无疑，对企业的良好发展起到助推作用，实际上也是一个良性循环。最重要的是，职业压力管理在相当大程度上延长了企业的生命周期。

正如实达电脑设备公司人力资源部的有关人士所说的那样，这种职业压力管理对个体的针对性更强，在缓解员工的压力方面起到了积极的作用。如果员工的压力减弱，那么这种工作状态会是一种热情、积极向上的，为企业能创造更多的价值。

职业压力管理在国内尚被忽视。从20世纪二三十年代开始，国际上对职业压力管理开始进行学术上的研究。20世纪80年代以后，压力管理有了更为系统和科学的方法，并得到了企业的认可，并有不少企业实施了职业压力管理方案（Occupational Stress Management Program）。在美国，职业压力协会是研究压力的一个专业的机构，专门对压力给企业、社会带来的一系列问题进行研究，同时也为企业起到一定的指导作用。我国的香港和台湾等地的职业安全健康局发布职业压力管理的研究报告和指导方案，推动职业压力管理的开展，而在祖国大陆，职业压力管理尚处于萌芽状态。张西超分析说，之所以国内更多企业并没有认识到职业压力管理的作用，一是因为对这个新生事情还比较陌生；二是战略意识比较薄弱。

据了解，职业压力管理（Occupational Stress Management Program）包括压力评估、组织改变、宣传推广、教育培训和压力咨询等几项内容，方案的费用根据企业规模的不同和工作内容的多寡，收费标准也不相同。但在一般情况下，企业要想维持一项完整的职业压力管理方案每年大概需要为每位员工花费约480元人民币。还值得一提的是，具有专业背景的从业人员更是少得可怜。而在美国，这个职业是很令人羡慕的，收入也是相当可观的。一些在华跨国公司较早地开始关注职业压力与心理方面的问题。通用电气、IBM、思科、三星等公司纷纷邀请国内的培训师在企业广泛开展了此类培训。目前，国内有先进理念的企业也已经开始接触压力管理。据悉，除实达电脑设备公司之外，联想集团、建设银行等纷纷介入企业压力管理的培训。

减压管理十七招。

职业压力是一个全球性的社会问题，在我国当前就业问题较突出的时候，许多人包括职业经理人都感到面临较大的职业压力。必要的职业压力有利于提高工作效率，但是压力过大则会降低工作效率，影响员工的身体健康。在职者往往担心失业或担心不能胜任本岗位而降职，忧心忡忡，积劳成疾，甚至导致精神崩溃。为此，降低员工的职业压力成为许多公司不能回避的课题。

以下一些办法在许多企业试用过，被证明是行之有效的，有需求的企业不妨一试：公开讨论工作中存在的问题，对于工作要求超出了员工的能力，如设定了不现实的工作期限、工作超负荷等，或是对工作方式、管理方式不能接受的情况，仅仅是公开讨论本身就能使员工心情释放；设立"职工谈心室"，聘请专家为员工解除心理压力，企业负责人也抽出时间直接与员工面对面谈心，使员工在倾诉烦恼中化解心理压力；根据掌握的信息合理调配用工岗位，实现人尽其才；设定旅游计划，定期举办旅游活动，借山水之美解除身心疲劳；参加公益活动：植树、爱心活动、关怀老人等；举办集体活动：歌咏比赛、书法、绘画、体育比赛等；成立公司内部非正式团体：爱心社、棋类协会、球类协会等软福利；准备一些益智性娱乐玩具，供员工在工作间隙用于消遣；改善工作环境，尽量使工作场所空气流通，降低噪音，增加一些绿色植物，也可以布置一些怡人的花草，在工作场所养金鱼，张贴照片和风景画等；还可以让员工自己装饰办公室、自己挑办公桌椅；在工作场所设置一所隔音室用做发泄室，让压力大的员工进去尽情地大喊大叫，发泄一通，发泄室里可以安装拳击袋，让员工可以借此减压；在连续工作一小时后实行集体放松，要求员工集体做深呼吸，每天做 10～15 次，每分钟呼吸 12～16 次，也可以做一些肢体伸展运动缓解肌肉的紧张，加速血液在体内的循环，帮助把氧气输送到大脑；在感到工作气氛紧张时，播放一些轻松或者另类的音乐，使员工听着音乐闭目养神，从而达到减压的目的；设定宽松的工作规范，不实施监控；安排下午茶、水果等；让员工着便装上班；实行弹性工作制，让员工自定工作时间；保持消遣娱乐和工作间的平衡，给工作和娱乐分配时间，时间分配不应让人有匆忙感，而应使人感到轻松自在，安排好度假，控制工作时间，有张有弛，有劳有逸。

　　2.饭店业是"高接触"的行业，倾听是一种有效的沟通方式

　　为了能得到员工真实的信息反馈，管理人员可以为员工创造一个言路畅通、有话敢讲的环境，营造一种相互信任、相互尊重的气氛，一旦员工知道他们最尖刻的议论也能得到及时的、积极的回应，心中就会对管理层产生信任感。信任与尊重员工具有不可思议的竞争优势，会主动拉近与员工的距离。单向沟通方式下，领导向下传达命令，下属只是象征性地反馈意见。双向沟通能做到信息的传递与反馈相结合。沟通过程是汲取智慧的过程，好的方法、主意都可以从沟通中得到。领导者虽然不可能解决所有问题，但给下属的感觉是肯定的——我很重要，我的部门很重要。具有成熟智慧的管理者认为倾听别人的意见比表现自己的渊博知识更重要。管理人员要有涵养倾听来自员工的不同声音，有耐心地倾听员工发"牢骚"。在沟通渠道上，包括正式沟通渠道和非正式沟通渠道。正式沟通渠道包括部门例会、巡视、反馈表格、饭店网上论坛等。非正式沟通渠道包括饭店举办的各种活动、"员工意见箱"，甚至是员工食堂与员工的交流等。对能力强而责任心很差的员工，以信任和放权为基础，沟通的重点放在激发员工的工作责任心上。对能力一般而责任心甚强的员工，主要针对员工的薄弱环节进行重点指导。对能力一般而责任心甚差的员工，管理者一般采取听之任之或惩罚的沟通方式。饭店员工的年龄普遍偏小，心理还很不成熟。因此，要尽量让他们"多吃糖"而"少抽鞭子"。正面的奖励比负面的惩罚更能调动一个人的工作积极性和责任心。我们应该将惩罚归结为管理的失败的补救措施，而不要作为日常所经常采用的手段。

　　3.厨师长辞职引起的风波

　　一个星期四的下午，湖心度假旅馆人事部经理艾姆思·白特正在办公室整理员工的人事档案，忽然响起了一阵急促的敲门声，紧接着旅馆餐饮部经理盖诺·沙德像一股旋风似的闯了进来。盖诺说道："事情太糟糕了，我无法再工作下去。有时我想这里就像疯人院一样。餐饮部没有员工，我怎样去经营、去管理？所有的客人都来我这里投诉，我却不能责怪他们，因为我没有饭菜给客人吃。"

　　艾姆思："冷静一点，盖诺，餐厅究竟发生了什么事？"

　　盖诺："厨师，厨师，还是厨师出了问题。即使给他们最好的厨房设备，他们除了抱怨什么也不会做。我希望把他们统统赶走，让汽车制造厂里的机

器人来工作。"

艾姆思："好了，你最清楚他们是怎么回事。是否又是厨房里发生了一点小事，你就去干涉，结果是化小事为大事。我说得对吗？"

盖诺："不！比这还要糟糕。今天我根本就没进厨房，因为我太忙了。也许就是因此而出了问题。厨师长吉恩刚提出辞职，这意味着1个月内饭店有4个厨师辞职。我已经打电话给职业介绍所，请他们帮忙再找几个厨师，但他们要求我们多付30％的手续费，因为我们事先没有给他们通知。我已接受了他们的条件，但我们还必须想别的办法来解决问题。"

艾姆思："吉恩现在已经离开饭店了吗？"

盖诺："没有，他还没走。有人在安慰他，给他酒喝。"

艾姆思："请他到我办公室来。我不是站在他那边，而是要弄清为什么我们的厨师都辞了职。然后，我们才有可能找出解决问题的办法，把这件事留给我处理好了。盖诺，消消气。别忘了，下周六你要去西班牙度假了，把一切都忘了，轻轻松松地去度假。如果今后真没有客人投诉，我想，恐怕事情会更糟。"

盖诺离开办公室。

几分钟后，又响起了敲门声，厨师长吉恩走了进来。

艾姆思："进来，请随便坐。我得知你刚刚辞了职，但我希望能与你说几句话。我想知道为什么你在这里工作这么短时间就要离开？"

吉恩："好！我知道我喝多了一点，但我奇怪为什么自己找了这份工作。工作时间长，报酬低，职工心情不舒畅。还有，餐厅不给我配有经验的助手，都是一些刚刚离开学校的学生，又似乎没人想去培训提高他们。他们只能生硬地握着刀切蔬菜。厨房所有的事情都得由我来做，每天工作结束时我连站着的力气都没有了。因为工作的压力而忍受痛苦，我学会了喝酒，我想在我成为酒鬼之前，离开这里回法国去，那里的饭店尊敬厨师，有良好的厨房设备。"

厨师长离职前发自肺腑的一席话，使艾姆思基本上弄清了问题的根源所在。看来，挽留厨师长是不可能了，他开始考虑今后应如何制止这类情况继续发生，如何稳定员工队伍，提高员工的士气和工作积极性等重要问题。假如你是这家旅馆的人事部经理，你打算如何处理这件事情？

第十一章
领导心理

　　领导在现代组织中的作用是众所周知的，有效的领导行为是旅游企业目标能否实现的重要因素。领导风格是指领导者在思想上和工作上所表现出来的态度和行为以及所采取的工作方法和形式。在旅游企业管理活动中，领导者的领导风格对旅游服务人员工作积极性的调动具有极其重要的意义。

第一节　领导心理概述

一、领导的含义

（一）什么是领导

　　每个现代组织都离不开领导，而且，领导者承担着越来越多的角色。如"外交家"：平衡外界环境，协调与其他组织的关系，争取获得最佳支持和最大资源；"传教士"：宣传组织文化、理念和目标，解释组织的目的，做什么和为什么要做；"调解人"：统一不同意见，化解组织冲突；"观察家"：了解环境变化和趋势，洞察组织文化、结构、运作、成员的细微变化，形成理念，加以引导；"教师"：训练群体成员遵照组织目标、规则，并不断提高群体成员能力、素质，以适应组织发展需求，这些角色领导都要扮演。

　　如果说传统意义的领导主要依靠权力，那么现代观点的领导则更多是靠其内在的影响力。一个成功的领导者不仅是指身居何等高位，也包括拥有一大批追随者和拥护者，并且使组织群体取得了良好绩效。领导者的影响力日渐成为衡量成功领导的重要标志。行为科学家认为领导是一种行为和影响力，这种行为和影响力并不排斥行使组织所赋予的权力，实行监督和控制，实施这种行为和影响力是领导者。从客观方面来说，领导者的影响力包含许多因素，这些因素都在一定程度上影响和制约着领导的影响力。

　　1.行业背景或从业经验

　　拥有良好的行业背景和优秀的从业经验会对影响力产生正面影响。广泛的行业知识便于领导者准确把握本行业的市场、竞争、产品、技术状况，对于领导目标决策及其各方面管理的信服力有着重要的作用；同时，行业经验还可使领导人拥有良好的组织内和行业内的人际关系和声望，从而提升影响力。近年来，随着职业经理人的出现，人们越来越关注那些"能去任何地方，管理任何事"的管理者和领导人。虽然各个组织仍会有不同的经营模式、管理架构和组织理念，但科学化管理成为必然，一大批受过良好训练的管理者和领导者涌现出来。如带领美国第一银行取得辉煌业绩的总裁就曾否认自己有任何关于怎样管理多个银行的知识，他把自己的角色看成是：观察员工们的业绩，聆听同事们的要求，确保需要帮助的员工能与组织中能帮助他的同事取得联系。

2．人格和价值观

正直、公正、信念、恒心、毅力、进取精神等优秀的人格品质无疑会增强了领导者的影响力和个人魅力，从而扩大其追随者队伍。"物以类聚"，领导者的个人价值观会吸引具有同类价值取向的人凝聚于组织，增加对组织的认同感和归属感；同时，领导者的人格和价值观还会潜移默化地影响组织成员，成为组织默认的行为标准。具备优秀价值观和人格的领导者使组织成员对其产生敬佩、认同和服从等心态，其影响力无疑会提高。

3．沟通能力

良好的沟通能力是影响力的桥梁和翅膀，在准确传达领导者意见、要求、决策的同时，也广泛传播了领导者的影响力。沟通使领导者能够更加准确地了解信息，预防盲目；沟通还使领导行为具有良好的合作氛围和渠道，促进领导决策的实施。两者在增加领导有效性的同时，也提升了领导者的影响力。不仅如此，恰当沟通本身就是影响力的一个很好体现。领导者在与组织成员平等交流、协商，显示合作意愿，共同开创前景的同时，增强了组织成员的参与感和认同感，从而进一步地增强了领导的持续影响力。

旅游企业通过企业领导者依据组织的实际情况，运用领导技能，采取正确的领导方式和领导行为，带领全体员工去实现组织的目标，因此，领导者是企业组织的核心和灵魂，领导者决定企业的发展目标、战略、任务和规划，引导着全体员工朝向组织目标的实现而努力。

（二）领导的意义

旅游企业的领导者是指担任旅游企业某项职务、扮演某种领导角色，并实现领导过程的个人或集团。他们是旅游企业的灵魂、核心和内部动力所在。

1．旅游企业的灵魂

旅游企业家作为旅游企业的组织者、指挥者，必须成为组织的灵魂，并发挥其在企业中的作用。

（1）为企业的生存与发展提供指导思想、理论、情报和技术。

（2）预测企业的发展趋势，制定正确的发展方针、政策、策略和计划等。

（3）在思想和行为上成为企业的象征、全体员工学习的榜样。

（4）在关键时刻能稳定局势，适时进行决策的调整。

由此可见，领导者是企业的中枢神经，如果他向企业发出了错误的指令，就会导致整个企业的瘫痪。

2．旅游企业团结的核心

任何企业要建立自身的良好形象和获得好的声誉，并求发展，企业内部的团结是关键。然而企业都是由各种各样的成员组成的，每一个成员都有自身的性格、志向、情趣和爱好，他们在不同的岗位上充当着不同的角色，因此，作为企业领导者有责任通过内部的活动，使广大员工获得方向感、信任感、成就感、温暖感、实惠感，进而改进人，达到内部团结共同实现企业既定目标和任务之目的。

从这一意义上讲，企业的领导人应该是全体企业成员的团结核心。

3．旅游企业内部良性运转的动力

在现代复杂、多变、激烈竞争的国内外旅游市场上，旅游企业的董事长、总经理们面临着一个奋力保卫和发展自己的企业的大问题。因此，他们在自己所领导的企业组织中，都必须正确处理好人、财、物、信息、时间和方法等方面的问题，以此来推动企业的运转。如果企业家们面临企业的问题束手无策，或处理不好这之间的关系，企业就有覆灭的危险。从这一角度来看，企业内部运转的动力主要来自企业组织的领导者。

（三）领导的有效性

1．制约领导有效性的障碍有以下几点

（1）忽视领导素质和领导能力的提高。领导素质和能力是管理者能否满足雇员需要和组织目标的前提条件。美国学者彼得·劳伦斯通过长期的研究发现，在现实生活中，干部不称职是一个普遍现象。美国人霍恩进行了一项总结性调查，调查研究表明，无论在哪里或在什么时候进行调查，也无论什么职业，60％～75％的雇员认为工作中最糟糕和压力最大的方面是他们的直接上司，这项调查表明美国不称职领导的基本比率占60％～75％。彼得认为造成上述现象的根本原因在于许多管理者都从他们可以胜任的专业工作岗位提拔到他们不能胜任的管理岗位上。忽视领导素质和能力的培养是干部不称职的重要原因，毕竟领导不是天生的。我们总是抱怨干部的不称职，但是企业为干部培养所付出的努力与管理者所担负的责任相比很不对称。

(2) 对员工缺乏深入的了解。管理者要进行有效的领导，必须充分地重视人的因素，深入地了解他人的需要，并把它们与组织的目标高度协调起来。心理学家马斯洛把人的需求从低到高分为五个层次，生理、安全、社会、尊重、自我实现的需要。过去管理者更重视员工低层次需要的满足，随着社会经济的发展、人员素质的提高，员工的需要已悄然发生了变化，针对较低层次的需要所制定的激励政策已经不能充分地调动员工的积极性。进一步深入了解、激发员工更高层次的需要，成为领导的关键任务。倡导员工的成就需要能够促使员工最大限度地发挥潜能，实现自我价值，这与组织目标的要求是高度协调一致的。

(3) 领导方式单一、僵硬。管理者习惯运用正式的职权管理员工，他们把工作看成是为完成任务而授权的一个过程。职权作为正式组织的沟通特性，是组织普遍使用的保证效率的手段，但是在严格的职权管理条件下，员工往往处于被动的地位，经常被动地去完成任务，无法激发他们高昂的工作热情和灵活性。既然组织目标是通过人来完成的，那么建立健康、肯定的人事态度和工作态度，对于提高领导的有效性就至关重要。调查表明：越是高级的领导，越应该重视人事工作、人际关系。改变单一、僵硬的领导方式，是目前提高员工积极性和领导工作成效的重要手段。

2. 提高领导有效性的途径

(1) 提高领导者的素质能力。管理学者曾对有效的管理者所应具备的品质和能力特征进行了大量的调查研究，试图发现成功领导的特质，但是由于领导有效性受多种因素的影响，至今没有得出广泛一致的结论。尽管如此，与领导高度相关的特质研究却得到广泛的认可。管理学家罗宾斯把它们概括为：进取心、领导愿望、诚实与正直、自信、智慧、工作相关知识。以理论指导实践，加强企业的培训意识，大力开展相应的干部素质和能力培养、培训工作，是提高领导工作水平的当务之急。目前领导自我发展的方法非常丰富，包括个性、能力、行为等方面。

(2) 运用权变的领导方式。典型的领导方式有任务型领导和关系型领导，两种方式各有其优缺点。在任务型领导方式下，管理工作的可控性强，组织稳定性好，员工完成任务的效率较高，但是这种组织的灵活性、适应性较差。在关系型领导方式下，员工自觉性、积极性高，但组织的效率不一定高。管理者应依据员工的特点、任务的特性等的不同的管理情境，适时调整自己的风格。管理者改变风格、不断适应企业发展变革的要求，是管理者不被时代淘汰的法则。

（3）建立愿景规划。愿景是由领导者倡导的，反映全体员工共同意愿的未来发展前景。愿景必须进行广泛的传播，并获得全体员工高度的组织承诺。领导者通过愿景带给人们一种期望，这种期望能够凝聚所有员工的工作热情，激励他们最大限度地发挥自己的聪明才智，创造性地实现共同确立的目标。用愿景响应员工的需求、态度、行为，可以使员工把个人目标与组织目标一致起来，达成高效的自我管理，从而极大地提高企业的业绩。一些卓有成效的领导就是通过建立愿景，并坚定不移地努力实现愿景，最终取得巨大的成功。

二、旅游企业领导者的素质

素质是人的自然生理、心理状态的外在表现和后天修养的综合条件。我们所要研究的领导者的素质，主要是指企业领导者必备的基本品质和心理特征。行为学家利克特在《管理的新模式》中提出：一个优秀的领导必须具备以下条件：

（1）善于听取他人意见，使决策更具科学性。

（2）必须善于捕捉时机并抓住时机。

（3）注重建立成员的合作气氛。

（4）多利用自身的人格魅力而不是权力去指导和影响部属。

（5）善于同组织中的其他团体沟通。

（6）善于处理团体所面临的技术问题。

（7）善于激发士气。

（8）有敏锐的洞察力，及时满足成员的需要。

（9）预测环境变化的趋势，使团体能迅速适应这种变化。

（10）善于规划总体目标，并引导部属去实现这种目标。

归纳起来，旅游企业的领导者应该具备德、才、识、学几个方面：

1. 政治素质

在建设有中国特色的社会主义事业的过程中，坚持正确的政治方向是我国旅游企业领导者必须具备的首要品质，江泽民同志提出的"三讲"教育中，"讲政治"是放在首位的，因此，新时期旅游业的领导者应具有远大的革命理想和抱负，与时俱进；有强烈的责任感和敬业精神，勇于创新；有良好的民主作风和科学的工作态度，公正廉洁等，这些是做好领导工作的基础。

2．科学文化素质

知识经济时代，知识的更新速度加快，这要求旅游业的领导者必须了解新技术革命的发展趋势，掌握旅游业及相关领域的新知识，运用现代化的管理手段，始终站在发展的前列。

3．心理素质

良好的心理素质是领导者能够适应社会主义市场经济的激烈竞争，在复杂的环境中作出正确决策的重要前提。良好的心理素质包括：

（1）开拓创新精神。我们所从事的事业是亘古未见的事业，改革中所遇到的问题是无章可循的，要求领导者要有胆有识，敢于探索，突破旧的条条框框，摈弃落后的领导方式和工作方式，适应新形式发展的需要。

（2）果敢决断的魄力。经济的全球化带来的是机遇与挑战并存，面对机遇，领导者要能当机立断，否则，"当断不断，必受其乱"。

（3）坚强的意志。在困难与挫折面前，领导者绝不能退缩，要带领员工奋勇拼搏，排除干扰因素，坚定信念，坚韧不拔地去努力实现企业目标。

（4）敏锐的观察力。这要求领导者能够在别人看不到机会的时候看到机会，在别人没有发现有利条件的时候发现有利条件，从而创造出奇迹。

（5）精于组织。组织能力是领导行为成功的决定性因素。领导者要能科学地设计组织结构，合理调配人力资源，通过精心组织，发挥全体职工的聪明才智，特别是要善于用人所长，科学使用各种人才，做到责、权、利相统一；善于协调组织中的人际关系，统筹兼顾，把握全局。

三、领导的功能

（一）正式领导

正式领导是组织正式任命的，拥有组织所授予的正式职位、权力与地位，其主要功能是领导员工达成组织目标。为完成目标，必须履行以下职责：

（1）设计制定组织的目标、政策与方针、计划、规划、程序等；

（2）执行各项指标；

（3）提供情报知识与技巧；

（4）授权下级分担任务；

（5）代表组织对外交涉；

（6）对职工实行奖惩；

（7）控制组织内部关系，沟通组织内上下的意见。

正式领导者的功能是组织赋予的，能实现到何种程度，要看领导者的能力、被领导者的成熟度以及任务的复杂程度而定。

（二）非正式领导

非正式领导者虽然组织没有赋予他职位与权力，但由于其个人的条件优于他人，如知识经验丰富，能力技术超人，善于关心别人或具有某种人格上的特点，令职工佩服，因而对职工具有实际的影响力，也可称为实际的领导者。其主要的功能是能满足职工的个别需要，如：

（1）帮助员工解决私人的问题（家庭的或工作的）；

（2）职工的意见，安慰员工的情绪；

（3）协调与仲裁员工间的关系；

（4）提供各种资料情报；

（5）替员工承担某些责任；

（6）引导员工的思想、信仰及对价值的判断。

非正式的领导者，因其对职工具有实际的影响力，如果他赞成组织目标，则可以带动员工执行组织的任务；反之，如果他不赞成组织目标，则他亦可能引导员工阻挠组织任务的执行。

由此可知，一个真正有作为的领导者，他同时应该具备正式领导者与非正式领导者的功能。既能实现组织的目标，也能满足员工的个别需要，也就是他必须同时将工作领袖与情绪领袖两种角色集于一身。但是，这种标准或理想的领导者是不可多得的，通常的领导者皆偏向于工作领袖的性质，因此，容易忽略部属的社会性及情绪的需要。在这种情况下，员工中较善于体谅别人者，便逐渐变成大家的情绪领袖，担负起安慰、鼓励、仲裁及协调等功能的作用。

第二节　领　导　风　格

领导风格是领导作风和领导方式的总称。领导作风是指领导者在思想上和工作上所表现出来的态度和行为。领导方式是指领导者在领导工作中所采取的方法和形式。前者是后者的基础和行为根源，后者是前者的结果和表现形式。领导风格能够表现出领导者的个性。在旅游企业管理活动中，领导者的领导风格对旅游服务人员工作积极性的调动具有极其重要的意义。

一、领导风格类型

1. 专断型

领导者个人作出决断，要求下属严格执行，强调下属对他绝对服从。这种领导风格的领导者，不容易被有主见、能力强、有个性的下属所接受，不能充分发挥员工的积极性与主动性。

2．民主型

领导者在领导工作中，注重发挥下属的主动性和创造性，所有与员工密切相关的重大事件交于职工讨论，工作透明度高，避免对部属工作的干预，依据事实评价员工的工作成果，平易近人，能与员工打成一片，深受员工拥护。

3．放任型

领导不参与企业的重要决策，对下属放任不管，既不激励下属，也不处罚下属，对职工的工作成就不做任何评价，这样的领导风格，使企业丧失了凝聚力，似一盘散沙，不利于企业目标的完成。

4．事务型

领导者事无巨细，事必躬亲，并习惯按一定程式办事，工作方法死板而效率不高，但责任心强。

5．刚型

领导者光明磊落，心怀坦荡，刚正不阿，但有时会刚愎自用、固执，听不进他人的建议。

6．柔型

柔型领导虽然工作踏实、细致，但缺乏威力，遇事爱和稀泥，不讲原则。

7．柔中有刚型

领导者在工作中刚柔相济，既为人正派、处理问题公道，对工作认真负责，对自己和他人严格要求，又通情达理，关心下属，工作方式灵活。

二、领导风格理论

(一) 领导行为四分图

领导行为四分图是美国俄亥俄州立大学研究设计的，他们经过调查，列出了1 000多种刻画领导行为的因素，归纳为"关心组织"和"关心人"两大类。"关心组织"主要包括组织机构的设置、明确职责和相互关系、确定工作目标、设立意见沟通渠道和工作程序等。"关心人"主要包括建立互相信任的气氛，尊重部属的意见，注意部属的感情和问题等。按照"抓组织"与"关心人"的不同内容，他们设计了"领导行为描述答卷"，每项内容列举了15个问题，发给有关领导者进行调查。根据调查结果，发现两种领导行为在一个领导者身上有时一致，有时并不一致，因此，他们认为领导行为是两种行为的具体组合。他们用"四分图"的形式将这一概念加以表示（如图 11-1 所示）。根据调查结果在图上评定领导者的类型。这是以二度空间表示领导行为的首次尝试，为以后领导行为的研究开辟了一条新的途径。

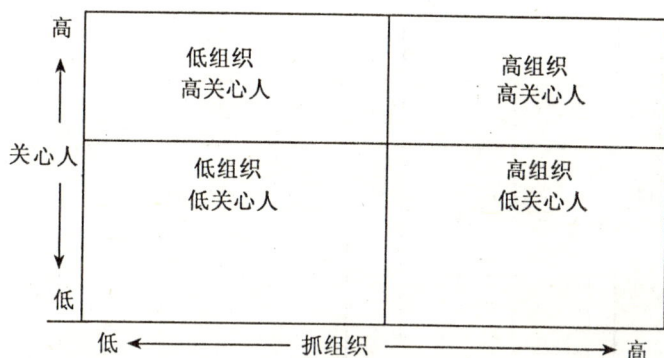

图 11-1 领导行为四分图

布莱克和莫顿在提出管理方格图（如图 11-2 所示）时，列举了下列五种典型的管理方式。

1．"9.1 型管理"——偏重任务的管理

这种管理只注重任务的完成，而不注重人的因素。这种领导是一种独裁式的领导，下级只能奉命行事，一切都受到上级的监督和控制，使职工失去进取精神，不肯用创造性的方法去解决各种问题，并且不愿施展他们所学到的本领。最后，管理者同职工可能转向"1.1 型"管理。

2．"1.9 型管理"——团和气的管理

这种管理同偏重任务的管理刚好相反，即特别关心职工。它的论点是，只要职工精神愉快，生产成绩自然很高。认为不管生产成绩好不好，都要首先重视职工的态度和情绪，这种管理的结果可能是很脆弱的，万一和谐的人群关系受到了影响，生产成绩就会随之降低。

3．"5.5 型管理"——中间的管理

这种管理是一种不高不低的管理。既不过分偏重人的因素，也不过分偏重任务，努力保持中立。这种管理虽比"1.9 型管理"和"9.1 型管理"强些，但是，由于公司恪守传统习惯和不思进取，长此以往，会使企业逐渐落伍。

4．"1.1 型管理"——贫乏的管理

这种管理对生产任务的关心和对职工的关心都做得很差。这种管理是管

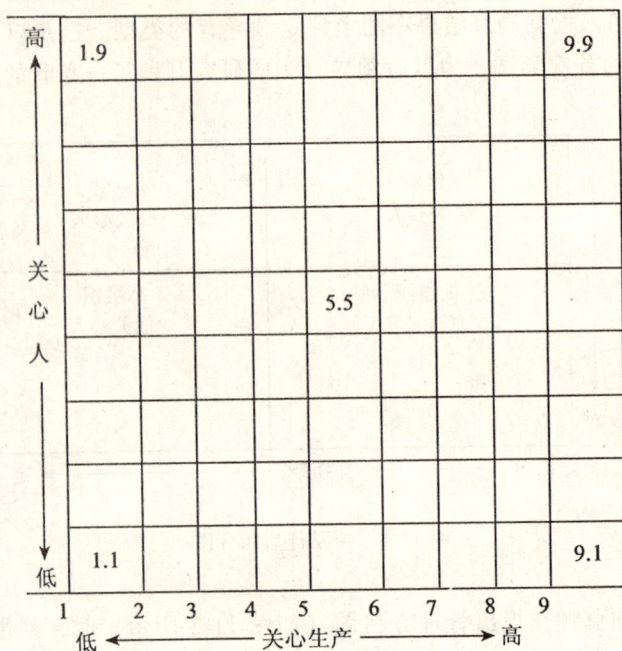

图 11-2　管理方格图

理者和整个公司的失败。

5. "9.9型管理"——集体精神的管理

这种管理对生产的关心和员工的关心都达到了最高点。结果，管理工作发扬了集体精神，员工都能运用智慧和创造力进行工作，关系和谐，任务完成得出色。这种管理可以获得以下的良好结果：增加了企业的竞争能力和赢利能力，改善了各单位之间的相互关系，充分发挥了集体管理的精神，减少了职工的摩擦，增进了职工间的相互了解，促进了员工的创造力和对工作的责任感。

总之，在"9.9型管理"的情况下，员工在工作方面希望相互依赖，共同努力去实现企业的组织目标；领导诚心诚意地关心员工，努力使员工在实现组织目标的同时满足个人的需要。

管理方格理论受到人们的关注，有利于领导者改进管理方法和管理作风，提高管理水平和工作效率。

(二) 领导生命周期

领导生命周期理论是卡曼提出的。他认为，领导行为的效率，与工作行为、关系行为和被领导者的成熟度有关，生命周期理论反映了工作行为、关系行为和成熟度之间的曲线关系（如图 11-3 所示）。它的中心论题是让领导者了解自己的领导方式与部属成熟度之间的关系。因此，领导生命周期理论强调的是领导者对部属的行为，而且该理论认为部属在任何情况下都是重要的，不只是因为他们可以接受或拒绝领导者，更重要的是部属实际上决定了领导所拥有的个人权力的大小。

有效率的方式

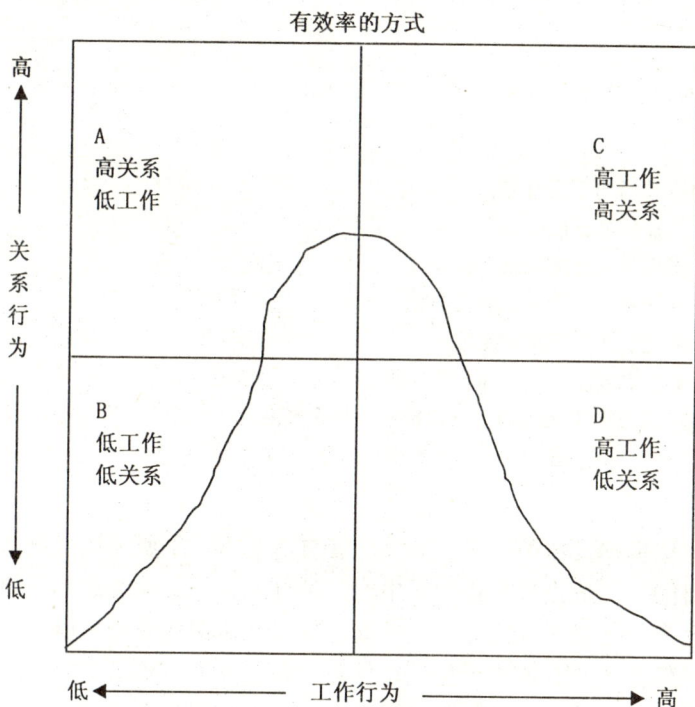

图 11-3　领导生命周期理论

在生命周期理论中，成熟度主要是指成就感的动机、负责任的意愿与能力，以及个人或群体与工作关系的教育与经验。生命周期理论认为如果被领导者从不成熟趋于成熟，领导行为必须从 D（高工作低关系）→C（高工作高关系）→A（高关系低工作）→B（低工作低关系）。提出生命周期理论的目的在于按照被领导者的成熟度来研究采用适应的领导方式。因此，这个周期的曲线议程式便可以描绘在三度空间领导效率模型中的效率层面。

（三）领导行为连续统一体模式

坦南鲍姆与施米特把专制的领导行为描述为一个连续统一体中的两个极

点，而在这两个极点之间存在着许多专制或民主水平不同的领导行为，因而在实际管理中，领导者行使权力的范围与下属自由活动的范围形成了领导方权威扩大，被领导方自由度缩小的成反比的复杂关系（如图11-4所示）。

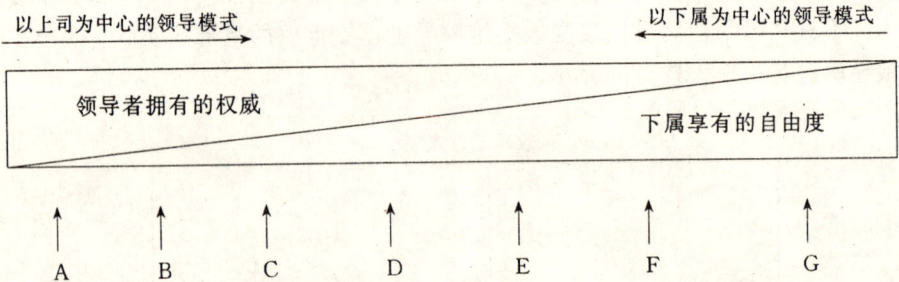

以上司为中心的领导模式　　　　　　　　　　以下属为中心的领导模式

领导者拥有的权威　　　　　　　　　　　　下属享有的自由度

A　　B　　C　　D　　E　　F　　G

A：领导者作出决策后向下属宣布。
B：领导者向下属宣传自己的决策。
C：领导者向下属报告自己的决策。
D：领导者作出初步决策，允许下属提意见。
E：领导者提出问题，听取下属意见。
F：领导者确定界限和要求，由下属作出决策。
G：领导者授权下属在一定范围内自行识别问题和作出决策。

图11-4　领导行为连续统一体模式

领导者应该根据具体的情况，如领导者自身能力、下属环境状况、工作性质、工作时间等，适当选择连续图中的某种领导作风，才能达到领导行为的有效性。通常，下级有独立自主的要求，做好了承担的责任，能够理解所规定的目标和任务，并有能力承担这些任务，领导者就应该给下级较大的自主权力；如果这些条件不具备，领导者是不会把权力授予下级的。

思考题

1. 领导对旅游企业的意义何在？
2. 如何确立自己的领导风格？
3. 旅游企业领导者应具备哪些素质和影响力？
4. 怎样提高领导艺术？

课后学习材料

结合领导心理学的知识，阅读下列文字。

1. 罗森布路斯国际旅游公司案例

罗森布路斯国际旅游公司（Rosenbluth International Travel Co.）不像典型的旅行社。首先，这是一家庞大的公司，3 000 名员工分布在美国、英格兰和亚洲的 582 个办事处。你也许从未听说过这家旅游公司，因为其业务的96% 来自于 1 500 家公司客户，像杜邦（Du Pont）、莫克、切夫隆（Chevron）、伊斯曼·柯达（Eastman Kodak）、斯考特造纸（Scott Paper）、通用电气等公司都是他们的客户。公司以膨胀的速度发展，20 世纪 70 年代后期，它还是费城一家地方旅行社，营业额为 20 万美元，到 1992 年营业额已达 15 亿美元。是什么因素使它获得巨大的成功呢？公司总裁和首席执行官H.F. 罗森布路斯认为，是通过把员工放在客户之上而实现全心全意的服务。是的，他就是这样表达的。罗森布路斯认为："当人们对常见的工作障碍而担忧时，如害怕、挫折感、官僚主义等，他们就不可能把注意力放到顾客身上，他们必须为自己担心。只有当人们理解了初次出现在他们雇主面前时的感觉，他们才能体会站在顾客面前的感觉。"罗森布路斯坚信，他有责任为员工创造一种愉快的工作环境和快乐的体验，因此，他创造了"快乐晴雨表小组"。这个小组由 18 名员工组成，他们是随机从各办事处选出来的，他们提供关于客户感受的反馈信息。公司每年两次对全公司的员工发放调查问卷，了解他们对工作的满意程度。这些调查的结果被记录下来，并与公司的全体员工分享。根据罗森布路斯的观点，旅游业的压力很大，就好像是航空交通阻塞控制员，一个呼叫接着一个呼叫。结果，这一行业的员工流动特别严重——有时一年高达 45% ～50%，而罗森布路斯公司的流动率只有6%。他的雇用和培训项目可以对此作出解释。

求职者要经过仔细挑选，以发现那些对公司合适的人。罗森布路斯要求善于团队工作的和富有积极向上的生活态度的人。"任何公司都可以购买同样的机器和工具，然后由人来创造性地使用他们。归根结底，人是一个公司所拥有的惟一的竞争优势。因此，发现合适的人就变得至关重要了。我们寻找友好的人，其他的一切都可以学会。你不可能告诉一个人：'星期四开始小心点。'在我们的选拔过程中，与工作经验、过去的薪水和其他传统简历上所列的条目相比，我们更重视善良、富有同情心、热情。"应聘基层职位的求职者要经过 3～4 小时的面试。对于高级职位，罗森布路斯邀请一个应聘销售总监的人及其太太和自己一起出去度假，"在假期的第三天，开始有结果了"。

一旦雇用，新员工很快就会适应旅行社的氛围。新员工上班的第一天不是填写各种表格，而是参加一个幽默短剧的演出，在里面扮演一个角色，这样做是为了让新员工感到有趣，让他们放声大笑。幽默剧同时也是一种学习经历。例如，也许会要求新员工表演服务不成功的经历，然后对这样的经历进行分析，学会如何把它变成成功的服务。所有的员工都要进行 2～8 周的培训，这也是为了让管理者来评价新员工是否能适应罗森布路斯公司高能量的团队工作环境。那些喜欢显示个人的人会被淘汰。

罗森布路斯更奇特的做法是把员工放到顾客之上。有时，他甚至走得更远，帮助客户公司去找别的旅行社。他注意到，通常，这些公司对他们自己的员工不够友好，因此，他们也会在电话中这样对待罗森布路斯的员工。"我认为，要求我的员工与一个每隔 15 分钟就表现出粗鲁无礼行为的人交谈是一件糟糕透顶的事"。

2．新任总经理助理的难堪

约翰·戴维斯走出饭店总经理办公室，心中涌起一阵阵按捺不住的喜悦：总经理同他谈了话，向他宣布饭店总经理助理已经退休，他被任命为新任助理。约翰回到办公室，冲了一杯咖啡，坐下来不禁回顾起自己走过的道路：23 岁时，在威尔士理工学院学习 3 年后毕业，取得了饭店管理学士学位；在天鹅饭店工作，是自己毕业后的第一个职位。由于在管理见习中表现出色，工作不久自己就被提升为饭店前厅部经理助理；一年以后，又被提升为饭店前厅部经理；感到特别得意的是这次战胜了自己的竞争对手大卫·威尔逊，担任了饭店总经理助理。大卫在这个饭店已经工作了 5 年，他不像约翰那样富有冒险精神和改革精神，但他工作努力、勤奋，受到他所领导的餐饮部员工的爱戴和尊敬。大家一直感到有一天饭店总经理助理的职位应属于大卫。事实上大卫现在仍然只是饭店餐饮部经理。因此，约翰意识到，作为新任总经理助理，将面临激烈的竞争和挑战。

天鹅饭店占地 5 英亩，有 50 间客房、2 个餐厅、1 个酒吧、1 个游艺室，还有 1 个室外游泳池和 2 个网球场；无论是饭店的地理位置，还是设备、设施和服务质量，都对客人有相当的吸引力。在过去的 10 年中，饭店由一个显赫的家族经营管理：哥哥是饭店总经理，弟弟任其助理。近两年来，由于一座新饭店在离天鹅饭店 5 英里远的地方落成、开业，天鹅饭店的营业状况开始出现下降趋势。这使总经理认识到，饭店面临着市场竞争和人才的挑战，急需年轻有为、思维敏捷、有创新精神、文化素质较高的人来管理。总经理还意识到，饭店要发展，必须制定长期发展战略。为此，他请刚刚上任的总经理助理约翰去制定本饭店市场营销的长期战略方案。

约翰欣然接受了任务，坐下来认真思考这个战略计划的内容。由于时间紧迫，约翰决定把自己关在办公室3个星期，独自完成这个艰巨的任务。约翰告诉他的助手，除紧急情况外，其他事情他一律不介入，由助手去处理。3个星期后，当这个长达2万字的市场营销战略方案完成时，他显得非常得意和自信。约翰把这份计划匆匆发到各部门去传阅，同时附上这样一份问卷调查表：

各位部门经理：

众所周知，我已被任命为本饭店总经理助理。总经理请我来定未来5年内提高饭店销售收入的新的市场战略。扩大老市场，开拓新市场，不断增加饭店的收入、利润是本店每个部门和全体员工义不容辞的责任。你们应该仔细阅读这份战略方案，对方案中提出的各部门5年内应达到的营业收入和利润指标应认真考虑并提出实施措施。由于时间紧迫，如果你们能够尽快回答下述问题，填好此问卷表，并于本周末交到我的办公室，我将不胜感激：

1. 作为饭店的部门经理，你打算如何在你的部门中实施崛起的市场战略？

2. 要实现新的销售目标和利润目标，你认为还需要增加哪些人力、财力和物力？

3. 你还有哪些好的办法或途径来扩大市场，增加销售量，提高饭店的收益？如有，请写于后。

总经理助理　　　　　　　　　　　　　　　　　　约翰·戴维斯

约翰是星期一将这份市场营销战略方案的问卷调查表发到各个部门的，他希望于星期五得到回复。但星期五约翰收到的不是问卷的回答，而是接到总经理简短的电话，请他马上去总经理办公室。约翰立即从椅子上跳起来，快速来到了总经理办公室。当他看到满脸怒气的总经理时，异常惊讶。下面是他与总经理的一段对话。

总经理："约翰，我想我不用费时间告诉你请你来见我的原因。我必须毫不掩饰地让你知道问题的严重性。我很惊讶，一个高水平的管理天才在升职后的短短4个星期内，会使各部门经理都变得情绪低落、消极失望？"

约翰："对不起，总经理，我真不明白您在谈什么？是不是哪个新毕业的大学生在管理见习中做了错事，我予以纠正，引起他不满意。"

总经理："不，完全不是。今天我必须明确告诉你，虽然我并不喜欢这样做。鉴于你好像还弄不清我请你来的原因，我不得不向你指明，我只是请你去完成饭店的长期市场营销战略计划，但你却因此而搞得饭店所有的部门经理都情绪低落，员工工作混乱。而且有两名部门经理今早提出了辞职申请。我不明白，你究竟在干什么？"

约翰："好，如果大卫·威尔逊是提出辞职的部门经理之一，如果您不介意，我想应该接受他的辞职。自从我任总经理助理以来，他似乎一直非常不舒畅，我认为他是在忌妒我。"

总经理："好了。现在如果需要谁辞职的话，我想应该辞职的不是别人，而是你。约翰，我知道你做这件事的动机是好的，但是你却把事情全办糟了。我没有时间从头至尾给你讲清你错在哪儿，但我不得不从外面聘了一位顾问，请他来开导你，讲清你犯了什么样的错误，帮助你纠正，并获得满意的结果。请你出去见我的秘书，她将告诉你这位顾问的姓名和电话号码。我希望你能立即与他约定时间见面，我也想参加你们的会见。"

假设你被总经理聘为顾问去帮助约翰，你看到了约翰写的那份饭店市场营销战略方案，总经理已告诉你这份战略方案的拟定、传阅和问卷调查等一系列过程，你也知道了这件事在部门经理中引起的骚动，最近你将按照总经理的要求第一次去会见约翰。但在会见前请你列出与约翰见面时将要讨论的问题要点和解决问题的办法。

第十二章
组织心理

在旅游企业中如何有效地运用组织中的各项资源，充分发挥组织的力量是实现组织目标所需要解决的首要问题，通过研究组织心理和组织行为，旨在探讨旅游企业的组织特点、组织变革，这对旅游企业的发展和创新有着重要意义。

第一节　组织概述

一、组织的概念

组织是企业管理的重要职能之一。所谓组织是指对人员及事物进行有效的组合工作。它的主要特征是一群人为达到共同的目标，经由人力的分工和职能的分化，运用不同层次的权力和职责，充分调动这群人的人力资源和智力资源，以实现共同的组织目标的过程。

旅游企业作为一个现代的服务性经营组织，具有以下基本特征：

1. 整体性

旅游企业作为一个系统，如果从横向看，是由信息系统、咨询系统、决策系统、执行系统、监督系统和反馈系统组成的具有特定功能的有机整体，在企业内部，各系统要素之间相互联系和相互作用，协调统一，形成特定的功能，在企业外部，则与其他事物相互联系、相互制约，构成企业的外部环境；如果从纵向看，则由高、中、低不同层次构成，它们上下结合、层层贯通，形成层次分明、功能齐全的完整的组织体系，各个要素、环节相互配合，使组织能发挥整体性功能。

2. 开放性

旅游企业不可能孤立存在现代社会之中，不可能将自己封闭起来，它必须是一个开放的系统，也就是说，旅游企业与外部环境之间不断地进行着物质、信息的交流，只有不断保持着与外部环境的联系，企业才能在社会中立足并获得发展。

3. 规范性

组织能够正常发挥其功能，离不开组织的规范，每个组织都有各项行为规范，这些行为规范是组织成员共同的行为准则。由于组织的规范化，使各系统按照科学程序和规定履行自己的职责而不偏离轨道，才使组织保持良性运转。

4. 相对稳定性

尽管某一个组织不可能永恒的存在，由于各种因素的影响，组织会发生阶段性变化，组织一旦成立，就具有一定的相对稳定性。

二、组织的功能

合理而有效的组织对于搞好旅游企业管理、实现企业的组织目标、满足员工的需要，具有十分重要的意义：

（1）组织中的每个成员都能充分认识到自己所从事的工作对实现企业组织目标的重要性，能明确在实现组织目标的同时员工的需要也得到满足，从而使每个成员能有效地完成自己的任务。

（2）组织中的每个成员都能了解自己在组织中的工作关系和隶属关系，并能正确处理各种关系，成员之间相互协作、通力配合，有效地实现组织目标。

（3）每个成员不仅明确完成工作任务的职责义务，而且了解自己拥有的相应权力，并能正确地运用这些权力，真正做到责、权、利的统一，充分发挥员工的积极性和创造性。

（4）组织结构不是一成不变的，及时调整与改善组织结构，能使各部门及工作人员的职责范围更加明确合理，增强企业适应外部环境的能力。

如果一个企业的组织结构不健全，办事效率低，员工工作情绪低落，必将影响组织目标的实现，组织中常见的问题有：

（1）分工与协作不合理。组织在对职责范围的划分、工作内容与权力的规定上不够明确，造成组织运行过程中的任务不明确、责任不清晰和指挥混乱的局面。

（2）管理幅度或管理层次划分不当。管理幅度是指管理者管理下属的人数，管理幅度与管理层次成反比，即对一个固定规模的企业而言，管理幅度越宽，管理层次就越少，形成所谓扁平的组织结构；反之，管理幅度越窄，管理层次则越多，所以，如果管理层次或管理幅度划分的不合理，将影响到组织职能的正常发挥。

（3）权力或过分集中，或过分分散。权力的集中与分散程度要视企业的具体情况而定，分权管理有利于调动中、下级管理人员的积极性和主动性，但权力过于分散，不利于集中统一管理；集权管理有利于集中统一指挥，但权力过于集中，不利于下属的积极性的发挥。

（4）缺乏统一指挥。由于目标不明确给组织带来混乱，各部门乃至各成员之间缺乏协调一致的配合，使组织呈现"失控"状态。

（5）工作划分不当。企业内不同的工作岗位有不同的岗位职责，应对各工作岗位职责进行明确划分，岗位职责不明确、工作安排不当，会造成互相推诿、踢皮球等现象。

（6）机构臃肿，人浮于事。由于组织内机构林立，造成办事效率低下、人浮于事、部门之间相互扯皮现象严重。

（7）用人不当。安排工作岗位时没有贯彻能级对应原则，将能力差的安置在较重要的高级职位上，使其力不从心；反之，大材小用，则造成了人力资源的浪费。

三、组织设计

（一）组织设计原则

要形成高效、统一、精干的企业组织，组织机构的设计必须遵循以下基本原则：

（1）分工与协作原则。现代企业离不开分工和协作，分工和协作是事物的两个方面。分工是为了明确职责，协作是为了使工作结合，取得整体效果。分工是基础，协作是关键，二者不可偏废。

（2）管理幅度原则。由于管理者受精力、体力和能力的限制，其有效领导的下属人数是有限的，所以必须确定适当的管理幅度，管理幅度的确定与管理者本身的条件、工作任务的复杂程度、下属的能力以及工作环境有关。

（3）统一指挥原则。在分工与协作的基础上，建立强有力的指挥系统，使各部门、各岗位在统一指挥下彼此协调、密切合作。

（4）平衡原则。为了组织的生存和发展，必须使组织能适应社会环境的变化，使组织的内在因素与外在因素保持平衡。

（5）效率原则。效率是衡量经营管理好坏的重要尺度。组织能否生存，主要看其是否有成效，而成效又决定于组织是否有效率。

（二）组织设计程序

组织的设计要遵循科学的程序，一般来说，组织设计包括以下 4 个阶段：

1．搜集相关资料

搜集资料的过程是组织设计是否科学的前提保证，通过对有关环境的资料的分析，有利于清楚地了解本企业所处的环境；对先进组织资料的搜集，也是"他山之石"；对本企业员工的建议进行分析，增进对员工的了解，密切与他们的关系。

2．工作划分

工作的划分涉及对"作业工作"和"管理工作"的划分。对作业工作的划分的目的是为了决定内部工作单位，可采用由上而下、由下而上和按流程划分。对管理工作的划分要复杂得多，如按计划的内容、类型、阶段等进行划分。

3．部门及层级的决定

组织内部部门及层级的多少，主要决定于组织规模及管理幅度的大小。部门的划分主要与业务性质和企业规模有关，层级的决定与部属的能力、职务的性质、主管本身的条件等因素有关。另外，信息的传递方式和管理手段也影响层级的决定。

4．集权与分权的决定

管理方式根据决策权的归属，可分为集权管理和分权管理。集权与分权各有利弊，集中与分散的程度要"因企制宜"。对于现代企业而言，适当授权更有利于调动下属的积极性，采用授权比分权的效果更好。

四、组织结构

在旅游企业里常见的组织结构有两种：直线式组织结构和直线职能式组织结构。

1．直线式组织结构

这种组织结构如同军队中的组织，最为单纯。它实行统一指挥、垂直领导、层层负责的原则。领导人直接分管各个部门，每个部门也是垂直管理（如图12-1所示）。这种结构的特点是机构简单，职权明确，但只适合规模小、任务简单的企业或部门。

2．直线职能式组织结构

直线职能式组织结构是目前我国旅游企业采用较多的组织形式。与直线式组织结构相比，这种组织结构增加了职能部门（如图12-2所示）。这些职能部门的主要职责是为领导人当参谋，对下级机构的工作进行指导，但没有发布命令和指挥权。

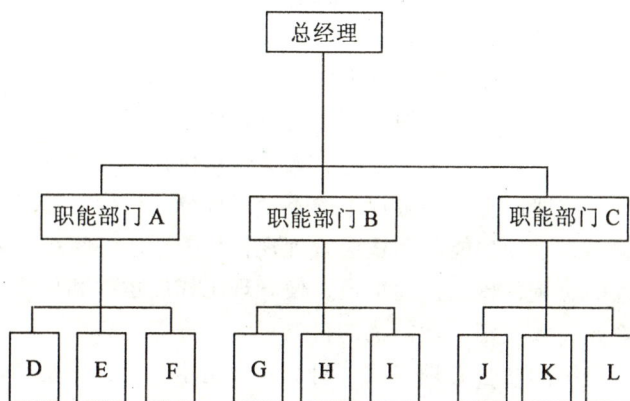

图 12-1 　直线式组织结构

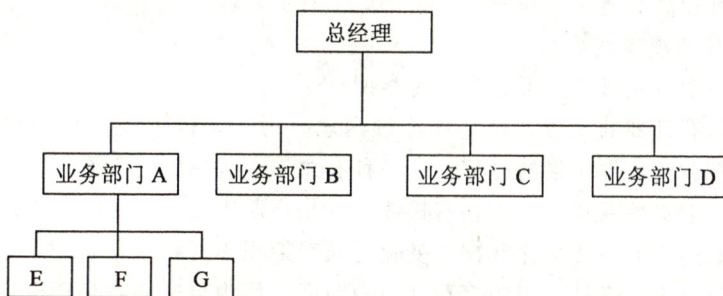

图 12-2 　直线职能式组织结构

第二节 　组织变革心理

　　每个旅游企业都是开放的系统，总要与外部环境发生相互作用。当外部环境发生变化时，存在于环境之中的旅游企业要随之不断地作出调整。由于组织规模自身在不断变化，员工的吸纳与流动、技术水平的不断更新、竞争机制的变化，都会导致组织的变革。

一、组织变革概述

1. 什么是组织变革

组织变革是组织目标、内部结构、机制的变化，包括组织功能、技术设备、管理的变化，还包括组织成员的思想观念和心理上的变革。

2.组织变革的基本目标

组织变革的基本目标主要有以下 3 点：

(1) 完善组织结构，即组织结构中的责权体系、部门体系的调整。组织结构的五个要素，责任、权力、职务、人员、单位按合理的管理层次与管理幅度组织起来，改变原有组织设计中的不合理成分，适应新的发展变化。

(2) 优化组织管理功能。为适应管理现代化的要求，组织必须进行科学的决策，合理的协调，畅通沟通渠道，使管理工作应承担和可能完成基本任务，达到效率高、效益好、功能优的目的。

(3) 调节组织的社会心理气氛。组织心理是组织行为的基础，要让组织高效运转，组织内需要有良好的心理气氛，即每个员工对组织目标有明确的认同感，对组织有归属感、责任感、义务感；组织中员工之间有和谐的人际关系；成员之间有良好的竞争与合作关系；组织具有畅通的信息交流与意见渠道，有较高的透明度和民主气氛；员工有主人翁意识。

3.组织变革的类型

组织变革从形式上可分为 3 种类型：

(1) 有计划的变革。这是在经过深思熟虑的基础上设计某种预定的目标，重新调整事件结果的过程，是一种有意识、有目的的变革。

(2) 演进性变革。同生物有机体一样是不断进化、演变的，与外部环境相适应。组织的主要变化和次要变化是长时期积累的结果。

(3) 自发性变革。组织变革在较短时间内作为自然环境和随机事件而导致的变化结果。这种变化完全是自发的，没有人为因素的介入。

二、组织变革的过程

(一) 组织变革的条件

当一个企业或部门出现这些情况时就必须进行变革：一是组织的决策太缓慢、效率低甚至经常出现决策失误；二是组织的意见沟通渠道不畅，出现人际关系紧张和部门间的摩擦，影响到组织职能的正常发挥，士气低落；三是组织机构林立，人浮于事；四是组织的产品、机构、管理与人员均缺乏创新；五是权力运行不畅，指挥失灵，官僚主义严重。

关于组织需要变革，还要考虑变革的成本与代价。根据美国利特尔咨询公司提出的组织变革的公式：

$$C = (a.b.d) > X$$

公式中 C 为变革，a 为组织成员对现状不满意程度，b 为变革把握的大小，d 为变革的起步措施，X 为变革所付出的代价。

　　按照上述公式，当员工对现状不满意程度高、变革的把握大、起步措施得力、所付出的代价小时，才能实施变革。

　　（二）组织变革过程

1. 勒温组织变革模式

组织变革的步骤：

（1）分析组织内部状况和外部环境，找出改革的问题；

（2）进行宣传、鼓动工作，使组织成员意识到改革的必要与可能；

（3）进一步明确问题的所在；

（4）提出解决问题的方案，并从中选优；

（5）执行方案；

（6）评定改革效果。

　　勒温认为组织变革主要是人的思想观念的革新，针对员工的态度和行为，提出了改革的三个阶段：解冻、变革、再冻结。

　　（1）解冻。这个阶段主要是激励要求变革的动机。要进行组织变革首先必须打破旧的条条框框，更新传统习惯和行为方式，使员工认识到改革的必要性，接受新的观念和方法。为达到这个目的，一方面不能对旧的态度和行为进行强化和肯定；另一方面，让员工感到变革的必要性与迫切性，同时还要创造一种心理上的安全感，扫除因害怕失败而不愿意变革的心理障碍。

　　（2）变革。这是实施变革的阶段，这个阶段让员工形成新的态度和行为。在这一过程中，首先要在组织中树立起变革的新态度和新行为的榜样，榜样既可以是组织内的，也可以是组织外的，要让组织成员进行参观学习；其次由于职位、工种的不同等，要因地制宜、因人而异，不能不顾具体情况生搬硬套，要学会在复杂的环境中筛选出特殊的信息，在工作中融会贯通。

　　（3）再冻结。这个阶段是采取必要的手段和方法，使已经实现的变革稳定下来，形成较为固定的行为模式，从而使组织实现新的平衡。这是改革稳定性的必然要求。要确保改革的成果，首先，要使员工有机会来检验新的态度和新的行为是否符合自己的具体情况，以证明改革的必要和意义。员工可以从自己的实际情况出发，向榜样看齐，即开始可能只是学习榜样的一小部分优点，应该立即给予强化，使之保持长久并重复出现。其次，员工应当有机会看到：与他有重要关系的其他人是否接受和肯定新的态度、行为，这种群体强化的作用更大。给群体的成员彼此强化新的态度和行为提供时间，个人的新态度和行为可以保持得更持久。

2.夏恩的循环模式

组织变革步骤：

(1) 先洞察内部环境及外部环境中产生的变化，可以运用市场调查、民意调查等方法。

(2) 向有关单位提供有关变化的确切情报资料。一方面，主管部门应该主动提高自己对变革的认识；另一方面，采用各种方式搜集情报和资料，或请其他的管理专家来帮助了解情况，共同探讨和研究解决存在问题的方法。

(3) 采取行动，实施改革。在各部门了解改革必要性的基础上，让各部门参与决策，让所有成员一起讨论如何实施变革。

(4) 减少和控制因变革产生的副作用。因为一个组织的变革可能会产生对其他部门不利的影响，会影响其他部门的工作，而组织的各部门是互相联系的，改革应该考虑各方面的利益和影响。

(5) 输出改革产生的新产品及新成果。新产品向外界输出，既是满足生产的需要，也是一个开拓市场的问题。

(6) 经过反馈，进一步观察外部环境状态与内部环境的一致程度，评定变革的结果。这与第一步的观察环境中的变化一样，对外需要定期的市场调查，对内要进行态度、士气的调查，可以设立专门小组进行调查，评估变革是否成功，是否还有修正的必要。

三、组织变革的阻力

变革的阻力是多方面的：

(1) 对权力和地位的威胁。不论是人事或是技术上的变革，都涉及组织中人的权力和地位的变革，使组织中的地位的关系重新进行配置，造成一部分人失去或者削弱原来的地位和权力，从而产生抵触情绪。如机构精简和合并，会使一些原来占有重要地位和权力的人的个人利益受到损失，他们可能会想方设法进行抵抗。他们也可能会利用已有的权力和号召力来影响组织中的一些员工或上级，阻止变革的顺利实施。

(2) 来自组织结构的阻力。组织的等级层次过多，可能使一些触犯了某一层利益的改革措施，遭到抵制。在典型的等级制组织中，对实际存在的问题和应该采取的变革措施避而不谈。

(3) 经济上的阻力。许多组织由于资金的局限性，而不得不维持现状。如果能够得到可用的资金或资源，则组织愿意通过变革来求生存和发展。如果一项变革引起人们的工资收入下降，就可能遭到抵抗。

(4) 来自习惯的阻力。在一定的组织中生活、工作，长期形成的习惯，会成为个人获得满足的根源。一旦改变了原来的生活和工作方式，就可能产生某种不安全感，因此产生抵触情绪。

（5）来自社会方面的阻力。良好的社会环境是组织变革的动力，但同时组织内部的社会关系也可能成为变革的阻力。例如，一项变革的推行，就很可能破坏了原有组织内的社会关系，换了主管、部门负责人，或员工的更新等，这样可能会与已形成的群体价值观念与行为规范发生冲突，就会遭到抵抗。

（6）心理上的阻力。传统的心理定势使人们容易安于现状，这是惰性心理的表现，个体对环境的适应力有强有弱，适应力差的员工心理容易失衡，将所遇到的挫折归咎于组织变革，对改革持消极的态度。

四、克服组织变革阻力的策略

（1）教育。教育就是转变员工观念，增强变革意识，使员工充分认识组织发展和变革的基本目标和需要，做好个人心理准备，消除员工的心理惰性。教育一般要在变革之前尽早开始，并在变革前试点，以变革的实际成效教育员工。

（2）参与。让员工有机会参与组织变革的计划和实施，使他们对变革有发言权。这样可以使企业的变革目标与方向得到员工的认同、理解、依赖与支持，从而大大减少阻力。同时可以集思广益，使组织发展方案更符合企业各级部门的实际需要。

（3）利用群体意识和群体动力。组织发展和变革是整个群体的共同任务。在任何组织变革情势下，总会存在两种力量，一种是有利于推动变革实现的力量，是推动力；另一种是阻止或降低变革推动力的力量，叫阻力。当这两种力量相抵消时，组织将保持平衡或维持原状。群体意识和动力是个体转变观念的基本影响源。在变革中激发员工的群体归属感和群体威望，强调群体之间的协调一致和相互支持，使整个变革成为企业上下的一致行动。

（4）促进与支持。在组织变革中，对组织成员的心理、技能提出了更高的要求，组织应该在变革的各个阶段，因人而异地给员工心理和技能方面的支持。

（5）奖惩。在组织变革中，要及时对先进部门和个人给予表扬和奖励，对阻碍变革的部门和个人作出批评和调整，形成良好的改革氛围。

（6）优化改革的社会心理。主要是采取有效措施，从宏观和微观的结合上引导员工情绪，克服心理障碍，从而优化社会心理。在这方面的措施主要有：第一，克服心理惰性。心理惰性是在封闭的环境中形成的，对员工实行开放，扩大社会交流，广泛接受各种信息，是破除心理惰性的首要方法。第二，提高心理承受力。一定的心理承受力是一定社会历史条件下的产物。以前，人们的心理承受力比较脆弱，不可能在改革时发生根本性的变化。因此，推进改革要循序渐进，逐步提高人们的心理承受力。第三，提高心理适应性。从个人角度来说，改造自己以适应改革发展的需要。从改革角度来说，改造环境以适应人的发展的需要。这两个方面是提高心理适应性的途径。第四，观念更新。就是要破除旧的思维方式、更新知识，重建知识结构，使人们树立新的思维方式和新的观念，积极投入改革。

组织是企业管理的重要职能之一。合理而有效的组织对于搞好旅游企业管理，实现企业的组织目标，满足员工的需要，都具有十分重要的意义。要形成高效、统一、精干的企业组织，组织机构的设计必须遵循以下基本原则：分工与协作原则、管理幅度原则、统一指挥原则、平衡原则、效率原则。企业的组织结构设置的合理对企业的经营管理产生直接的影响。在旅游企业里常见的组织结构有两种：直线式组织结构和直线职能式组织结构。组织变革是组织目标、内部结构、机制的变化，包括组织功能、技术设备、管理的变化，还包括组织成员的思想观念和心理上的变革。

思考题

1. 旅游企业的组织功能如何？

2. 如何合理设置旅游企业组织结构？

3. 课后阅读，钟海生《论旅游业的企业组织结构和市场开放》，见《旅游管理》，2001 年第 1 期第 54~60 页。

4. 如何克服组织变革中的阻力？

5. 现代旅游企业里常见的组织问题有哪些？

课后学习材料

结合组织心理学的知识学习，阅读阿维斯公司"员工参与式管理"材料。

阿维斯是世界最负盛名的 3 家出租汽车公司（"赫兹"、"阿维斯"和"欧洲汽车"）之一。从业务量上看，赫兹名列榜首，阿维斯位居第二，但最引人注目的并不是赫兹，而是从公司总经理到职员的名片上都醒目地印着"阿维斯——一个由雇员拥有的公司"的阿维斯公司。它不同于西方国家的其他各类公司，它不为某个家族或是财团所拥有，它的所有者是这个公司的雇员。

阿维斯公司的历史并不悠久，大约在 50 年以前，它由美国空军军官瓦伦 .E. 阿维斯所创立，并因此而得名。第二次世界大战结束后，阿维斯意识到，和平的环境一定会使旅游业重放光彩，他预感驾车旅行面临极大的潜在需求，于是在 1946 年，他在离美国底特律不远的一个小机场——柳溪机场开办了一个汽车租车柜台。由于这个柜台经营思想积极，提供的服务满足了游客的需求，因此业务量蒸蒸日上。不久，阿维斯就在全国各地机场向独立的汽车出租人出售特许经营权。不到两年时间，租车业务就遍及了全美的各个民用机场。业务的发展出乎意料地迅捷，到 1948 年，阿维斯租车公司已经冲破机场的局限，开始在市区设点办理租车业务。

经过近 50 年的风雨和艰难的拼搏，阿维斯租车公司已经发展成为当今世界著名的大型跨国公司，到 1994 年，该公司拥有 40 万辆汽车，在世界上 139 个国家和地区设立的业务点已逾 4 800 个。从美国本土到南美的海地，从欧洲到亚洲，从北欧的冰岛到东欧的俄罗斯，在车潮涌动的大街上，人们随处都能看见涂有大红标语"阿维斯：我们更加努力"的汽车在行驶。

公司的规模越来越大，收益越来越多，然而问题也愈来愈严重，其中一个非常棘手的问题就是老板频繁更换。从 1954 年到 1986 年的 32 年间，公司的所有者换了 11 轮，有时竟一年换一轮。这个问题的存在，使得雇员们缺乏应有的稳定感和安全感，特别是公司管理层和老板的更换，使雇员的"饭碗"朝不保夕。同时，因为公司上下缺乏长远规划，雇员的积极性和创造性受到挫伤，服务质量难以保证。从管理的角度来讲，所有者的经常更换肯定会造成公司决策的困难，因为不同的所有者对经营决策的风险偏好、利益偏好是迥然相异的，公司根本不可能实施长期战略规划。当时人们曾形象地比喻说，老板把公司当成了"挤奶的母牛"。

1987 年，阿维斯租车公司发生了翻天覆地的变化，公司的最后一位老板维斯雷把整个公司卖给了职工。在现任公司总裁约瑟夫·维多利亚的策划下，通过"职工持股计划"，公司的职工们在 1987 年 9 月以 17.5 亿美元的价格将公司买了下来。这个计划的主要内容是，每个员工可根据公司的利润从公司得到收入，每年得到一定数量的公司股票，维多利亚为公司的高级职员保留了 15 % 的股票，其余 85 % 的股票在公司雇员中分配，也就是说，公司的拥有者是全体雇员而非某个人，同时公司的雇员一举变成了公司的股东。

不可小视这一被人视为"换汤不换药"的公司所有制变化，正是这一计划的实施，带来了公司管理制度的巨大改变。由于公司雇员的地位提高，公司独辟蹊径创立了一种名曰"雇员参与组"的自下而上的管理体制：世界各地的阿维斯租车公司的销售代理商、班车司机、机修人员定期选举自己的代表，他们在年内出席当地的"雇员参与组"会议，这些会议代表再选出他们的代表，出席每季度召开的地区会议、每半年举办一次的区域会议和一年举行一次的全球性会议。全球性会议在长岛的公司总部举行，各地选出 20 位"雇员老板"和公司的总经理及其高级管理人员出席。这些雇员老板们在会上可以发表他们对公司经营管理的改进意见和建议，可以提议罢免高级管理人员，每年均有大量的建议被采纳，也有不称职的高级管理人员被罢免。这一管理体制既避免了因老板变化带来的经营波动，又避免了公司经理职权过大而导致的权力膨胀。当然，雇员参与不仅仅表现在"雇员参与组"这一形式上，更重要的是：公司的雇员以"一种主人翁的态度来对待本职工作"，对待他所服务的顾客，有些事情根据公司的规定可以当场决定不一定都拿到会上解决，这一点非常重要。目前在公司里，大家都特别满意这种家庭式的工作环境，彼此熟悉，平等相待。在公司的所有雇员中有 1/3 的职工为公司服务已超过 10 年，和许多美国公司相比，这个比例是相当高的，这也就是公司的魅力所在。

新的公司所有制增强了职工的责任感，改善了高级管理人员与普通职工之间的关系。为了公司和个人的利益，雇员可以对管理人员的一些决策提出质疑，使管理人员的行为受到一定的制约；管理人员也尽量利用一切机会和职工接触，了解情况，倾听意见，解释公司的政策。这一管理机制的巨变带来了公司财富和利润的剧增，使已经衰老的企业重新焕发出青春的活力。

第十三章
心理测验在旅游业管理中的应用

第一节　心理测验概述

一、心理测验发展简述

现代心理测验技术是 20 世纪在西方发展起来的，它作为心理学的研究方法之一，使心理学在了解人的心理的个别差异方面有了科学的工具。目前，心理测验被广泛应用在教育、心理咨询、就业指导、人才选拔与培训等方面。

下列人物对心理测验的研究作出了较大的贡献：英国博物学家高尔顿（F. Galton），他是心理测验的先驱；法国的比奈（A. Binet）和西蒙（T. Simon），编制了世界上第一个智力测验；美国的卡特尔（J. M. Cattell），编制了"16 种人格因素"测验；美国的韦克斯勒（D. Wechsler），编制了韦氏成人、儿童和幼儿智力测验。

二、心理测验的特点

心理测验是由心理学家依据标准化程序编制的，用来测量个体的某种行为，以判定个性差异的工具。

作为科学的测量工具，心理测验必须具备精确、可靠、便于使用等条件。一个好的心理测验必须具备以下 4 个特点。

1. 标准化与常模

一个心理测验在正式使用之前，必须经过一套严格的程序，使它符合使用的要求，这叫标准化过程。首先，确定出测验题目（文字的、图形的、操作的均可），题目必须与所测内容和对象相符合；其次，从要施测的群体中抽出一个有代表性的样本进行试测，将试测结果进行分析，对测题进行修改；再次，确定测验的标准化程序，如测验的方式、指导语、测验的环境、时间限制等；最后，对一个较大的标准化样本进行施测，从结果中求出所测心理特征的平均分数，以供今后测量其他团体和个人时与之比较。

这个"某一群体标准化样本的平均分数"称做常模（Norm）。以后，测量其他团体或个人时，必须将测验所得到的分数与常模比较，得出其心理特征在同类人群中的相对高低，测验分数才具有意义。

2. 信度

信度指一个心理测验的可靠性、稳定性的程度，通常是以测验分数的一致性来评价信度的高低，信度越高心理测验的结果就越稳定。如将一个心理测验在相同条件下，对一个人或者一个团体多次施测，所得到的分数前后大致相同，说明该测验的信度较高；如果多次测量的分数忽高忽低，则表明该测验的信度不高。确定信度的方式有重测信度、折半信度、复本信度。

3. 效度

效度指一个心理测验测量某种行为特征的有效与准确程度。效度的高低，表明了一个心理测验是否测到了它希望要测的心理特征。使用效度高的心理测验，按照测量所得分数的高低，应该能够预测人们在现实中的行为表现，如预测工作成绩的好坏等。确定效度的方式有内容效度、预测效度、同时效度、构想效度。

4. 施测程序与记分方法

心理测验的施测程序与记分方法都有严格的要求与明确的标准，如测验的环境、指导语、回答问题的方式、测验时间、评分标准、对分数的解释等，都要符合客观、准确和经济的原则，力求排除任何主观因素的影响。测验的实施者必须严格遵守这些程序和要求，测验的结果才可能具有真实性。

三、心理测验的类型

心理测验按照内容分类有能力测验、人格或个性测验、态度测验、成就测验等；按照测验方式分类有文字测验和非文字测验、个人测验和团体测验等。

（一）能力测验

能力是人能够胜任某种活动所必需的心理条件。一个人的能力能够通过成功地解决各种问题表现出来，因此，通过一个人怎样解决问题、取得了什么结果，就可以推断他的能力大小和能力特色。以往，人们大多采用观察的方法，依据经验对人的能力给予评定，但这种方法不够客观、标准，难以对能力进行清晰、合理的区分，并给出数量化的评定。能力测验就是一种客观、精确地评定能力的工具。

现代能力测验起源于西欧。1905 年，法国的比奈和西蒙，为了设计一种方法将智力落后儿童与智力正常儿童区分开来，以便让弱智儿童受到特殊教育，于是设计出了一套智力测验，称之为"比奈—西蒙智力量表"。这是最早出现的智力测验。此后，智力测验便发展起来，不仅用来测量儿童的智力，也用来测量成人的各种能力，不但有一般能力测验（智力测验），还有特殊能力测验、创造力测验等。现在，各种各样的能力测验有几百种，科学地使用它们对于了解人的能力水平和能力特长、提高教育效果和合理选拔人才具有积极作用。

1. 智力测验

智力测验所测量的是人的一般能力，即人们做任何事情时都要用到的基本能力。如观察力、辨别力、记忆力、理解力、言语能力、计算能力、空间能力等。

常见的智力测验有：比奈智力测验，韦克斯勒智力测验。

2. 特殊能力测验

智力测验提供了对人的一般能力的了解，但是还不能满足社会对选拔各类专业人才的不同的需要。专业活动需要人具备适合专业要求的一些特殊能力，如机械操作能力、空间定向能力、肢体控制能力、音乐能力、造形能力等。研究表明，智力水平与特殊能力之间相关不大，需要用一定的方法和手段来测量这些特殊能力，因此就出现了特殊能力测验。特殊能力测验具有较强的针对性，因而对职业指导、选拔专业人才具有重要意义。

常见的特殊能力测验有：音乐能力测验，美术能力测验，飞行能力测验，机械能力测验，文书能力测验，运动能力测验。

3. 创造力测验

研究证明，创造力与智力是不同的能力，它需要用独特的方法测量。一般认为，一个人要想在他所从事的事业上有所创造，一定的智力水平是需要的，而且是必要前提；但是，智力水平一旦超过了必需的界限，创造性就与智力没有多大关系了。一个人创造力的大小依赖的因素如观念的流畅性、独特性、变通性和某些人格特点，因此，创造力测验的内容不同于一般的智力测验。

常见的创造力测验有：芝加哥大学创造力测验，南加利福尼亚大学发散性思维测验，托兰斯创造思维测验。

（二）人格测验

人格是个人与环境交互作用过程中形成的一种独特的身心组织，它是个人内在的、持久的行为上的倾向性，体现着个人整体的心理面貌，是人与人相区别的重要方面。一个人的人格通过其态度、行为、情绪、理智等方面的特征表现出来。人格测验是心理学家依据一定的人格理论编制的，用于测量人格类型或人格特质的工具。人格测验按照测量方式可以分为三种类型：自陈式测验，投射式测验，操作式测验。

常见的人格测验有：气质类型测验，艾森克个性问卷，卡特尔16种人格因素问卷，明尼苏达多相人格测验，詹金斯活动性调查表，罗夏墨迹测验，主题统觉测验。

（三）职业倾向测验

职业倾向测验包括职业能力倾向测验和职业兴趣倾向测验。

1．职业能力倾向测验

职业能力倾向，是指个人身上潜在的、能够使他胜任某种职业的各种心理和生理因素的稳定的组合。依据职业能力倾向，可以预见一个人将来在某种学业或职业领域，是否能够顺利地学习和掌握所需要的知识与技能。

常见的职业能力倾向测验有：一般能力倾向成套测验。

2．职业兴趣倾向测验

职业兴趣倾向，是个人建立在价值观和人格特征上的对职业的态度。依据职业兴趣倾向，可以预测一个人在选择职业时的需要与偏好。

常见的职业兴趣倾向测验有：霍兰德职业兴趣量表，瑟斯通职业兴趣调查表，库德职业兴趣测验。

（四）组织行为测验

任何社会群体或组织，为了使其成员能够各负其责、各尽所能，使组织能够有效地运转、实现预期的目标，管理者的管理行为或领导者的领导方式是极为重要的决定因素。为了满足企业中管理人员的选拔和训练的需要，心理学家从行为科学的角度来研究领导问题，设计出了测量和评价领导行为的组织行为测验。

常见的组织行为测验有：CPM领导行为量表，管理者的管理自我效能感量表。

四、合理使用心理测验

人的个性十分复杂，心理测验的结果受各种因素的影响，如：测验本身的适用性和信度、效度；被试者的知识经验、文化水平、态度、努力程度和情绪等。因此对测验的分数要正确看待，不能一味迷信测验。

应当把心理测验方法与观察法、实验法、访谈法、作品分析法、个案法等结合起来使用，将各种结果互相加以验证，这样才有可能对一个人的个性特征作出符合实际的估计和预测。

第二节　心理测验在员工选聘中的应用

为了准确了解人的个性特点，企业在进行人员选聘和任用时，可以适当运用一些心理测验，协助了解员工的气质、性格、能力以及兴趣、需要、态度等，有助于使员工与工作更好地匹配，提高企业的效益。

一、能力测验的应用

能力测验的作用主要表现在两个方面：一是为职业选拔的标准提供可资参考的依据，二是预测员工的潜力。

以"韦克斯勒成人智力量表"为例，它将能力分门别类地测量，反映了人的能力的不同构成方面。该量表包括两个大的分量表，一个是言语量表，一个是操作量表。每个分量表又包括若干个小测验，共有 11 个测验。现介绍如下：

1. 言语量表部分

（1）常识测验。测量个人的知识广度、一般学习能力、对学习材料的记忆能力、对日常事物的认识能力。

（2）理解测验。测量个人的理解和判断问题的能力，以及运用知识解决实际问题的能力。

（3）算术测验。由施测者口头提问，并由受测者口头回答。测量个人的数学推理、数字计算以及集中思想的能力。

（4）相似性测验。要求受测者说出每对事物的相同点。测量个人的抽象概括能力。

（5）数字广度测验。包括顺背和倒背数字两个部分。测量个人的注意力和短时记忆能力。

（6）词汇测验。把难度逐渐加大的词汇，以文字形式呈现给受测者，并读给受测者听，要求受测者说出每个词的意思。测量个人的言语理解能力、知识广度和文化背景。

2. 操作量表部分

（1）数字符号测验。1～9 每一个数字对应一个符号，要求受测者按照所给出的样例，尽快地在每个数字下面填上相应的符号。测量一般的学习能力、知觉辨别速度与灵活性、书写速度以及动机强度等。

（2）图画填充测验。呈现一幅幅残缺不全的图画，让受测者指出图中缺失的部分。测量视觉记忆力和视觉辨认能力，以及区分重要特征与不重要细节的能力。

（3）积木测验。给受测者9块完全相同的立方积木，每块积木的各个面分别涂有红、白或半红半白的颜色，让受测者按照呈现给他的图案来拼摆积木。测量视觉空间结构的分析综合能力、知觉组织能力，以及视觉——动觉协调能力。

（4）图片排列测验。每一组图片均表达一个连贯的情节，以打乱的顺序呈现给受测者，要求受测者按适当的顺序重新排列，以组成一个连贯的故事。测量对故事情境的认识能力和知觉的组织能力。

（5）拼图测验。要求受测者把一套切割成几块的图形板，拼成一个完整的、熟悉的物体的画面。测量概括思维能力、知觉组织能力，以及辨别部分与整体关系的能力。

二、人格测验的应用

（一）自陈式人格测验

自陈式人格测验是一种问卷形式的人格测验，问卷中包含一系列的陈述性的题目，受测者针对每一题目按自己的真实情况作答。问题大多数用第一人称，描述一种假设的行为或心理状态，供给选答的方式有："是""否"选择、二择一、多项选择、等级评定等。哪一种答案符合受测者自己的情况，受测者就选哪一种。

1. 气质类型测验

气质没有好坏之分，每一种气质对于某一种特定活动，都既有积极方面，又有消极方面。在人才选拔和培训的过程中，可以采用气质类型测验了解人的气质类型，设法使个人的气质特征与一定的职业活动的要求相适应，并且施以适当的培训方法，使他们扬长避短，充分发挥个人潜质，提高工作效率。例如，要求反应迅速、灵活的工作，适于多血质和胆汁质的人；要求细致、耐心、敏感的工作，适于粘液质和抑郁质的人。又如，需要与人合作、与很多人交往的工作，适于外倾型的人；需要与机械打交道、独立完成的工作，适于内倾型的人。

以我国心理学家陈会昌、张拓基编制的气质类型测验为例，它按照心理学中气质类型的传统分类，即多血质、胆汁质、粘液质、抑郁质，设计了60道测量题目，受测者通过自我评定，可以知道自己是否属于某种典型气质类型或者两种、三种以上气质的混合型。测量的结果对于职业选择和指导具有一定的参考价值。

2. 艾森克个性问卷

由英国伦敦大学的艾森克编制。他认为，人格是由两个维度构成的：①人格的内倾——外倾。内倾的人心理活动指向于内部，特点为焦虑与郁闷；外倾的人心理活动指向于外部，特点为冲动与抗拒。②人格的稳定——不稳定。稳定的人情绪不易激动，不稳定的人心境被动、易怒、多愁善感等。

以内向——外向为横轴，以情绪稳定——不稳定为纵轴，可以将性格分为4种类型，每一种类型包含几种性格特质，并且与一种气质类型相对应（如图 13-1 所示）：①稳定内倾型，表现为温和、镇定、安宁、善于克制自己，相当于粘液质；②稳定外倾型，表现为活泼、悠闲、开朗、健谈、反应迅速，相当于多血质；③不稳定内倾型，表现为严峻、文静、庄重、悲观、不好交际、容易焦虑，相当于抑郁质；④不稳定外倾型，表现为易怒、不安定、冲动、好斗、易激动、主动，相当于胆汁质。

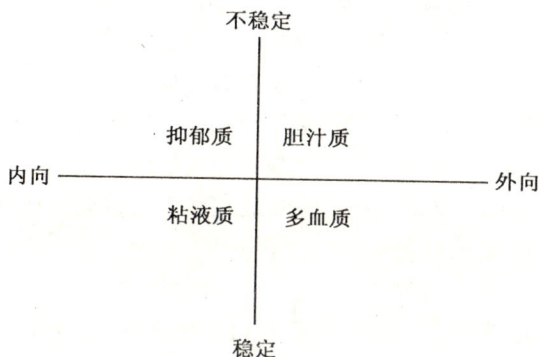

图 13-1

3. 卡特尔 16 种人格因素问卷

由美国伊利诺州立大学的卡特尔编制。他认为人格是由一组人格特质构成的，每一种人格特质都代表了一个人相对持久的一种反应的倾向性。了解了一个人的全部人格特质，就可以预期他在某种情境下将怎样行动。卡特尔根据自己的研究结果，发现了 16 种基本的人格特质，编制成了"卡特尔 16种人格因素问卷"。每一个人身上都有这 16 种人格特质，但是在不同人身上的表现不一样，所以每个人会表现出自己特有的人格面貌。

16 种人格特质的名称，以及得分较高者和较低者的典型表现是：

（1）乐群性：开朗，热心，容易相处；

（2）聪慧性：抽象思维，聪明，智力较好；

（3）情绪稳定性：情绪稳定，面对现实，沉静；

（4）好强性：武断，固执，好竞争；

（5）兴奋性：逍遥自在，冲动，轻松，愉快，热情；

（6）有恒性：诚心诚意，坚持，负责；

（7）敢为性：大胆，勇敢，不可抑制，好一时冲动；

（8）敏感性：温柔，依恋，过分被保护，敏感，感情用事；

（9）怀疑性：多疑，固执己见，不易受骗；

（10）幻想性：好幻想，不关心现实；

（11）世故性：机灵，精明，俗气，尖刻；

（12）忧虑性：担心，自责，忧虑；

（13）激进性：有实验精神，勇于尝试，思想自由，好思考问题；

（14）独立性：自我满足，自己作决定，足智多谋；

（15）自律性：受支配，拘泥刻板，自觉守纪，有高度的自我情操；

（16）紧张性：紧张，不安，被动，易疲劳，易气馁。

除此之外，卡特尔还根据不同职业人的特征，拟定了一些应用公式计算出特定的人格因素，用于升学和就业指导。如心理健康者的人格因素；从事专业而有成就者的人格因素；创造力强者的人格因素。

在中国国内使用的结果表明，该量表在员工选拔尤其在管理人员的选拔中有一定的参考价值。

4．明尼苏达多相人格测验

这是美国明尼苏达大学教授哈茨韦和麦金莱于1943年发表的。经过不断完善，它成为了一个被广泛应用的人格测验，可用于人格评定以及心理疾病的诊断和治疗、心理咨询等工作。它有550个自我报告形式的题目，内容范围很广，包括身体各方面的情况、精神状态以及对家庭、婚姻、宗教、政治、法律、社会等问题的态度。

它包括4个效度量表和10个临床量表，从中可以得到10个分数，分别代表10种人格特质。这10个临床量表的名称是：疑病症；抑郁症；歇斯底里；精神病态性偏倚；男性化——女性化；妄想狂；精神衰弱；精神分裂症；轻躁狂；社会内向性格。

5．詹金斯活动性调查表

可以测量个人是否具有典型的A型行为。所谓A型行为，也称为A型性格，是美国心脏病学家弗雷曼和罗森曼定义的一种行为模式。他们发现，心脏病和高血压的患病率与人的 A 型行为模式或 A 型性格有关。

他们将人们日常生活中的行为方式划分为两类：A 型行为与 B 型行为。A 型行为的特征是：精力充沛，工作投入，努力追求成功，表现出强烈的竞争性和攻击性，性急，有时间紧迫感，有强烈的责任感，有野心，好冒险，是一种创业型人物；而 B 型行为的特征则正好与此相反。

"詹金斯活动性调查表"，是评价 A 型行为的有效工具，它有四个分量表，分别测量构成 A 型行为的四个要素：冠心病倾向的行为模式；速度和性急因素；对工作献身的因素；精力充沛和竞争因素。

"詹金斯活动性调查表"对于选拔开拓性企业人才有一定参考价值。

（二）投射式人格测验

投射一词在心理学上是指个人把自己的思想、态度、愿望、情绪、性格等特征，不自觉地反应于外界事物或者其他人身上的一种心理作用，亦即个人对周围环境的感知及解释受到了自己心理特征的影响。一般情况下，人格结构的大部分处于潜意识中，个人无法凭其意识（自陈法）说明自己，但面对一个不明确的情境时，隐藏在潜意识中的态度、情绪、欲望、需求、动机冲突等往往会从自由的反应中"泄露"出来，即把一个人的人格特点加到刺激情境上。投射测验就是依据这一原理，通过意义模糊的刺激来获得有关的人格特征。

投射测验有以下几个特点：①测验材料没有明确的结构和固定意义，其结构和意义完全由受测者自己决定；②广泛自由的反应方式；③受测者不知道测验的目的；④可同时测量几个人格维度，并对结果作整体分析。

1. 罗夏墨迹测验

罗夏墨迹测验由瑞士的罗夏（H.Rorschach）编制。这种测验可用于对企业中有心理问题的职工的测查。

它包括 10 张测验图：5 张黑白、3 张彩色、2 张黑红色。让受测者报告从图上看到的内容，记录受测者的反应内容、反应时间、情绪、动作、反应根据。依据以下四个方面进行评分：①反应注重的区位；②反应的决定因素；③反应的具体内容；④反应的从众性，即是否与一般人相同。由各个分数来分析受测者的人格特征。

2. 主题统觉测验

主题统觉测验由莫瑞与莫根于 1938 年在美国哈佛大学创制，有点类似"看图说话"或"看图作文"。可用于了解员工的成就动机水平、归属感、权力欲望等方面的特点。

它包括 30 张内容颇为暧昧的图片（全为黑白），另加一张空白卡片。图片的内容多为人物，兼有部分景物，让受测者凭想象去编造故事，说明事情的前因、后果、个人感想，愈生动、愈戏剧化愈好，每图5分钟。测验结束之后施测者与受测者交谈，整理故事内容并记录下来，以此来分析受测者的人格特征。

三、职业倾向测验的应用

1. 职业能力倾向测验

"一般能力倾向成套测验"由美国劳工部编制，中国学者凌文辁修订。

它由两大类及15个分测验构成。第一部分是纸笔测验，包括11个分测验：（1）工具匹配测验；（2）名词比较测验；（3）划纵线测验；（4）计算测验；（5）平面图判断测验；（6）打点速度测验；（7）立体图判断测验；（8）算术应用测验；（9）语义测验；（10）打"⊥"号测验；（11）形状匹配测验。第二部分是器具测验，包括4个分测验：（1）插入测验；（2）翻转测验；（3）组装测验；（4）分解测验。

通过以上15个分测验，可以测出9种能力：智能、言语能力、数字能力、文书知觉能力、空间判断能力、形状知觉能力、运动协调能力、手指灵巧度和手腕灵巧度。

以上9种能力可以分别构成15种能力倾向类型，而15种能力倾向类型又代表适合的职业类型，它们是：（1）人文系统的专业职业；（2）特别需要言语能力的专业职业；（3）自然科学系统的专业职业；（4）需要数字能力的一般事物性职业；（5）机械事务性职业；（6）机械装置的操纵、运转及警备、保安职业；（7）需要一般性判断和注意力的职业；（8）美术作业的职业；（9）设计、制图作业及电气作业；（10）制版、描图的职业；（11）检查分类职业；（12）造型、手指作业的职业；（13）造型、手臂作业的职业；（14）手臂作业的职业；（15）看视作业、身体性作业的职业。

弄清员工的职业能力倾向类型，对于选聘和任用职业人员十分重要，既可了解不同个体在能力上的差异，又能指导人们在行业中去选择适合自己发展的领域。

2. 职业兴趣倾向测验

（1）瑟斯通（Thurstone）职业兴趣调查表。

瑟斯通在斯普兰格（Spranger）关于经济型、宗教型、权力型、社会型、理论型和审美型6种价值观类型的理论基础上，将职业兴趣划分为10个范围，每一范围列举出20个职业名称，用以测试人群对职业的兴趣偏好。

（2）库德（G.F.Kuder）兴趣量表。

能够测试 10 种职业兴趣，分别是：说服型、文秘型、机械型、服务型、计算型、科研型、户外型、艺术型、文学型和音乐型。

（3）霍兰德（J.L.Holland）职业兴趣测验。

能够测量 6 种职业兴趣类型，分别是：现实型、研究型、艺术型、社会型、企业型和常规型。

霍兰德提出了职业兴趣的人格类型理论。他认为"职业兴趣就是人格的体现"。无独有偶，在酒店业有一句话较为著名，即选择在酒店工作体现了一个人的生活态度和他的价值观。霍兰德的理论在商业领域的影响和作用正在日益扩大。

四、组织行为测验的应用

1．CPM 领导行为量表

美国和日本的学者在研究领导行为基础上，提出了 PM 理论，将领导行为划分为"工作取向"和"员工取向"。我国的心理学家吸收了这一理论，并从中国的国情出发，增加了第三个要素"个人品德"。依据这三个要素，编制了"CPM 领导行为量表"，其中 C 指个人品德（Character and Morals），P 指工作绩效（Performance），M 指团体维系（Maintenance）。

在一个领导者身上，C 因素起着一种模范表率作用，P 因素是完成团体目标的机能，M 因素是维系和强化团体的机能。只有三种因素都发挥作用，才能收到良好的领导效果。

该量表对于干部的考核、提高领导者的管理水平、选拔干部和后备干部以及合理搭配领导班子等，都有参考价值。

2．管理者的管理自我效能感量表

自我效能感是指人们对自身完成某项任务或工作的能力的信念。它涉及的不是技能本身，而是对自己能否利用所拥有的技能去完成特定工作行为的自信程度。

自我效能感在个人的自我调节机制中起着关键作用。当人们的日常活动受到阻碍，或者面临挑战而习惯性行为模式不能奏效的时候，良好的自我效能感可以帮助人们调节认知过程、动机过程和情感过程，使人有效地应对压力、克服困难、达成目标。

研究结果表明：自我效能感与工作绩效及其相关的工作行为存在显著的正相关，它能够较好地预测一个人对职业的选择和事业成功的可能性；自我效能感高的员工，其工作满意度较高，承诺也较高，离职意愿较低；自我效能感与职业紧张感和工作倦怠感存在负相关，即自我效能感高的员工总是以积极的态度想方设法去消除或适应工作压力，而自我效能感低的员工面对压力时往往不知所措、情绪高度紧张，所以后者的职业紧张较为严重而且容易产生工作倦怠感。由于自我效能感是预测具体工作绩效、相关工作态度和职业紧张的最佳指标之一，因此，了解并设法提高员工的自我效能感，有利于提高其工作绩效、改善其工作态度和提高心理健康水平。

对于管理者来说，其面临的环境更复杂、挑战更大，只有那些相信自己有能力、有信心完成工作的管理者才能表现出有效的领导行为。这种管理者对自己能否利用所拥有的能力去完成具体管理任务的自信程度的评价，就是管理自我效能感。

五、与心理测验相配合的管理措施

旅游企业为达到量才录用、合理分工、人尽其才、才尽其用的目的，有必要合理运用心理测验。为了使心理测验发挥应有的作用，与此同时，还必须配合做好以下几点。

（一）掌握好招聘职工的能力标准，合理聘用人才

管理者要对每一个工种、每一个岗位制定合理的能力标准，以此来选拔、培训员工。

（二）依据人的能力差异，对职工进行适当的职业技术教育和能力训练

教育与训练的内容、难度和方法，应该根据职工个人的智力水平、知识经验、年龄和工作特点而有所不同。

（三）根据人的能力差异对职工进行合理分工，做到量才录用、人尽其才

注意处理好个人需要与工作大局、文凭与才能、智力与特殊能力之间的关系，注意性别差异与年龄差异。

（四）全面了解人的能力差异与特点，树立正确用人原则

"人无完人"，企业应用人之长，帮助员工扬长避短，获得成就感、荣誉感、归属感，充分调动各类职工的积极性。

（五）考察选拔员工时不要忽视评价员工的品德方面

人事管理人员还应当考察员工的以下几个方面：

个人品德：热爱劳动、勤勤恳恳、认真负责、一丝不苟、主动精神、随机应变、独立精神、刻苦耐劳、求知欲、对新事物的兴趣、努力提高自己的智力和专业知识的意向、原则性、大公无私、谦虚谨慎等。

对待他人的态度：善良、体贴关心、富有同情心、殷勤周到、彬彬有礼、自制力、富有教养、沉着镇静、富有正义感、平易近人。同情心是指能

设身处地地想像、体验他人的状况，从而引起同情心，如果一个人具有这种能力，那么，这种人善于在集体之中生活，并会尊重别人。

对于工作任务的态度：强迫型服从或自觉型服从。

意志品质：是否大胆、英勇、坚毅、果断、无畏、敢于承担责任、批评别人和自己、对自己严格要求、有坚定目的、有自制力等。

六、选聘员工的一般程序

美国在选聘员工方面有许多的先进的经验和科学的做法，研究美国的详细的职务分析对促进旅游员工的选拔有参考价值。美国对专业、职业的分工相当细致，美国大概有 2.2 万个职务的名称。职务分析是美国人力资源管理的基础。职务分析就是对工作本身要做详细分析，每一项工作的权、责、利是什么，每一项工作的要求是什么，每一项工作的实际的、日常的压力是什么，它的心理压力是什么，以上都是对一个工作进行严格分析的内容。在选拔员工的方面确实是存在很多非理性的东西，既有艺术的部分，也有科学的部分。美国很多企业现在开始向科学程序化方面发展，很重视招聘方式，其招聘方式相当复杂，手段多样，方法繁琐，负责招聘工作的人员本身也要经过严格的训练。

以下是选聘员工的一般程序。

（一）准备阶段

1．通过工作分析，确定工作性质

明确所招工种要使用的设备和工具、操作方法、操作程序、训练所需时间、安全条件等。

具体的方法有：

（1）查阅资料，搜集有关工作分析的信息。

（2）通过谈话和问卷的方法广泛询问目前直接从事该项工作的工人、工长、待训员等，了解他们对工作的体会和想法。

（3）通过直接观察工人的工作，掌握工作性质的第一手资料。

（4）要求工人在一段时间内对自己的一切工作活动进行系统记录，以便掌握其他方法无法获得或他人在观察中注意不到的细节问题。

（5）关键事件法，记录完成该项生产活动的关键环节。

2．通过员工分析，确定职工标准

确定具备什么条件的人最适合做这种工作，即确定所招员工应该具备的生理、心理品质。

3．根据工作分析与员工分析的详细材料，确定选择合格职工的最佳

方案

（二）选择阶段

1. 初步口头审谈

其又称"有组织的谈话"，即了解求职者的姓名、性别、年龄、文化程度、爱好以及某些个性特点。

2. 填写申请表格

写明个人特点、文化程度、过去的工作简历等。

3. 进行心理测验

了解求职者的智力水平、特殊能力、成就动机、态度等特性。

4. 最后口头审查

又称"无组织谈话"，谈话内容极其广泛、详细，管理者通过熟练地运用辅助性问题发出附加信息，求职者自由回答，将结果记录到等级评定量表中，使在观察中得到的印象标准化。

5. 获取证明材料

企业人事部门与求职者提供的证明人、证明单位取得联系，了解求职者过去的工作表现，推测他将来的工作表现。获取证明材料的方法可以是书信来往，也可以是问卷调查、电话联系、实地调查等。

6. 体格检查

（三）检验效度阶段

一般在新职工工作 6 个月后，把他们实际工作成绩的等级，与选择阶段中每一步的评价分数进行比较，从两者的相关程度了解选择的预测效度的高低。总结经验，以便使选择程序不断完善。

思考题

1. 如何了解并评价一个人的心理特征？

2. 针对从事旅游业工作的员工，你认为他们自身有哪些适合与不太适合的心理特征？

3. 在旅游业的管理中心理测验的应用价值体现在哪些方面？

4. 大饭店的人力资源部门如何建立本店的专家咨询系统？

课后学习材料

结合企业管理理论的知识学习，阅读下列文字。

巴黎大饭店是坐落在巴黎市中心的一家五星级豪华饭店。大饭店的董事长兼总经理杰克逊先生现在急需物色一位合适的人选担任饭店前厅部经理。经过考虑，他决定委托法国一家很有声誉的饭店与餐饮业专门人才交流、选聘中心来挑选候选人，因为该中心拥有法国第一流的人才信息资料。今天，杰克逊先生收到了该中心为此而寄来的拟刊登的广告以及3位应聘候选人的简历。

招 聘 启 事

招聘职务：饭店前厅部经理

工资与福利：年薪200 000法郎外加饭店其他福利，我中心特代表世界一流的国际饭店联号集团成员之一——巴黎大饭店招聘前厅部经理1名。该经理将于坐落在巴黎市中心的五星级豪华大饭店任职，其任职要求是：

年龄在30岁以上，有在国际一流饭店工作过的经历，会讲流利的法语和其他一种欧洲语言。

有干劲，有热情，有事业心。能全心全意地管理部门工作，激励员工，为顾客创造一流的服务和优良的环境。

如想了解详细情况或寄送本人简历，请按下列地址联系：法国巴黎××区××大街53号　邮编：WC217

饭店与餐饮业专门人才交流、选聘中心主任

西比尔·特里维廉女士

应聘者简历（一）

姓名：乔舒亚·朗费罗　年龄：31岁　婚姻状况：离婚

出生地点：英格兰家庭　住址：滨湖路12号　电话号码：062851947

学历状况：

1965～1970年，初级中学，学习课程：英语、法语、历史、文学、生物、数学。

1970～1972年，高级中学，学习课程：英语。上学期间曾担任学校曲棍球队主力队员和学生纪律检查员。

1973～1975年，伦敦西部理工学院上学，取得饭店与餐饮管理专科毕业文凭。1974年曾获学院二等奖学金。

工作经历：

1975年5～9月，乡村俱乐部旅馆，实习饭店管理。

1975 年 9 月～1976 年 11 月，海斯洛国际饭店（有 600 个床位）见习经理。见习部门有：前厅、客房、餐厅、酒吧、厨房、人事、财务。

1976 年 12 月～1978 年 1 月，巴黎国际饭店（有 200 个床位）。前厅部助理经理。主要负责：前厅计算机管理系统的引进和使用，管辖员工 6 人。

1978 年 3 月～1980 年 10 月，马拉医院膳宿部经理。主要负责膳宿部的经费预算分配（25 万法郎），员工的招聘和培训，设备的安装和保养，采购和财务控制。

1980 年 10 月～1987 年 5 月，结婚成家，辞去工作。这个阶段曾在闲暇时光集团公司任兼职顾问，负责该集团的豪华度假中心前厅接待人员的岗前培训。

1987 年 5 月至今，东柏尼饭店前厅部经理。主要负责前厅部的日常经营、员工的招聘、财务预算与控制和市场营销。

个人爱好：骑马和网球。

应聘者简历（二）

姓名：蒙德·庞斯　年龄：38 岁

出生地点：法国　家庭住址：卡特狄姆大街 3 号

学历和工作经历：

1972 年 6 月毕业于瑞士洛桑旅馆学校，并取得了该校饭店与餐饮管理文凭。毕业后，第一个职业是在瑞士一家家庭旅馆当职员。

1973 年 7 月～1976 年 10 月，梅杰斯克饭店集团公司前厅实习经理，并曾在温莎、里兹等地的饭店工作过。

1976 年 11 月～1980 年 2 月，伦敦国际饭店（600 个床位）前厅部接待主管，负责员工培训、预订、接待和收银工作。在此期间取得了很好的实际工作经验。

1980 年 2 月～1983 年 6 月，黑潭市海地饭店预订部主管。主要负责饭店市场营销、提高房间利用率方面的工作，同时还担任过饭店值班经理。

（1983 年 6 月～1984 年 3 月因病住院）

1984 年 3 月至今，塔城饭店前厅部经理，负责饭店的客房管理工作。该饭店是一座拥有 68 个床位的家庭式饭店。

个人兴趣：烹调、舢板和高尔夫球。

推荐人：杰文斯女士，黑潭市海地饭店经理。

应聘者简历（三）

姓名：迈克·梅勤　年龄：47 岁

国籍：英国　　出生地点：法国

工作简历：

1960～1966 年，牛津 T.Y.K 饭店见习经理，法国柏地克斯饭店见习经理。

1966 年 10 月～1969 年 7 月，日内瓦国际管理大学求学，毕业后取得学士学位。

学习专业：饭店前厅和客房管理。

1971 年 1 月～1973 年 3 月，牛津 T.Y.K 饭店前厅部助理经理，管辖员工 3 人。

1971 年 12 月由于工作能力被经理赏识而提升为预订部经理，一直到 1973 年 3 月离开该饭店。

1973 年 3 月～1985 年 5 月，回印度帮助父亲筹建新饭店和度假村，然后又筹建了自己的饭店。1985 年返回英国。

1985 年 6 月至今，皇家花园饭店前厅、客房销售部经理，管辖员工 8 人，主要负责财务计划、预算、定价、客房推销和会议接待工作。

从 1987 年 9 月开始，一直在巴黎理工学院兼职学习，攻读管理学学士学位。

个人兴趣：旅行和音乐。

推荐人：利兰·海先生，皇家花园饭店总经理。

阅读了招聘广告和 3 位应聘人的简历，请你思考下列问题：

（1）饭店通过专门人才交流中心招聘管理人员，有哪些有利条件和不利因素？

（2）招聘广告的内容和形式是否符合饭店招聘的要求？

（3）从 3 个人的简历中，反映出候选人的哪些优势和劣势？

第十四章
（虚拟环境）旅游电子商务心理特点

（虚拟环境）旅游电子商务是指在全球范围内通过各种现代信息技术尤其是信息化网络所进行并完成的各种与旅游相关的商务活动、交易活动、金融活动和综合服务活动。

一、（虚拟环境）旅游电子商务的特点

（1）电子时空观：没有物理距离和时间限制，跨越时空的新型商务理念。

（2）电子传播通道：丰富、双向、快捷、互不见面的信息传播形式。

（3）虚拟大市场：面向全世界、供需直接见面、电子支付等新概念。

（4）网络促销体系：具有告示诱导、说明撮合、反馈信息、扩大销售、创造需求、蕴藏商机等智能化功能。

二、（虚拟环境）旅游电子商务的优势

旅游电子商务具有许多优势，主要表现在：

（1）从网络营销作用而言，旅游网络营销渠道的实现和实施具有明显的优越性。

①作为旅游信息发布渠道，网络技术可将旅游组织机构、旅游企业、旅游产品、旅游商品等便捷、快速、动态地进行全球性传播。

②是旅游企业开展业务洽谈、商务活动、客户技术培训和售后服务的理想园地。

③是实现最大范围选择、最理性购买、最公正交易和最便利支付的场所。

（2）从网络销售渠道结构分析。

①旅游产需双方直接见面。

②有利于开展各种形式的旅游促销活动，扩大旅游产品的市场占有率。

③及时了解旅游消费者的建议和意见，并提供技术服务和售后服务，有利于改善经营管理，提高产品质量。

④网络的自动撮合功能，方便了生产商组织商品的批量订货，有利于实现旅游经济的规模化。

⑤减少了人为因素和不确定因素，降低了交易成本，提高了交易成功率，使交易常规化和规范化。

⑥网络庞大的数据库特性，缩短了买卖双方的信息搜集过程。

（3）从网络销售费用分析，网络中介机构通过因特网强大的信息传播功能，承担起各级批发商和零售商的作用，避免了传统直销造成的大量业务人员的加入和仓储的租赁，克服了传统销售渠道的分销机构多、费用高的缺点，使商品流通费用降低到最低限度，从而实现了利润新的增长点。

（4）对旅游宣传广告而言，由于网络传媒庞大的数据库、覆盖全球的范围、丰富多彩的表现手段、合理的广告成本、强大的传播能力、独特的高科技形象等，不仅确保旅游产品的品质，同时避免了复杂冗长的旅游营销宣传资料，克服了人力、物力、财力的巨大浪费，加大了促销能力和力度，从而扩大了旅游市场的占有率。

（5）就交易支付方式而言，旅游电子商务与全球旅游市场提供标准的合同制式文本，其统一集中的结算模式，避免了交易中跨地域支付、三角债、资金截留、挪用等问题，提高了资金的风险防范能力。

（6）对旅游组织机构和企业而言。

①有利于旅游组织和企业人员的培训、人力资源开发和业务水平的提高。

②便于传达旅游政策、法规及制度，并提供旅游产业政策导向。

③有利于旅游机构和企业优化组合，提高管理水平和服务质量，进而提高旅游机构和企业的运作效率。

旅游电子商务系统的建立，有助于革新传统的经营模式，打破传统旅游市场竞争格局和旅游企业经营战略，改变旅游消费者的消费理念和方式，建立现代旅游管理信息系统，可对中国传统旅游市场导入以信息技术为核心的服务手段，促使旅游业形成规模化、产业化、标准化的旅游发展新格局。这样，不仅可以提高效率、降低成本、创造商机、寻求新的利润增长点，而且可以增强旅游企业的竞争力，保持持续高速的增长，进而从容应对国际旅游机构的竞争。

三、（虚拟环境）旅游电子商务的服务内容

（1）产品推广中心：旅游资源、旅游产品、旅游环境、景区景点、旅游商品、风景名胜、旅游目的地、旅游企业宣传、企业推广、特色文化、旅游度假地、主题公园、风景名胜区、历史城镇、民俗风情等的宣传与推广。

（2）旅游科研中心：旅游经济论坛、旅游科研、旅游教育、旅游规划与开发、网上科研汇报、行业交流等。

（3）信息查询中心：信息中心、交通、旅行社、旅游线路、旅游热点、旅游超市、价格信息、旅游向导、旅游发展趋势、交通信息、旅游资料与手册、旅游报告、旅游环境预报、出国旅游咨询等。

（4）网上预订中心：饭店宾馆预订、订票系统（航班、交通、航班线路）等。

（5）网上服务中心：旅游会员俱乐部、旅游通信、旅游要求（线路行程、报价、日程安排、旅游形式等）、环球虚拟旅游、旅游顾问、会议接待、旅游保险、海关、边检、散客撮合、出入境管理、网络拍卖、网络购物、团体服务、招商指南、广告指南等。

（6）代理服务中心：旅游交通代理、旅游论坛、疑难解答、旅游中介资料、旅游知识讲座等。

（7）电子支付中心：智能卡、电子现金、电子钱包、电子支票等。

（8）旅游商务中心：旅游招商、旅游项目洽谈、旅游贸易、行业咨询等。

（9）网络营销活动：旅游展览活动、旅游贸易展销会、旅游交易会等。

（10）客户服务中心：提供给客户端以及分支机构、联营公司、办事处等的应用程序，提供网上技术支持与实时服务。

（11）旅游管理中心：旅游组织网络管理、旅游会议精神传达、旅游产业政策导向、旅游企业管理等的旅游组织电子商务管理系统和旅游企业电子商务管理系统。

（12）旅游监督中心：新闻公关、服务监督、旅游纠纷、旅游投诉、网上奖惩等。

四、（虚拟环境）旅游电子商务游客心理分析

电子商务具有深刻的心理底蕴，人们不仅要重视技术作用，也应关注心理文化的实践意义，在心理文化与技术共存的今天，应努力寻找平衡点，保持两者之间的必要张力，旅游过程本身就是一个心理经历过程，旅游电子商

务尤其需要洞悉网民心理，营造良好的旅游电子商务心理环境氛围，针对旅客心理开展网络营销。

从需求、动机、感知觉、情绪、学习、态度、审美、性格等方面分析旅游电子商务游客的心理。

1. 需要

需要是动机产生的基础，人的需要具有驱动性，推动人们去行动，以求得生理或心理上的平衡，作为旅游电子商务的浏览者或购买者具有以下心理需要：

（1）安全需要。

马斯洛安全需要观点认为，整个有机体是一个追求安全的机制，人的感受器、效应器、智能和其他能量主要是寻求安全的工具，人们的这些需要在参与旅游电子商务中也可以表现出来。旅游者在网络消费中面临的安全威胁主要有：

第一，虚假订单：一个假冒者可能会打着客户的名字来订购有形的旅游商品（如旅游纪念品），假冒者并有可能收到货，而受蒙骗的客户却被要求付款或返回商品。

第二，付款后不能收到商品：在要求客户付款后，销售商中的内部人员没有将这单子的钱转发给执行部门，因而使客户收不到货。

第三，黑客攻击：游客与旅游企业并行网上交易时，常受到黑客的攻击，黑客攻击 EC 系统的手段大致归纳为：中断、窃听、篡改、违反授权、否认、拒施服务、择时服务等。

在电子商务过程中，买卖双方通过网络联系，建立旅客的心理安全感与信任关系尤为重要，它是游客进行旅游活动消费的基础。

（2）社交需要。

马斯洛的社交需要的观点有两方面内容：一个是爱的需要，另一个内容是归属的需要。而旅游电子商务这种有别于传统旅游营销的形式，就让电子商务参与者有一种归属感，即我们是属于"E"族的，我们都是其中一员，我们有着相同的兴趣、爱好及消费习惯，在这样的虚拟空间中，网民可以更加大胆地张扬自我个性，比现实生活中的人际关系让人更加放心、轻松、随意。而旅游网站中的社区服务，如 BBS、呼朋唤友、嘉宾有约、有问有答、旅游散记、玩家俱乐部等栏目，共同营造了一种旅游社区的氛围，满足了游客归属感的需要，同时通过 BBS、呼朋唤友、有问有答等版块，让人体会到来自陌生人的关心、问候、支持、理解和关注，在一定程度上满足了爱的需要、交流的需要。

（3）单一性需要和复杂性需要。

单一性需要是指人们在生活中总是寻求平衡、和谐、相同、可预见性和没有冲突；复杂性理论则指人们追求新奇、出乎意料、变化和不可预见性等。适应性良好的人们在自己的生活中需要单一性和复杂性两者的结合，旅游电子商务活动对有的人来说，是对现实生活的一种逃避或一种调整、一种平衡。单一性过多，会使人产生厌倦；复杂性太多，又会使人过分紧张以至恐惧，旅游活动对于学习、工作、生活规律作息的人来说，属于复杂性需要；同时，游客可以通过网站获取各种旅游信息，在一定程度上降低游客的风险知觉，让整个旅游活动具有一定的预见性，从而减少出游前的紧张感。

（4）好奇心。

好奇心一般需要外在刺激的引发，而现在有相当一部分网民选择网络方式浏览或购物、出游，正是为了满足其好奇心。网络的刺激性、新奇性、虚拟性、异地的未知性等使旅游电子商务得以长足发展。

（5）个性化。

在工业时代很长的一段时间里，由于短缺经济，消费者消费的是大量低成本、流线式生产的单一化商品，消费不得不被压抑。在 21 世纪，每一个消费者都是一个细小的消费市场，都具有自己的消费准则，网络营销刚好满足了游客"one to one"定制化消费的个性化需要。

2．动机

需要产生动机，动机产生行为，整个过程受到行为主体的人格因素和外在环境的影响，游客在参与旅游电子商务活动中具有以下心理动机：

（1）健康、娱乐动机。

在紧张学习和工作之余，到旅游网站上饱览"山山水水"，到 BBS 上交换心得及感受，甚至自我参与设计自助旅游，到异地游玩，既调节身心节律，又增进健康；如由于时间限制，不能异地旅游，而"虚拟旅游"照样可满足游客娱乐及旅游的动机。

（2）好奇探索动机。

这是在好奇心需要及复杂性需要的基础上产生的好奇探索动机。

（3）社会交往动机。

参与旅游电子商务活动，一则可以在虚拟环境中大胆与他们交往，不再有对自我个性、处境等多方面的担忧；二则可以参与现实生活中的异地旅游活动，走近现实的人际交往。

（4）商务动机。

在旅游电子商务活动中，商务旅游占很大一部分比例，并且他们中一定比例的人实现了网上的购买。这类旅游经常要参与各种商务活动，需要到异地洽谈业务、出差、经商等，同时他们又具有求实、求速、规律性强等心理特点，所以，他们选择了网上预订这种方式。

3. 感知觉

旅游感知觉在旅游电子商务中也得到各方面的体现：

（1）速度知觉。

网站运行速度，是网民选择网站的一个因素之一，中青年人及男性网民一般更看重速度，特别是青年人情绪易激动，更不能忍受打开主页时长时间的等待；胆汁质、多血质这两种气质类型的人，对速度的知觉也更为敏感。

（2）人际知觉。

人际知觉在旅游电子商务中分两方面：一方面是虚拟网络社区中的人际知觉；另一方面是异地现实旅游活动中的人际知觉。在这两方面的人际知觉中，心理上的距离远近，会在很大程度上影响网民对该网站或旅游企业的心理评价，最终影响其消费决策。

（3）风险知觉。

实践证明，任何旅游决策都包含着风险和不可知因素，旅游网民常遇到以下风险：

第一，功能风险。目前，我国已经上网的旅游企业，大多停留在建网页或网站，为旅游企业本身作广告，销售预订功能尚未在网上大规模展开，未能实现旅游服务项目与游客需要的全天候、自动化对接，未能实现企业服务与电子商务的彻底整合，无法达到定制化目的。同时，由于旅游产品具有典型的异地消费特点，网民是否能享受到在网上所预定的旅游硬件及旅游软件，往往是网民所承担的功能风险及资金风险。第二，安全风险。安全风险是指游客在参与电子商务活动中是否会危及其健康和安全，如在线付款的信用消费是否可靠，实地消费交通工具是否安全可靠，食品是否卫生，客房是否清洁，景点设施是否安全等，均在网民担心的范围之内。

4. 情绪

情绪与人的生活有着重要联系，网民对网站或旅游企业的评价，一般是从情绪体验的角度去谈论。情绪是由客观刺激引起的，又与人的需要和认知评价密切相连，同时人类又具有情绪记忆，所以，某一旅游电子商务网站给网民所带来的情绪体验，直接会影响其消费决策。一方面，如果该网站给游客营造了友好、亲和、有个性、有品味的网络氛围，给游客留下美好的情绪记忆，游客很可能成为网站的"回头客"；另一方面，如果该网站不易搜索，打开速度缓慢，网页单调无味，缺乏互动性，信息陈旧且质量低下，安全防范差，缺乏网络礼仪，游客体验这些方面的情绪记忆时，会阻碍再次点击。

5. 社会学习

目前我国网民（截至 2002 年 9 月）已达 4 850 万人，这是一种社会学习的结果，旅游电子商务作为一种新的贸易方式，应该努力打造形象，重视社会学习在人们行为中的心理作用，从而使更多的人耳濡目染，成为真正的电子商务游客。

6. 态度

从态度的构成看，一般网络游客会根据其对某旅游网络的认识、理解和评价，来做出其情感判断，并最后作出是否购买的决策。从旅游电子商务的角度分析，影响旅游者对其态度的因素主要有：旅游者对旅游电子商务的需要是否得到满足，而这一点又与旅游者的个性和智力水平有关；网络社区其他游客对该旅游者的意见影响，由于在网络社区中，人与人之间不存在利益关系，旅游者一般乐于接受他人的意见。

7. 审美

旅游活动无论是在网上还是在网下，对旅游者来说都应该是一种美好的经历，是一个审美的过程，在此过程中主要涉及四种心理要素：感知、想像、情感、理解。

（1）感知。

在审美过程中，感知因素通常起着先导作用，游客常常会通过评价网页是否色彩协调、静动有序、图片精美，是否是个性化与艺术性的结合来决定是否停留。同时，网页所包括栏目是否全面或合理，也会影响游客审美心理。

（2）想像。

由于旅游的异地性特点，在网站上浏览图片，很容易让网上游客产生知觉想像；而旅游散记中一些美妙的文字叙述，也易让网民产生创造性想像。

（3）情感。

情感是人对客观事物是否符合自己需要的态度的体验。旅游电子商务满足网民需要，特别是心理需要是很关键的一步。

（4）理解。

在网络上，游客的理解包括以下几个方面：

第一，区分现实状态和虚幻的状态的理解。

网络旅游是一个虚幻状态，欲获得听觉、视觉、触觉、嗅觉等多种感官的体验，还是得进行网络预订，参与现实旅游消费。

第二，对审美形象内容的理解。

无论是网络旅游，还是现实旅游，旅游者都应该能具备对审美对象的象征意义、题材、典故、技法、技巧、程式等的理解的能力，否则，就会影响其旅游审美效果。

第三，对形式中融合的意味的直观性把握。

这个层次的理解是审美心理活动中最主要的，它积理性于感性之中，融思考于想像和情感之中，通过网络中审美对象的形式本身直接表达出想要表达的情感、思想，而无需概念性的语言。同时，网络本身就很符合瑞士心理学家、美学家布洛所提出的"距离说"，在网络环境中，人们一般与现实、功利拉开了一个适中的心理距离，让网民能以较轻松的心态去浏览景点；同时，网页景点与现实景点具有一定的空间距离，从而对现实景点保持一定的想像，这种想像本身就是一种美感。

8. 性格

网上旅游消费者的性格特征如下：

（1）很注重自我。

目前的网络用户是独特的，不同于他人的思想和喜好。他们的个人判断能力独特、具体要求独特，而且越来越变化多端，个性化也越来越明显，致使商家不得不想办法满足他们的独特需求，而非大众化的标准来寻找大批的消费者。

（2）头脑冷静，擅长理性分析。

网络用户受舆论的影响不大，对众多的"轰炸式"的广告有相当强的抵抗力；相反对于常人视为非常乏味的数据资料相当感兴趣，并依此来作出决定。

（3）对新鲜事物有着孜孜不倦的追求。

网络用户爱好广泛，不时到网上冲浪，对各类新闻、股票价格、网络娱乐活动都表现出较为浓厚的兴趣，对未知的领域报以永不疲倦的好奇心。

五、（虚拟环境）旅游电子商务旅游心理对策分析

众所周知，现代旅游电子商务竞争，不仅是硬件的竞争，更是软件的竞争。特别是入世之后，旅游电子商务欲在竞争中获得竞争比较优势，必须满足网上旅游消费者的心理需要及个性，从而影响其情绪、态度，最终促使其现实消费。旅游电子商务心理营销战略模型由3个维度构成：公司战略、公司战术和公司价值。这3个维度可细分成10个基本要素，分别是：市场调研、市场细分、目标市场、市场定位、差异化、营销组合、销售、品牌、服务、网络。公司战略旨在赢得"心智份额"，即在顾客心智中占据一定位置，核心要素是定位；公司战术是为了赢得"市场份额"，即用与众不同的营销策略来吸引顾客，核心要素是差异化；而公司价值则意在"心理份额"，即目的是让顾客内心接受，核心要素是品牌。事实上，这三个核心要素是相互支持的整合关系，定位是企业对顾客作出的承诺，这个承诺应当具有差异性，一旦这个差异性为顾客带来价值，就会产生一个强势品牌，强势品牌又支持了定位。该模型其实是一个战略业务架构，其意义在于经营环境不确立时，旅游电子商务可依此更加有针对化、系统化和整合化地开展业务活动。

（一）旅游网络营销战略

这个过程是旅游企业通过市场调研了解旅游市场，然后通过市场细分来识别市场中各种类型的需求群体；下一步是从中选择企业想要的能够服务的目标市场，然后，企业必须建立一个清晰的定位，以求在旅游者心中形成一定的品牌。

1. 市场调研

一个策划完成的营销方案必须建立在对市场细致周密的调研基础上，旅游市场呈现出异地性、波动性、季节性、脆弱性、世界性、高度竞争性等特征，必然导致旅游企业之间的激烈竞争，凭借网络对旅游市场进行调查与预测，及时、准确地掌握旅游市场信息及其发展变化趋势是决定旅游企业生存和发展的关键。利用互联网进行市场调研具有信息丰富、资料及时、时效性强、快捷、方便和费用低等特点，与传统调研方式相比，该办法更适应调查掌握旅游市场。旅游市场调研一般包括旅游市场环境调研、旅游市场需求调研、旅游市场供给调研、旅游市场营销调研等方面，有计划确立、资料搜集整理及呈报调查报告等步骤。在这里，我们着重分析网上调研的方法及应注意的问题：

根据网上市场调研的不同方式，可将利用互联网获取信息的方法分为6种：网上搜索法、网站跟踪法、加入邮件列表法、在线调查法、电子邮件调查法、对访问者的随机抽样调查法。其中网上搜索法、网站跟踪法等方法既可以用来搜集第二手资料，也可以搜集第一手资料。

（1）网上搜索法：即网上搜索所利用的工具是搜索引擎。

（2）网站跟踪法：一般来说，可以提供大量第一手信息资料和第二手资料的网站有：各类网上博览会、各行业经贸信息网、企业间电子商务网站、行业垂直网站、大型调研咨询公司网站及政府统计机构网站等。

（3）加入邮件列表法：很多旅游网站为了维持与用户的关系常常将一些有价值的信息以新闻邮件、电子刊物等形式免费向用户发送，通常只要进行简单的登记即可加入邮件列表，比较有价值的邮件列表有各大电子商务网站初步整理的市场供求信息、各种调查报告等。

（4）在线调查法：企业网站本身就是一个有效的网上调查工具，实际上也就是问卷调查方法在互联网上的延伸。有资料表明，有 74% 的用户表示愿意在网站上提供产品满意度反馈，有 50% 的用户愿意回答产品需求和偏好方面的问题。

（5）电子邮件调查法：电子邮件调查是在线调查的另一种表现形式。

（6）对网站访问者的抽样调查法：利用一些访问者跟踪软件，可以按照一定的抽样原则对某些访问者进行调查，类似传统方式中的拦截调查。

2．市场细分

旅游市场细分主要是为了更好地识别和掌握旅游市场机会并科学开发目标市场，由于消费者个性需求导致细分，同时加上是否使用网络这种方式本身就已界定了其目标群体，使传统的细分市场的标准已不能完全奏效，表现在标准的变化以及细分的程度差异。除了传统的细分标准，还要按上网能力、上网时间、上网兴趣所在、上网需求、上网动机、上网态度及使用的上网语言等新的细分标准对旅游消费者进行分类。

3．目标市场

我国旅游市场分为国内旅游市场和海外旅游市场。目标市场主要以国内市场及近距离海外市场为主，随着 1999 年开始实行 4 个"黄金周"及企事业单位福利旅游制度，国内旅游市场更加显示出其在旅游市场中的分量，如1999 年的国庆黄金周，中国国内旅游人数为 2 800 万人次，2000 年五一，旅游人数猛升至 4 600 万人，十一再次攀升到 5 980 万人次，2001 年五一更猛增至 7 376 万人次。这些数据使我们对国内旅游市场充满信心。

根据不完全统计，85% 的网民年龄都在 18～35 岁之间，66% 的网民未婚，34% 已婚，84% 的网民接受过 2～3 年的大专教育。中国内地网民的平均年薪是 34 607 元人民币。这比城镇居民的年平均收 8 392 元人民币要高。据有关数据统计，48% 的人可以在家里上网，32% 的人在单位上网，还有 20% 的人是在网吧上网。

根据以上特点，我们有理由将我们的旅游目标市场定为"白领"阶层的中青年、企事业单位管理层人士及在校大学生。对前两者推出豪华团或标准团，一系列出境旅游线路，航空机票及星级饭店；对大学生推出"背包"族经济团，火车票、船票、汽车票，安排卫生价廉的青年旅馆住宿，同时应满足其个性化需求。

4．市场定位

市场定位其实质就是专门针对目标市场顾客心目中某一特定需求，为旅游产品设计鲜明、独特而深受欢迎的营销组合，以形成该旅游企业的竞争优势。在进行市场定位时，旅游企业要注意以下四点：定位应与该旅游企业优势相匹配；应与竞争对手明显不同；应与顾客心理相协调；定位应持续一段时间。定位其实是企业向旅游者做出的承诺，所以，在网上进行承诺时我们更应该实事求是，具备履行承诺的能力，这样才能有利于树立企业形象。

（二）旅游网络营销战术

战略和价值的实现需依赖战术，它指导企业在市场竞争中如何才能立于不败之地。战术包括三个要素：差异化、营销组合和销售。差异化是"核心"战术，因为它是吸引现有或潜在顾客购买企业产品的基础，差异化需要在营销组合中得以体现。公司可以创造性地产生差异化，营销组合是创意战术。销售是惟一可通过交易从市场中实现利润的要素。

1. 差异化

旅游企业可以在三个层面实施差异化：产品（提供什么）、背景（如何提供）以及基础设施（提供的辅助物）。"产品"是核心部分，是旅游企业为顾客实际提供的有形设施或无形服务、信息、观念；"背景"是辅助部分，是企业为帮助顾客感受提供物的差异性而做的努力；"基础设施"包括技术和人，用来支持内容和背景的差异化。如青旅在线提供的个性化产品"亲子家庭"及"快乐老人俱乐部"，就有针对性地满足了这两个目标市场的心理需求。

2. 营销组合

（1）网页策略。

网页是运用网络营销策略的企业的变动性最强并进行自我推销的形象产品。针对购买者，网页设计必须是以满足消费者需求为前提。购买者上网的明确目的就是购物，可能他的脑子里已有一个明确的购物清单，如准备五一七日游，旅游者上网先寻求帮助，等有了合适的目标后再决策。那么网页设计就要提供比其他公司有竞争优势的旅游产品，如价格优势、旅游产品组合优势、特色优势、主题优势或具有旅游文化含量等竞争优势。

（2）定价策略。

定价策略要充分考虑到消费者愿意付出的需求成本。

（3）方便性。

面向旅游消费者，旅游网络一般提供 BtoB 和 BtoC 两种模式的服务。

BtoB：BtoB 即对集团客户的服务。集团客户是指大型的企事业单位，其对旅游服务的需求量很大，信誉也有足够的保障，BtoB 模式比较符合网上旅游的需要，发展前景看好。

BtoC：BtoC 模式即对散客的服务。这一类客户中，个体对旅游服务的需求量不大，但其数量很多，总体需求相当可观。相对于集团客户，散客的信誉没有足够的保障。在采用离线支付时，虚假预订请求会较多地发生在这类客户身上，因此对散客预订请求的确认比较重要。采用在线支付手段，散客要运用信用卡做网上支付，其信誉会在支付阶段得到银行的严密确认。

（4）沟通策略。

E-coupons（电子赠券）沟通策略：附以赠券的办法是一种很有效的网上促销手段，它能达到以下目的：将顾客吸引到你的网站上，将顾客吸引到饭店、旅行社或旅游景点，建立潜在顾客数据库，使顾客使用酒店产品或其他旅游产品，培植旅游企业知名度。

3．销售

差异化和营销组合还需销售来支持，企业可以选择适当的销售技巧。

（三）公司价值

价值的核心要素是品牌，它相当于公司或产品的价值指示器，品牌的价值必须通过优质的服务来提升，服务被称为价值提升器。网络有助于价值的提升。

1．品牌

旅游企业树立品牌意识，并提高品牌竞争力，是参与国内竞争的重要方法，也是参与国际竞争的重要策略。

2．服务

如饭店业提倡的微笑服务、细微服务、超值服务、金钥匙服务等方法，服务是旅游业的核心产品。

参考文献

1．俞文钊．管理心理学．兰州：甘肃人民出版社，1985

2．屠如骥．旅游心理学．天津：南开大学出版社，1986

3．吴正平．旅游业心理学．济南：山东友谊书社，1987

4．赵长城，顾凡．环境心理学．兰州：甘肃人民出版社，1990

5．张春兴．现代心理学．上海：上海人民出版社，1994

6．甘朝有，齐善鸿．旅游心理学．天津：南开大学出版社，1995

7．宋书文．心理学词典．南宁：广西人民出版社，1995

8．章志光．社会心理学．北京：人民教育出版社，1996

9．戴良铁，白利刚．管理心理学．广州：暨南大学出版社，1998

10．苏东水．管理心理学．上海：复旦大学出版社，1998

11．谢彦君．基础旅游学．北京：中国旅游出版社，1999

12．张秀华．领导与决策．北京：中国经济出版社，2000

13．吕勤，郝春东．旅游心理学．广州：广东旅游出版社，2000

14．张俐俐．中外旅游业经营管理案例．北京：旅游教育出版社，2000

15．谢苏．旅游心理概论．北京：旅游教育出版社，2001

16．刘纯．旅游心理学．台北：杨智文化事业股份有限公司，2001

17．孙喜林，荣晓华．旅游心理学．大连：东北财经大学出版社，2002

18．（美）K.T.斯托曼著．情绪心理学．沈阳：辽宁人民出版社，1986

19．（美）约翰·劳维，艾尔德·彼得逊著．社会行为地理．成都：四川科学技术出版社，1989

20．（美）马斯洛著，许金声译．动机与人格．北京：华夏出版社，1997

21．（美）斯蒂芬.P.罗宾斯．组织行为学（第七版）．北京：中国人民大学出版社，2000

22．湖北旅游景观鉴赏辞典，北京：新华出版社，1993

23．《中国旅游报》，2002 年 9～11 月

24．王林，杨波．试论嫉妒心理的成因［J］．国际中华神经精神医学杂志，2001（3）

25．王林．论酒店物理环境的营造理念和策略［J］．科技进步与对策，2001（8）